Os ensinamentos
do Buda sobre
# harmonia social
# e comunitária

**Dados Internacionais de Catalogação na Publicação (CIP)**
**(Câmara Brasileira do Livro, SP, Brasil)**

Os ensinamentos do Buda : os ensinamentos do Buda sobra harmonia social e comunitária : uma antologia de discursos do Cânone Pāli / tradução de Ricardo Sasaki ; editado e introduzido por Bhikkhu Bodhi. – Petrópolis, RJ : Vozes, 2023.

Título original: The buddha's teachings on social and communal harmony.
ISBN 978-65-5713-744-4

1. Budismo – Aspectos sociais 2. Comunalismo – Aspectos religiosos – Budismo I. Bodhi, Bhikkhu.

22-132337 CDD-294.34

Índices para catálogo sistemático:
1. Budismo : Ensinamentos 294.34

Aline Graziele Benitez – Bibliotecária – CRB-1/3129

# Os ensinamentos do Buda sobre harmonia social e comunitária

## Uma antologia de discursos do Cânone Pāli

*Edição e introdução de*

**Bhikkhu Bodhi**

Tradução de Ricardo Sasaki

Petrópolis

Tradução realizada a partir do original em inglês intitulado The Buddha's Teachings on Social and Communal Harmony – An Anthology of Discourses from the Pãli Canon, originalmente publicada por Wisdom Publications, Inc.

Direitos de publicação em língua portuguesa – Brasil:
2023, Editora Vozes Ltda.
Rua Frei Luís, 100
25689-900 Petrópolis, RJ
www.vozes.com.br
Brasil



---

*Revisão da tradução*: Bruno Gambarotto
*Diagramação*: Sheilandre Desenv. Gráfico
*Revisão gráfica*: Barbara Kreischer
*Capa*: Adaptada para a língua portuguesa com base no projeto original em inglês Gopa&Ted2
*Adaptação*: WM design

ISBN 978-65-5713-744-4 (Brasil)
ISBN 978-1-61429-355-2 (Estados Unidos)

Este livro foi composto e impresso pela Editora Vozes Ltda.

# SUMÁRIO

# Reconhecimento da Editora Wisdom

A Editora Wisdom (Estados Unidos) reconhece com gratidão a contribuição generosa da Fundação Hershey Family para a publicação deste livro.

# PREFÁCIO

O Buda histórico, Shakyamuni, viveu, atingiu a iluminação e ensinou na Índia há mais de 2.500 anos. No entanto, acredito que muito do que ele ensinou tanto tempo atrás pode ser relevante para a vida das pessoas de hoje. O Buda percebeu que as pessoas podem viver juntas livremente como indivíduos, iguais em princípio e, portanto, responsáveis umas pelas outras.

Ele viu que o propósito próprio da vida é ser feliz. Ele falou sobre o sofrimento no contexto das maneiras de superá-lo. Ele reconheceu que, enquanto a ignorância liga os seres numa frustração e sofrimento sem fim, o desenvolvimento da compreensão é libertador. O Buda viu que todos os membros da família humana, tanto homens quanto mulheres, têm idêntico direito à liberdade, não apenas em termos de liberdade política ou mesmo espiritual, mas em um nível fundamental de liberdade em relação ao medo e ao desejo. Ele reconheceu que cada um de nós é apenas um ser humano como todos os outros. Não só desejamos a felicidade e procuramos evitar o sofrimento, mas cada um de nós tem o mesmo direito de perseguir esses objetivos.

Dentro da comunidade monástica que o Buda estabeleceu, indivíduos eram iguais, quaisquer que fossem suas classes sociais ou castas de origem. O costume de caminhar recebendo o alimento serviu para fortalecer a consciência dos monges acerca de sua dependência com relação às outras pessoas. Dentro da comunidade, as decisões eram tomadas por meio de votação, e as diferenças, resolvidas por consenso.

O Buda adotou uma abordagem prática para criar um mundo mais feliz e pacífico. Decerto, ele estabeleceu os caminhos para a libertação e a iluminação que os budistas em muitas partes do mundo continuam a seguir hoje, mas ele também sempre deu conselhos acessíveis a todos, a fim de que vivessem de modo mais feliz aqui e agora.

As seleções dos conselhos e instruções do Buda reunidos neste livro – organizadas ao redor de temas como sermos realistas, disciplinados, adeptos do discurso comedido, pacientes e não raivosos, atenciosos em relação ao bem dos outros – têm influência sobre a construção de amizades e a preservação da paz na comunidade.

Nós, seres humanos, somos animais sociais. Uma vez que o nosso futuro depende dos outros, precisamos de amigos para cumprir os nossos próprios interesses. Não fazemos amigos sendo briguentos, invejosos e raivosos, mas, sim, sendo sinceros em nossa preocupação com os outros, protegendo suas vidas e respeitando seus direitos. É na construção de amizades e no estabelecimento da confiança que temos a base da qual a sociedade depende. Como outros grandes mestres, o Buda elogiou a tolerância e o perdão a fim de restaurar a confiança e resolver disputas que surgem devido à nossa tendência de ver os outros em termos de "nós" e "eles".

Neste excelente livro, Bhikkhu Bodhi, um monge budista erudito e experiente, fez uso das escrituras da tradição pāli, um dos primeiros registros dos ensinamentos do Buda, para ilustrar a preocupação do Buda pela harmonia social e comunitária. Tenho certeza de que os budistas considerarão a coleção valiosa, mas espero que um público mais amplo encontre nela interesse. Os materiais aqui reunidos demonstram claramente que a postura final do budismo é servir e beneficiar a humanidade. Como o que me interessa não é converter outras pessoas ao budismo, mas como nós, budistas, podemos contribuir para a sociedade humana de acordo com nossas próprias ideias, estou confiante de que os leitores simplesmente interessados em criar um mundo mais feliz e pacífico também o acharão enriquecedor.

Sua Santidade, o Dalai Lama

# PRÓLOGO

O Buda Gotama chegou à maioridade em uma terra de reinos, tribos e *varnas*, isto é, classes sociais ou castas. Trata-se de um tempo e lugar a um só tempo distinto e semelhante ao nosso, em que a vida de uma pessoa era fortemente determinada pelo *status* social, por ocupação familiar, identidade cultural e gênero. Antes do despertar do Buda, a identidade era definitiva. Aquele que nascesse em casta de guerreiros ou comerciantes, de agricultores ou párias, viveria essa vida por completo e quase sempre se casaria com alguém da mesma classe ou casta. O mesmo competiria aos filhos. A noção de direitos individuais ou destino pessoal não existia, bem como nenhuma maneira de manifestar habilidades humanas para além de um papel social atribuído no nascimento. Assim, o ensinamento do Buda pode ser visto como uma afirmação radical da potencialidade individual. Somente pelo próprio esforço era possível a iluminação, para além das restrições de casta, posição no nascimento ou realidade convencional. No verso 396 do Dhammapada, diz o Buda:

> Eu não chamo uma pessoa de brāhmaṇa apenas em razão do nascimento, por ter nascido de uma mãe (*brāhmaṇa*). Se ele tem apegos, deve ser unicamente chamado de "arrogante". Aquele que não tem apegos, aquele que a nada se prende – a ele eu chamo de brāhmaṇa.

Ao mesmo tempo, o Buda e seus discípulos viviam no meio da sociedade. Eles não instalaram seus mosteiros em montanhas isoladas, mas nos arredores de grandes cidades, como Sāvatthī, Rājagaha, Vesālī e Kosambī. Eles dependiam de homens e mulheres laicos, *upāsikā* e *upāsaka*, para as exigências da vida. Ainda hoje, monges e monjas da tradição Theravāda da Birmânia (ou Mianmar), Tailândia, Sri Lanka, Camboja e Laos realizam rondas matinais de recebimento de alimento para seu sustento. Embora mantenham uma disciplina monástica rigorosa, é errado imaginar que os mosteiros do sudeste asiático sejam espaços de reclusão isolados de seus irmãos e irmãs no mundo secular. Os mosteiros e as comunidades seculares são mutuamente dependentes, numa tradição tranquila e plenamente viva.

No outono de 2007, as pessoas ao redor do mundo foram inspiradas pela determinada embora pacífica "Revolução do Açafrão" da Birmânia, liderada por um protesto não violento dos monges birmaneses contra a repressão do governo militar. Os protestos foram desencadeados por aumentos radicais e repentinos nos preços dos combustíveis que afetaram drasticamente a capacidade das pessoas de chegar ao trabalho ou de pagar por combustível a fim de cozinhar ou até mesmo comprar alimentos básicos. A conexão íntima entre monges, monjas e laicos historicamente significou que, quando um setor sofre, o outro responde. Os monges birmaneses têm um longo histórico de manifestações contra a injustiça. Eles foram corajosos na oposição ao colonialismo britânico, à ditadura e a duas décadas de uma junta militar.

Na Birmânia, os monges budistas têm sido agentes de mudança numa sociedade que está à beira da transformação real. Embora essa mudança seja inevitável, a junta militar havia resistido anteriormente com determinação renhida. Uma confluência de circunstâncias criou uma abertura: a eleição de um novo governo civil (ainda que se possa questionar o processo eleitoral), a libertação de presos políticos (incluindo a ganhadora do Prêmio Nobel Daw Aung San Suu Kyi, após muitos anos de prisão domiciliar), movimentos não violentos em todo o mundo encorajados pela "Primavera Árabe" de 2011, e um novo diálogo entre líderes da Birmânia e representantes da Europa, dos Estados Unidos e de outras potências econômicas. Havia um sentimento de possibilidade e esperança no ar.

Esta antologia sublinha o viver dentro do Dhamma em uma sociedade livre e harmoniosa, usando as palavras testadas pelo tempo proferidas pelo Buda. Voltando da Birmânia em novembro de 2011, eu pensava sobre a necessidade, ali e em outros lugares, desse tipo de coletânea dos suttas em pāli. Em 2012, a violência comunitária eclodiu no estado de Rakhine e em outras localidades da Birmânia. Fez-se urgente o exame profundo dos ensinamentos do Buda acerca da harmonia social. Não sendo um acadêmico ou tradutor, entrei em contato com vários amigos eruditos. Acontece que há vários anos Bhikkhu Bodhi, um dos nossos intérpretes mais respeitados e prolíficos do budismo antigo, havia montado uma coleção como um adendo a um currículo de treinamento para a harmonia social no Sri Lanka, organizado pelo Instituto para o Estudo dos Direitos Humanos da Universidade de Columbia.

Aqui está o conselho do Buda sobre como viver harmoniosamente em sociedades que não oprimem pessoas de diferentes religiões ou origens étnicas, que não atacam e exploram a si mesmos ou a outros. Embora as circunstâncias na Birmânia, no Sri Lanka, na Tailândia, na Índia ou nos Estados Unidos variem, os ensinamentos sociais do Buda oferecem uma espécie de sabedoria que transcende as particularidades do tempo e do espaço. Seus ensinamentos fornecem uma base de libertação a partir da qual cada nação e povo pode pensar-se de acordo com suas próprias necessidades.

Sou muito grato a Bhikkhu Bodhi por sua sabedoria e generosidade. Pessoas de todas as crenças e fés em todos os lugares anseiam por felicidade e libertação. Eu louvo aqueles que se movem na direção da liberdade, e espero que as palavras do Buda sobre a harmonia social possam nos levar com destemor por nossa jornada.

*Hozan Alan Senauke*
Berkeley, Califórnia

# Lista de abreviações

AN – Aṅguttara Nikāya

CDB – Connected Discourses of the Buddha

Dhp – Dhammapada

DN – Dīgha Nikāya

It – Itivuttaka

LDB – Long Discourses of the Buddha

MLDB – Middle Length Discourses of the Buddha

MN – Majjhima Nikāya

NDB – Numerical Discourses of the Buddha

SN – Saṃyutta Nikāya

Sn – Suttanipāta

Ud – Udāna

Vin – Vinaya Piṭaka

Vism – Visuddhimagga

# TRADUÇÕES DISPONÍVEIS EM INGLÊS


Aṅguttara Nikāya: *The Numerical Discourses of the Buddha*, translated by Bhikkhu Bodhi. Boston: Wisdom, 2012.

Dhammapada: *The Dhammapada, The Buddha's Path of Wisdom*, translated by Acharya Buddharakkhita. 2. ed. Kandy: Buddhist Publication Society, 1996.

Dīgha Nikāya: *The Long Discourses of the Buddha*, translated by Maurice Walshe. Boston: Wisdom, 1995.

Majjhima Nikāya: *The Middle Length Discourses of the Buddha*, translated by Bhikkhu Ñāṇamoli, edited by Bhikkhu Bodhi. 3. ed. Boston: Wisdom, 2005. (Publicado originariamente em 1995.)

Saṃyutta Nikāya: *The Connected Discourses of the Buddha*, translated by Bhikkhu Bodhi. Boston: Wisdom, 2000.

Suttanipāta: *The Suttanipāta*, translated by Bhikkhu Bodhi.

Udāna and Itivuttaka: *The Udāna and the Itivuttaka: Inspired Utterances of the Buddha and The Buddha's Sayings*, translated by John D. Ireland. Kandy, Sri Lanka: Buddhist Publication Society, 1997.

Vinaya Piṭaka: *The Book of Discipline*, translated by I. B. Horner. 6 volumes. London: Pali Text Society (1969-1975).

Visuddhimagga: *The Path of Purification*, translated by Bhikkhu Ñāṇamoli. Colombo, Sri Lanka: M. D. Gunasena, 1964.


Todas as traduções nesta antologia são retiradas dos volumes listados acima. Várias passagens foram ligeiramente revistas.

# O ALFABETO PĀLI

Vogais: a, ā, i, ī, u, ū, e, o
Consoantes:
Guturais: k, kh, g, gh, ṅ
Palatais: c, ch, j, jh, ñ
Cerebrais: ṭ, ṭh, ḍ, ḍh, ṇ
Dentais: t, th, d, dh, n
Labiais: p, ph, b, bh, m
Outras: y, r, ḷ, l, v, s, h, ṃ
Pronúncia:
a como em "gato"
ā como em "fácil"
i como em "fino"
ī como em "ímpeto"
u como em "luar"
ū como em "único"
e como em "melado"
o como em "bom"

Das vogais, *e* e *o* são longas antes de uma única consoante e curtas antes de uma consoante dupla. Entre as consoantes, *g* é sempre pronunciada como em "gato", *c* como em "tchau", ñ como em "nhaco". As cerebrais (ou retroflexas) são faladas com a língua no céu da boca; as dentais com a língua nos dentes superiores. As aspiradas – *kh, gh, ch, jh, ṭh, ḍh, th, dh, ph, bh* – são consoantes simples pronunciadas com um pouco mais de força do que as não aspiradas, por exemplo, *th* como em "Thomas" (em inglês, não como em "thin"); ph como em "putter" (em inglês, não como em "phone"). Consoantes duplas são sempre enunciadas separadamente, por exemplo, *dd* como em "*mad dog*" (em inglês), *gg* como em "*big gun*" (em inglês). A nasal pura (*niggahīta*) é pronunciada como o *ng* em "*song*" (em inglês). Um *o* e um *e* sempre carregam uma ênfase; caso contrário, a ênfase cai sobre uma vogal–ā, ī, ū, ou em uma consoante dupla, ou sobre *ṃ*.

# AGRADECIMENTOS

Em 2011 Bhikkhu Khemaratana compartilhou comigo um esboço de textos do Cânone Pāli por ele preparados a partir do tema da harmonia monástica, assunto em que ele tem estado particularmente interessado. Os textos presentes em várias seções desta antologia foram sugeridos pela seleção produzida pelo Ven. Khemaratana, embora o meu tratamento do tema tenha sido ditado pelo propósito desta antologia e, portanto, difere de seu esboço. Sou também grato a Alan Senauke por escrever um prólogo e um epílogo para este volume, com base em sua própria experiência usando a versão anterior desta antologia em seu trabalho de fomentar a harmonia social e a reconciliação na Índia e em Myanmar.

# Introdução geral

## As origens dos ensinamentos do Buda sobre a harmonia social

Conflito e violência atormentam a humanidade desde tempos imemoriais, deixando os anais da história manchados de sangue. Embora o coração humano sempre tenha se agitado com o anseio de paz, de harmonia e fraternidade amorosa, os meios para satisfazer esse anseio sempre se revelaram evasivos. Nas relações internacionais, as guerras se sucedem umas às outras como cenas de um filme, com apenas breves pausas durante as quais as potências hostis passam a forjar novas alianças e a tomar posse ilegal de territórios. Os sistemas sociais são constantemente dilacerados por lutas de classes, nas quais a elite busca acumular mais privilégios e a classe subordinada busca alcançar maiores direitos e mais segurança. Seja o conflito entre senhores e escravos, entre nobres e servos, entre aristocratas e plebeus, entre capital e trabalho, parece que somente os rostos mudam enquanto a dinâmica subjacente da luta pelo poder permanece a mesma. As comunidades também estão constantemente ameaçadas por conflitos internos. A competição pelo poder, as diferenças de opinião e os interesses concorrentes entre seus membros podem destruí-las, dando origem a novos ciclos de animosidade. Quando cada nova guerra, divisão ou disputa atinge o pico, surge a esperança de que a reconciliação se seguirá, de que a paz e a unidade acabarão por prevalecer. No entanto, repetidas vezes, essas esperanças são rapidamente seguidas pela decepção.

Uma passagem comovente nas escrituras do budismo antigo atesta a referida disparidade entre nossas aspirações de paz e a dura realidade do conflito perpétuo. Em uma ocasião, diz-se que Sakka, o regente das deidades, visitou o Buda e, angustiado, perguntou: “Por que é que, quando as pessoas desejam viver em paz, sem ódio ou inimizade, por toda parte elas se envolvem com o ódio e a inimizade?” **(ver Texto VIII,1)**. A mesma pergunta se refaz ao longo dos tempos, e poderia ser colocada com igual urgência sobre muitos problemas no mundo de hoje: Iraque e Síria, Faixa de Gaza, República Centro-Africana e Sudão do Sul, Mianmar e Sri Lanka, Charleston e Baltimore.

Esse problema também deve ter pesado sobre o coração do Buda enquanto ele cruzava a planície do Ganges em suas excursões de ensinamento. A sociedade de seu tempo era dividida em castas separadas distinguidas pelas prerrogativas da elite e pelo *status* servil daqueles que estavam na base. Os que estavam fora do sistema de castas, os párias, recebiam tratamento ainda pior, submetidos às mais degradantes indignidades. O cenário político também estava mudando: monarquias lideradas por reis ambiciosos erguiam-se das cinzas dos antigos estados tribais e embarcavam em campanhas militares destinadas a expandir seus domínios. Dentro das cortes, eram amargas as rivalidades pessoais entre aqueles que tinham sede de poder. Mesmo as comunidades espirituais da época não eram imunes a conflitos. Filósofos e ascetas orgulhosos de suas teorias lutavam uns contra os outros em debates apaixonados, cada qual procurando derrotar seus rivais e ampliar as fileiras de seus seguidores.

Em um comovente poema do Suttanipāta (vv. 935-937), o Buda dá voz à sensação de vertigem que tal violência produziu nele, talvez logo depois de ter deixado Kapilavatthu e testemunhar em primeira mão o mundo fora de sua terra natal:

> O medo surge em alguém que assume a violência:
> vejam o povo envolvido em contendas.
> Vou lhes contar do meu sentido de urgência,
> como fiquei agitado por um sentido de urgência.
>
> Tendo visto as pessoas tremendo
> como peixes em um riacho com pouca água,
> quando os vi hostis uns contra os outros,
> o medo se abateu sobre mim.
>
> Por toda a parte o mundo carecia de substância;
> todas as direções estavam em tumulto.
> Desejando uma morada para mim,
> não vi nenhum lugar desocupado.

Uma vez que começou a ensinar, a principal missão do Buda era dar a conhecer o caminho que culmina na paz interior, na segurança suprema do nibbāna, a libertação do ciclo de nascimento, velhice e morte. Mas o Buda não virou as costas à condição humana em favor de uma busca puramente ascética e introspectiva pela libertação. De sua posição de renunciante que se encontrava fora da ordem social convencional, ele olhou com profunda preocupação a humanidade em luta, envolvido em conflito enquanto aspirava à paz, e, por compaixão, procurou trazer harmonia para a arena conturbada das relações humanas, a fim de promover um modo de vida baseado em tolerância, concórdia e bondade.

Mas ele fez ainda mais. Ele fundou uma comunidade intencional dedicada a promover a paz interior e exterior. Essa tarefa lhe foi imposta quase desde o início. O Buda não foi um andarilho solitário, ensinando aqueles que vinham a ele para orientação e, em seguida, deixando-os à sua própria sorte. Ele foi o fundador de um novo movimento espiritual que desde o início era inevitavelmente comunitário. Imediatamente após concluir seu primeiro sermão, os cinco ascetas que o ouviram pediram para se tornarem seus discípulos. Com o passar do tempo, seu ensinamento atraiu um número crescente de homens e mulheres que escolheram segui-lo na vida sem lar e assumir todo o fardo de seu treinamento. Assim, uma *Sangha* – comunidade de monges e monjas que viviam em grupos, viajavam em grupos e treinavam em grupos – desenvolveu-se gradualmente em torno dele.

Trocar as vestes do laico pelos mantos laranjas, no entanto, não era um passaporte imediato para a santidade. Embora seu modo de vida tivesse mudado, os monges e monjas que entravam na ordem do Buda ainda traziam consigo as tendências humanas enraizadas para a raiva, o orgulho, a ambição, a inveja, a presunção e a teimosia nas opiniões. Era, portanto, inevitável que tensões dentro da comunidade monástica surgissem, desdobrassem-se por vezes em antagonismo direto, e gerassem facções, contendas e até mesmo conflitos amargos. Para a *Sangha* florescer, o Buda teve de se tornar um "homem de organização". Embora pudesse proclamar altos ideais espirituais pelos quais seus discípulos podiam lutar, isso não era suficiente para garantir a harmonia na *Sangha*. Ele também precisou consolidar um código detalhado de regulamentos para o desempenho uniforme das funções comunitárias e promulgar regras que restringissem, ou mesmo proibissem totalmente, as tendências divisivas. Isso se tornaria o *Vinaya*, o corpo da disciplina monástica.

O Buda também ensinou e guiou pessoas que escolheram seguir seus ensinamentos em casa, na condição de discípulos laicos, vivendo junto a suas famílias e trabalhando em suas ocupações regulares. Foi assim confrontado com a tarefa adicional de estabelecer orientações para a sociedade como um todo. Além de um código básico de preceitos laicos, ele teve de oferecer princípios para garantir que pais e filhos, maridos e esposas, empregadores e empregados, e pessoas de origens e classes sociais muito diferentes pudessem viver juntos amigavelmente. Diante desses desafios, o escopo do Dhamma se expandiu. A partir de seu caráter original como caminho para a libertação espiritual, centrado em torno de práticas contemplativas e percepções filosóficas, ele deu origem a uma ética ampla que se aplicava não só à conduta individual, mas às relações entre pessoas vivendo em condições diversas, seja em mosteiros ou em casa, seja buscando os seus meios de subsistência no comércio, na oficina ou no serviço ao Estado. Sob todas essas circunstâncias, a principal exigência ética era evitar danos: danos por meio da agressão, danos pisoteando as reivindicações dos outros, danos por meio do conflito e da violência. O ideal era promover boa vontade e harmonia em ação, fala e pensamento.

## *A estrutura deste livro*

A presente antologia almeja trazer à luz os ensinamentos do Buda sobre harmonia social e comunitária. Baseia-se em uma seleção de textos que compilei em 2011 a pedido do Programa de Construção da Paz e Direitos do Instituto para o Estudo dos Direitos Humanos da Universidade de Columbia, destinado a ser usado por monges budistas no Sri Lanka após o longo conflito étnico no país que terminou em 2009. Esta versão expandida inclui novos textos e mudanças na organização.

Os textos são todos retirados do Cânone Pāli, o corpo de escrituras considerado como a legítima "Palavra do Buda" (*buddha-vacana*) pelos seguidores do budismo theravāda, a escola de budismo que prevalece nos países do sul da Ásia – principalmente Sri Lanka, Birmânia, Tailândia, Camboja e Laos. As passagens que usei vêm exclusivamente do Sutta Piṭaka, a Coleção dos Ensinamentos, que contém os discursos do Buda e de seus eminentes discípulos. Não incluí textos das outras duas coleções, o Vinaya Piṭaka, a Coleção sobre Disciplina Monástica e o Abhidhamma Piṭaka, a Coleção de Tratados Doutrinários. Embora partes do Vinaya Piṭaka possam ter sido relevantes para este projeto, a maior parte do material nesse corpus está preocupada com regras e regulamentos monásticos e, portanto, seria mais relevante para um público especializado. Além disso, essas passagens do Vinaya que mais amplamente se preocupam com a harmonia comunitária têm paralelos no Sutta Piṭaka que foram incluídos aqui.

Embora o Cânone Pāli seja a coleção escritural autorizada do budismo theravāda, os textos desta antologia não precisam ser considerados como estreitamente ligados a qualquer escola particular do budismo, pois eles derivam do estrato mais antigo da literatura budista, de coleções de discursos que se encontram na fonte do budismo. Estes ensinamentos também não estão necessariamente ligados a qualquer credo ou sistema de crença religiosa. Em sua clareza, lucidez e compreensão profunda da natureza humana, eles deveriam ser capazes de se comunicar com qualquer pessoa, independentemente da filiação religiosa. Os textos têm uma mensagem universal que os torna aplicáveis a todos os esforços que almejam promover relações amistosas entre as pessoas. Eles fornecem diagnósticos perceptivos das raízes subjacentes do conflito, expressos de forma simples e clara, e oferecem estratégias práticas para resolver disputas, promover a reconciliação e estabelecer a harmonia social.

Organizei as seleções de acordo com uma estrutura que espelha deliberadamente, em certos aspectos, padrões que o próprio Buda adotou ao expor seus ensinamentos. No resto desta introdução geral, explicarei a lógica subjacente ao meu arranjo. Cada parte começa com sua própria introdução, que visa a costurar os textos do capítulo em questão e tornar explícita sua conexão com o tema do capítulo.

A Parte I consiste em textos sobre a visão correta ou a compreensão correta. O Buda fez da visão correta o primeiro fator do nobre caminho óctuplo e em outros lugares enfatizou o papel da visão correta como um guia para a vida moral e espiritual. Uma vez que o objetivo da presente antologia é fornecer uma perspectiva budista sobre a harmonia comunitária, em vez de mostrar o caminho para a libertação final, os textos que incluí aqui destacam o tipo de entendimento correto que promove a conduta ética. Isso às vezes é chamado de "visão mundana correta" – em contraste com "a visão correta que transcende o mundo", o insight penetrante sobre a natureza vazia e sem essência de todas as coisas condicionadas, que corta as raízes da escravidão ao ciclo de renascimentos.

A compreensão correta do princípio do kamma tem um impacto decisivo na conduta individual. Quando percebermos que nossos próprios atos acabam retornando sobre nós mesmos e determinando nosso destino em vidas futuras, ficaremos motivados a abandonar qualidades mentais impuras e nos abster da má conduta. Em vez disso, ficaremos inspirados a nos envolvermos em boa conduta e a desenvolver qualidades saudáveis. Esse padrão se reflete na estrutura do nobre caminho óctuplo, onde a visão correta leva a intenções corretas, que por sua vez se manifestam na linguagem correta, na ação correta e nos meios de vida corretos.

Na Parte II, trato do impacto da compreensão correta sobre o indivíduo sob o título de "treinamento pessoal". O budismo antigo vê a transformação pessoal como a chave para a transformação da sociedade. Uma sociedade pacífica e harmoniosa não pode ser imposta de fora pelos decretos de uma autoridade poderosa, mas só pode emergir quando as pessoas retificam suas mentes e adotam padrões de conduta dignos. Assim, a tarefa de promover a harmonia comunitária deve começar com a transformação pessoal. A transformação pessoal ocorre através de um processo de treinamento que envolve tanto exibições externas de boa conduta quanto a purificação interior. Seguindo o esquema budista tradicional, apresento esse curso de transformação pessoal sob os três títulos de generosidade, autodisciplina ética e cultivo da mente.

O principal obstáculo à harmonia social é a raiva ou o ressentimento. A raiva é a semente da qual a inimizade cresce, e assim, no processo de treinamento pessoal, o Buda deu especial atenção ao controle e remoção da raiva. Portanto, dediquei a Parte III ao "Lidando com a Raiva". Os textos incluídos revelam os fundamentos dos quais a raiva surge, as desvantagens e os perigos em ceder à raiva, e os antídotos práticos que podem ser usados para remover a raiva. O principal remédio para a raiva é a paciência, que o Buda propõe mesmo nas circunstâncias mais difíceis. Assim, as duas últimas seções do capítulo são constituídas por textos que tratam da paciência, tanto como injunções quanto através de histórias sobre aqueles que melhor exemplificam a paciência.

A Parte IV é dedicada à fala. A fala é um aspecto da conduta humana cujo papel em relação à harmonia social é tão vital que o Buda fez do discurso correto um fator característico no nobre caminho óctuplo. Segui o exemplo do Buda dedicando uma vasta seleção de textos ao tema da linguagem. Eles tratam não apenas do discurso correto, como geralmente entendido, mas também da maneira adequada de participar nos debates, quando elogiar e criticar os outros, e como corrigir alguém que age mal quando surge a necessidade.

Com a Parte V, passamos mais explicitamente da esfera do cultivo pessoal para as relações interpessoais. Essas relações começam com a boa amizade, uma qualidade que o Buda salientou como a base para a boa vida. Nos textos que selecionei, vemos o Buda explicar aos seus discípulos monásticos e laicos o valor de se associar com bons amigos, delinear as qualidades de um verdadeiro amigo e descrever como os amigos devem tratar uns aos outros. Ele relaciona a boa amizade tanto ao sucesso na vida familiar quanto ao desenvolvimento espiritual do monge.

A Parte VI expande o escopo da investigação da amizade pessoal a esferas de influência mais amplas. Nesse capítulo incluo uma seleção de textos em que o Buda destaca as implicações sociais da conduta pessoal. O capítulo começa com passagens que contrastam a pessoa tola e a pessoa sábia, a pessoa má e a pessoa boa. O capítulo passa então a comparar os praticantes que se dedicam exclusivamente ao seu próprio bem àqueles que também se dedicam ao bem dos outros. Os textos consideram essa dicotomia a partir da perspectiva de praticantes monásticos e laicos. O que emerge é uma clara confirmação de que o melhor curso da prática é dedicado ao duplo bem: o próprio e o dos outros.

A Parte VII nos leva ao estabelecimento de uma comunidade intencional. Sendo o Buda o fundador de uma ordem monástica, não um governante secular, as diretrizes que ele propõe para estabelecer a comunidade naturalmente pertencem principalmente à vida monástica. Mas, por vezes, ele foi solicitado por líderes civis no sentido de fornecer conselhos sobre a manutenção da harmonia na sociedade em geral, e os princípios que ele estabeleceu foram preservados nos discursos. Outras seleções nesse capítulo estão relacionadas com a cooperação entre os dois ramos da comunidade budista, os monásticos e os laicos.

No entanto, mesmo quando agem com as melhores intenções, as pessoas trazem consigo tendências que levam à formação de facções e às disputas. As disputas são o objeto da Parte VIII. Os textos ali incluídos tratam de disputas internas entre monásticos e laicos, que em alguns aspectos têm origens semelhantes, mas em outros aspectos provêm de causas diferentes. Essa parte conduz naturalmente à Parte IX, que é consagrada aos meios de resolução de disputas. Aqui vemos Buda em seu papel de legislador monástico, estabelecendo diretrizes para resolver conflitos e propondo modos de treinamento para evitar que disputas surjam no futuro.

A Parte X, a última desta antologia, passa da comunidade intencional, representada pela ordem monástica, para o domínio social maior. Seu tema é o estabelecimento de uma sociedade equitativa. Aqui incluo passagens dos discursos que exploram as relações entrelaçadas e sobrepostas que constituem o tecido da sociedade. Os textos incluem os ensinamentos do Buda sobre a vida familiar, sobre as relações entre pais e filhos, maridos e esposas, e a manutenção de uma vida familiar benéfica. A última parte desse capítulo trata dos ideais políticos do Buda, que são representados pela figura do "monarca que gira a roda", o *rājā cakkavattī*, o governante justo que administra seu reino em harmonia com a lei moral. Embora os princípios de governança estabelecidos para um monarca possam parecer obsoletos em nossa época atual com seu compromisso professado com a democracia, em sua ênfase na justiça, benevolência e retidão como base para a autoridade política, esses antigos textos budistas ainda têm relevância contemporânea.

# I
# Entendimento correto

# Introdução

O Buda ensinou que a compreensão correta, ou "entendimento correto", é o precursor no caminho para a libertação. Ele colocou o entendimento correto na posição de primeiro fator do nobre caminho óctuplo, o caminho para o fim do sofrimento, e afirmou que todos os outros fatores do caminho devem ser guiados pelo entendimento correto com relação ao objetivo de seu ensinamento, a cessação do sofrimento. Para o Buda, no entanto, o entendimento correto desempenha um papel crítico não apenas no caminho para a libertação, mas também para a obtenção do bem-estar e da felicidade dentro do ciclo de renascimentos. Ele faz isso sublinhando a necessidade da conduta ética. O tipo de entendimento correto integral da vida moral às vezes é chamado de "entendimento mundano correto" (*lokiya-sammādiṭhi*) ou "entendimento correto da responsabilidade pessoal por seus atos" (*kammassakatā sammādiṭhi*). Este tipo de entendimento correto se baseia na premissa de que existe uma base objetiva e transcendente para a moralidade que não depende de julgamentos e opiniões humanas. Por meio de sua iluminação, o Buda descobriu esta lei moral e derivou dela as injunções éticas específicas de seu ensinamento.

Com base nessa descoberta, o Buda assevera que a validade das distinções morais está embutida no tecido do cosmos. Os juízos morais podem ser distinguidos como verdadeiros e falsos, ações determinadas como boas e más, com referência a uma lei moral tão eficaz, tão universal em seu funcionamento, quanto as leis da física e da química. Como agentes morais, portanto, não podemos justificar nossas ações simplesmente recorrendo às preferências pessoais, nem podemos esperar seguir nossas preferências para garantir nosso bem-estar. Pelo contrário, para alcançar o verdadeiro bem-estar, devemos agir em conformidade com a lei moral, que é o próprio Dhamma, princípio fundamental da verdade e do bem que permanece, quer o Buda o descubra e o revele, ou não.

O entendimento correto afirma que nossas ações moralmente significativas têm consequências que podem nos trazer felicidade ou miséria. Nossos atos criam *kamma*, uma força com potencial para produzir resultados que correspondam à qualidade ética da ação original. Kamma traz "frutos", consequências retributivas que refletem as ações das quais brotam. O princípio básico subjacente ao trabalho do kamma é que as boas ações trazem frutos desejáveis, conduzindo à boa fortuna e à felicidade, enquanto as ações malignas trazem frutos indesejáveis, levando ao infortúnio e ao sofrimento. Assim, os resultados de nossas ações volitivas não se limitam aos seus efeitos imediatamente visíveis, aqueles que brotam de cadeias puramente naturalistas de causação. Existe um princípio invisível de causação moral que opera nos bastidores de tal forma que, com o passar do tempo, seja longo ou curto, nossas ações eventualmente retornam para nós e determinam nosso destino nesta vida e em vidas futuras.

O Buda contrasta o entendimento correto sobre a eficácia do kamma com três tipos de entendimento errôneo que foram promulgados por pensadores iconoclastas de sua época[1]. Um tipo de entendimento errôneo, chamado a doutrina do niilismo moral (*natthikavāda*), nega a sobrevivência pessoal além da morte e diz que não há fruto de nossas boas e más ações. Na morte, tanto o tolo quanto o sábio são completamente aniquilados, deixando para trás apenas um cadáver físico. Um segundo tipo de entendimento errôneo, chamado de doutrina do não fazer (*akiriyavāda*), nega que haja uma base válida para fazer distinções morais. Não se pode dizer que aqueles que se envolvem em atos tão horríveis como massacrar e atormentar outros estejam fazendo mal; tampouco se pode dizer que aqueles que dão generosamente e protegem os indefesos estejam agindo corretamente. A distinção entre atos malignos e atos meritórios é um produto humano, puramente subjetivo, e assim julgamentos morais são meras projeções de opiniões pessoais. O terceiro tipo de entendimento errôneo, chamado de doutrina da não causalidade (*ahetukavāda*), proclama que não há causa ou razão para as impurezas dos seres e nenhuma causa ou razão para a purificação dos seres. Os seres são poluídos e purificados sem qualquer causa. Eles não têm arbítrio moral, a capacidade de determinar seu próprio destino, mas são obrigados a agir da maneira como o fazem pelo destino, circunstância e natureza.

O Buda expôs sua concepção de entendimento correto como a resposta a esses três tipos de entendimento errôneo. Ele ensinou que a identidade pessoal sobrevive à morte corporal, e a forma que assumimos em cada existência é determinada pelo nosso kamma. Os seres vivos passam por uma série de renascimentos sem início no curso dos quais colhem os frutos de suas boas e más ações. O fato de as nossas próprias obras retornarem para nós constitui, assim, um forte incentivo para se abster do mal e buscar o bem. Em contraste com a doutrina do não fazer, o Buda afirma que os julgamentos morais não são arbitrários. Eles têm uma base objetiva, de modo que certas ações – como matar e roubar – podem ser corretamente descritas como más, enquanto outros tipos de conduta – como a doação e a contenção moral – podem ser corretamente descritas como boas. E o Buda defendeu que há de fato causas para a poluição e a purificação dos seres. As pessoas não são impotentes ante o destino, mas têm a capacidade de autodeterminação. Por meio da desatenção, poluímos a nós mesmos e, pelo esforço diligente, podemos purificar a nós mesmos.

1. Esses três tipos de entendimentos errôneos e suas contrapartidas são explorados e analisados no MN 60. Eles também são encontrados no DN 2, MN 76, e em outras partes dos Nikāyas. No DN 2, o niilismo moral é atribuído a um pensador chamado Ajita Kesakambalī; a doutrina do não fazer, a Pūraṇa Kassapa; e a doutrina da não causalidade, a Makkhali Gosāla.

Os determinantes do nosso destino estão dentro de nós mesmos e estão sujeitos ao nosso próprio controle volitivo.

A harmonia em qualquer comunidade, seja um pequeno grupo ou uma sociedade inteira, depende de um compromisso compartilhado com a conduta ética. Embora possa haver harmonia entre os ladrões, tal harmonia só pode durar enquanto os ladrões forem honestos uns com os outros, e por essa razão, a unidade de tais grupos geralmente acaba por ser de curta duração. Como os filósofos reconhecem há muito tempo, a verdadeira comunidade depende de um compromisso compartilhado com a virtude. Uma vez que o Buda defendeu que a conduta ética se funda em uma base de entendimento correto, segue-se que um mínimo de compreensão correta é fundamental para promover uma comunidade harmoniosa. Na época atual, no entanto, quando o método crítico da ciência deu origem ao ceticismo em relação à sobrevivência consciente em relação à morte, seria presunçoso sustentar que uma aceitação plena do entendimento correto ensinada pelo Buda é necessária como base para a harmonia social. Parece, no entanto, que a harmonia social exige, no mínimo, que os membros de qualquer grupo compartilhem a convicção de que existem padrões objetivos para distinguir entre boa e má conduta e que há benefícios, para o grupo e seus membros individuais, em evitar os tipos de comportamento em geral considerados ruins, e em viver de acordo com padrões geralmente considerados bons. Vários textos testemunham que o próprio Buda parece ter reconhecido que a moralidade pode ser estabelecida com base na autorreflexão e no raciocínio ético sem exigir uma crença na sobrevivência pessoal em relação à morte.

Na Parte I, reuni uma série de suttas que descrevem a natureza do entendimento correto. Os textos que escolhi enfatizam o entendimento da responsabilidade pessoal pelas ações e não o entendimento correto que leva à libertação. **O Texto I,1** delineia um par de distinções que percorrem os ensinamentos do Buda. A passagem começa destacando o papel do entendimento correto como precursor do caminho, cuja primeira tarefa é distinguir entre entendimento errôneo e entendimento correto. Assim, o entendimento correto não só entende a natureza real das coisas, mas também distingue entre opiniões erradas e certas sobre a natureza das coisas. Nesta passagem, o Buda descreve o entendimento errôneo com a fórmula padrão para a visão do niilismo moral. Ao definir o entendimento correto, ele traça uma segunda distinção, entre o entendimento correto que ainda está "sujeito aos influxos", que é o entendimento da propriedade das próprias ações, e o entendimento correto "que transcende o mundo", que pertence ao nobre caminho óctuplo. O entendimento correto sujeito aos influxos, também chamado de entendimento mundano correto, distingue entre o prejudicial e o benéfico. Ela expõe as raízes subjacentes da boa e da má conduta e afirma os princípios por trás da operação do kamma, a lei de causação moral que assegura que as boas e as más ações eventualmente produzam os seus frutos adequados. Embora este tipo de entendimento correto, por si só, não leve à libertação, é essencial para o progresso dentro do ciclo de renascimentos e serve de base para o entendimento correto que transcende o mundo, que erradica a ignorância e as impurezas associadas.

O entendimento mundano correto é a compreensão da eficácia do kamma. Por meio do entendimento mundano correto, entende-se que o kamma prejudicial, das ações surgidas de motivos impuros, eventualmente retorna a si mesmo e traz sofrimento, um mau renascimento e deterioração espiritual. Por outro lado, entende-se que o kamma benéfico, das ações surgidas de motivos virtuosos, leva à felicidade, a um renascimento afortunado e ao progresso espiritual. No **Texto I,2**, o Venerável Sāriputta enumera os cursos do kamma prejudicial e suas raízes subjacentes, bem como os cursos do kamma benéfico e suas raízes. O kamma prejudicial é explicado por meio dos "dez caminhos da ação prejudicial". As raízes do kamma prejudicial, os motivos dos quais ele se origina, são a avidez, o ódio e a ilusão. Em contraste, o kamma benéfico é explicado por meio dos dez caminhos da ação benéfica, que incluem o entendimento correto sobre o kamma e seus frutos. Diz-se que as raízes saudáveis são não avidez, não ódio e não ilusão, que podem ser expressos de forma mais positiva como generosidade, amorosidade e sabedoria.

O **Texto I,3** oferece uma análise mais detalhada do kamma. Nessa passagem, o Buda declara que o fator essencial na criação do kamma é a volição ou intenção (*cetanā*), pois é a intenção que confere à ação sua qualidade moral. Ele também explica a diversidade do kamma por meio de sua capacidade de levar ao renascimento em diferentes reinos da existência: estes são os cinco destinos de acordo com a cosmologia do budismo primevo. De acordo com os suttas, o kamma traz seus frutos não só no reino humano, mas em qualquer um dos cinco destinos. O kamma prejudicial leva ao renascimento nos três reinos inferiores – o inferno, o reino animal e o reino dos espíritos aflitos; o kamma benéfico traz renascimento nos dois reinos superiores – o mundo humano e o mundo dos devas (deidades) ou os céus. O kamma é ainda diferenciado de acordo com o período em que se concretiza: algumas ações dão seu fruto nesta própria vida; outras estão destinadas a trazer resultados na próxima vida; e outras ainda são capazes de amadurecer em qualquer vida posterior à próxima.

Mais esclarecimentos sobre a operação do kamma são fornecidos pelo **Texto I,4**, no qual o Buda explica a um brāhmaṇa os três claros conhecimentos que ele alcançou na noite de sua iluminação. O segundo foi o conhecimento do olho divino, com o qual ele podia ver diretamente como os seres passam da morte para o novo nascimento de acordo com seu kamma. Aqueles que se envolvem em má conduta passam para estados de miséria; aqueles que se envolvem em boa conduta passam para estados felizes. O princípio geral que emerge desse relato é a estreita correlação entre nossos atos e seus resultados. Através dos intervalos entre as vidas, o kamma produz frutos que espelham as obras originais das quais brotam. Assim, aqueles que destroem a vida criam o kamma que leva a uma existência curta, aqueles que protegem a vida criam o kamma que leva a uma existência longa; um princípio semelhante está presente nos outros tipos de ação.

Embora o Buda tenha promovido a ética com base na visão da eficácia moral da ação – princípio de que boas ações levam a resultados desejáveis e ações ruins a resultados indesejáveis –, ele também ofereceu fundamentos independentes para a vida ética. Assim, embora o reconhecimento da lei do kamma sirva como incentivo ao comportamento moral, a aceitação da causalidade kármica não é necessária como justificativa para a ética. A necessidade de comportamento ético pode ser estabelecida por outros motivos que não pressupõem a crença na sobrevivência pós-morte. Esses motivos podem ser alcançados através de uma reflexão pessoal.

No Kālāma Sutta, citado em parte como **Texto I,5**, o Buda pede aos kālāmas de Kesaputta, que não tinham certeza da existência de uma vida após a morte, que suspendessem julgamentos sobre tais assuntos e reconhecessem diretamente por si mesmos, por autorreflexão, que agir com base na avidez, no ódio e na ilusão leva a danos e sofrimento para si mesmo e para os outros; enquanto, em contraste, libertar a mente da avidez, do ódio e da ilusão, e agir de forma benéfica, traz bem-estar e felicidade tanto para si como para os outros. Em outro sutta, novamente citado aqui no **Texto I,6**, o Buda fundamenta os tipos básicos de ação correta, como abster-se de matar e roubar, em um curso de reflexão moral pelo qual alguém se coloca na posição dos outros e decide como agir depois de considerar como se sentiria se outros o tratassem de tais maneiras. Embora o Buda esteja aqui respondendo a uma pergunta sobre os meios para um renascimento celestial, ele não fundamenta expressamente as injunções morais na lei do kamma ou na sobrevivência depois da morte, mas no princípio da reciprocidade. Este princípio, explicado em detalhes aqui, é sucintamente expresso por um versículo no Dhammapada: "Todos os seres tremem diante da violência, todos temem a morte. Aquele que se coloca no lugar do outro não deveria matar nem fazer com que outro matasse" (v. 129).

# I
# Entendimento correto

## 1. O entendimento correto vem em primeiro lugar

"Monges, o entendimento correto vem em primeiro lugar. E como é que o entendimento correto vem primeiro? Entende-se o entendimento errôneo como o entendimento errôneo e o entendimento correto como o entendimento correto: esse é o entendimento correto.

"E qual é o entendimento errôneo? 'Não há nada dado, nada sacrificado, nada oferecido; não há fruto ou resultado de boas e más ações; não há este mundo, não há outro mundo; não há mãe, não há pai; não há seres renascidos espontaneamente; não há no mundo ascetas e brāhmaṇas de conduta correta e prática correta que, tendo compreendido este mundo e o outro mundo por si mesmos pelo conhecimento direto, os fazem conhecer aos outros'. Esse é o entendimento errôneo.

"E o que é o entendimento correto? O entendimento correto, lhes digo, é duplo: há o entendimento correto que é afetado por influxos, participando do mérito, amadurecendo nas aquisições; e há o entendimento correto que é nobre, livre de influxos, supramundano, um fator do caminho[2].

"E qual é o entendimento correto que está sujeito aos influxos, participando do mérito, amadurecendo nas aquisições? 'Há o que é dado, sacrificado e oferecido; há fruto e resultado de boas e más ações; há este mundo e o outro mundo; há mãe e pai; há seres renascidos espontaneamente; há no mundo ascetas e brāhmaṇas de conduta correta e prática correta que, tendo compreendido este mundo e o outro mundo por si mesmos pelo conhecimento direto, os fazem conhecer aos outros'. Esse é o entendimento correto que está sujeito aos influxos, participando do mérito, amadurecendo nas aquisições.

---

2. Os três influxos (*āsava*) são o desejo sensorial, o desejo por existência continuada e a ignorância. As aquisições (*upadhi*) são os cinco agregados de apego que constituem a identidade individual. O entendimento correto afetado por influxos é um constituinte do caminho mundano que conduz a um renascimento afortunado dentro do *saṃsāra*, o continuum de nascimento e morte. O entendimento correto livre de influxos é a sabedoria que transcende o mundo, que quebra o continuum de nascimento e morte.

E qual é o entendimento correto que é nobre, livre de influxos, supramundano, um fator do caminho? A sabedoria, a faculdade da sabedoria, o poder da sabedoria, o fator de iluminação de investigação-dos-estados, o fator do caminho do entendimento correto em alguém cuja mente é nobre, cuja mente está sem influxos, que possui o caminho nobre e está desenvolvendo o caminho nobre: esse é o entendimento correto que é nobre, livre de influxos, supramundano, um fator do caminho.

"Alguém faz um esforço para abandonar o entendimento errôneo e obter o entendimento correto: esse é o esforço correto. Com vigilância, alguém abandona o entendimento errôneo, com vigilância entra e permanece no entendimento correto: essa é a vigilância correta. Assim, esses três estados percorrem e circulam em torno do entendimento correto, isto é, o entendimento correto, o esforço certo e a vigilância correta."

(do MN 117, MLDB 934-935)

## 2. Compreender o prejudicial e o benéfico

[O venerável Sāriputta disse:] "Quando, amigos, um nobre discípulo entende o prejudicial e a raiz do prejudicial, o benéfico e a raiz do benéfico, nessa medida ele é alguém de entendimento correto, cujo entendimento é correto, que tem perfeita confiança no Dhamma e chegou a este verdadeiro Dhamma.

"E o que, amigos, é o prejudicial, qual é a raiz do prejudicial, o que é o benéfico, qual é a raiz do benéfico? A destruição da vida é prejudicial; tomar o que não é dado é prejudicial; a má conduta sexual é prejudicial; a fala falsa é prejudicial; a fala divisiva é prejudicial; a fala dura é prejudicial; a fala sem valor é prejudicial; a cobiça é prejudicial; a má vontade é prejudicial; o entendimento errôneo é prejudicial. Isso é chamado de prejudicial. E qual é a raiz do prejudicial? A avidez é a raiz do prejudicial; o ódio é a raiz do prejudicial; a ilusão é a raiz do prejudicial. Isso é chamado de raiz do prejudicial.

"E o que é o benéfico? A abstenção da destruição da vida é benéfica; a abstenção de tomar o que não é dado é benéfica; a abstenção da má conduta sexual é benéfica; a abstenção da fala falsa é benéfica; a abstenção da fala divisiva é benéfica; a abstenção da fala dura é benéfica; a abstenção da fala sem valor é benéfica; a não cobiça é benéfica; a benevolência é benéfica; o entendimento correto é benéfico. Isso é chamado de benéfico. E qual é a raiz do benéfico? A não avidez é a raiz do benéfico; o não ódio é a raiz do benéfico; a não ilusão é a raiz do benéfico. Isso é chamado de raiz do benéfico."

(do MN 9, MLDB 132-133)

## 3. Uma miscelânea sobre o Kamma

[O Buda dirige-se aos monges:] "Quando foi dito: 'O kamma deve ser entendido, a fonte e a origem do kamma devem ser entendidos, a diversidade do kamma deve ser entendida, o resultado do kamma deve ser entendido, a cessação do kamma deve ser entendida e o caminho que conduz à cessação do kamma deve ser entendida', por qual razão isso foi dito?

"É volição, monges, que eu chamo de kamma. Por ter volição, a pessoa age pelo corpo, fala ou mente.

"E qual é a fonte e origem do kamma? O contato é sua fonte e origem.

"E qual é a diversidade do kamma? Há kamma para ser experimentado no inferno; kamma para ser experimentado no reino animal; kamma para ser experimentado no reino dos espíritos aflitos; kamma para ser experimentado no mundo humano; e kamma para ser experimentado no mundo das deidades. Isso é chamado de diversidade de kamma.

"E qual é o resultado do kamma? O resultado do kamma, digo eu, é triplo: [a ser experimentado] nesta mesma vida, ou no [próximo] renascimento, ou em alguma ocasião subsequente. Isso é chamado de resultado de kamma.

"E o que, monges, é a cessação do kamma? Com a cessação do contato, há cessação do kamma.

"Este nobre caminho óctuplo é o caminho que leva à cessação do kamma, ou seja, entendimento correto... concentração correta.

"Quando, monges, um nobre discípulo assim entende o kamma, a fonte e a origem do kamma, a diversidade do kamma, o resultado do kamma, a cessação do kamma e o caminho que leva à cessação do kamma, ele entende que essa vida espiritual penetrante é a cessação do kamma."

(de AN 6:63, NDB 963)

## 4. Os seres caminham de acordo com seu kamma

[O Buda está falando a um brāhmaṇa:] "Quando, brāhmaṇa, minha mente estava assim concentrada, purificada, limpa, imaculada, livre das impurezas, maleável, adaptável, firme e alçada à imperturbabilidade, eu a dirigi para o conhecimento da morte e do renascimento dos seres. Com o olho divino, que é purificado e supera o humano, eu vi seres morrendo e renascendo, inferiores e superiores, bonitos e feios, afortunados e desafortunados, e eu entendi como os seres se comportam de acordo com seu kamma assim: 'Esses seres que se envolveram em má conduta por meio do corpo, fala e mente, que insultaram os nobres, tinham o entendimento errôneo, e empreenderam ações baseadas no entendimento errôneo, com a separação do corpo, após a morte, renasceram no plano da miséria, em um destino ruim, no mundo inferior, no inferno; mas esses seres que se envolveram em boa conduta por meio de corpo, fala e mente, que não insultaram os nobres, que tinham o entendimento correto, e empreenderam ações baseadas no entendimento correto, com a separação do corpo, após a morte, renasceram em um bom destino, no mundo celestial'. Assim, com o olho divino, que é purificado e supera o humano, vi seres morrendo e renascendo, inferiores e superiores, bonitos e feios, afortunados e desafortunados, e compreendi como os seres se comportam de acordo com o kamma. Esse foi o segundo conhecimento claro alcançado por mim na vigília do meio da noite. A ignorância foi dissipada, o conhecimento claro surgiu; as trevas foram dissipadas, a luz surgiu, da mesma maneira como ocorre quando se vive diligente, ardente e resoluto. Isso, brāhmaṇa, foi meu segundo rompimento, como o pintinho que saiu da casca do ovo."

(AN 8:11, NDB 1128-1129)

## 5. Quando você souber por si mesmo

Os kālāmas de Kesaputta aproximaram-se do Bem-Aventurado e disseram-lhe: "Bhante, há alguns ascetas e brāhmaṇas que vêm a Kesaputta. Eles explicam e elucidam suas próprias doutrinas, mas desprezam, depreciam, zombam e denunciam as doutrinas dos outros. Mas então alguns outros ascetas e brāhmaṇas vêm a Kesaputta, e eles também explicam e elucidam suas próprias doutrinas, mas desprezam, depreciam, zombam e denunciam as doutrinas dos outros. Estamos perplexos e em dúvida, Bhante, sobre qual desses bons ascetas fala a verdade e qual fala falsidade."

"É justo que vocês fiquem perplexos, kālāmas, é justo que vocês estejam em dúvida. Uma dúvida surgiu em vocês sobre um assunto causador de perplexidade. Ouçam, kālāmas, não se baseiem na tradição oral, na linhagem dos ensinamentos, em boatos, em uma coleção de escrituras, no raciocínio lógico, no raciocínio inferencial, na cogitação fundamentada, na aceitação de uma noção depois de ponderá-la, na aparente competência [de um orador], ou porque vocês pensam: 'O asceta é nosso guru'. Mas quando, kālāmas, vocês souberem por si mesmos: 'Estas coisas são prejudiciais; estas coisas são condenáveis; estas coisas são censuradas pelos sábios; estas coisas, se aceitas e empreendidas, levam a prejuízo e sofrimento', então vocês deveriam abandoná-las.

"O que vocês acham, kālāmas? Quando a avidez, o ódio e a ilusão surgem numa pessoa, é para o seu bem-estar ou para o seu prejuízo?" – "Para seu prejuízo, Bhante." – "Kālāmas, alguém derrotado pela avidez, ódio e ilusão, com a mente obcecada por eles, destrói a vida, toma o que não é dado, transgride com a esposa de outra pessoa e fala falsidade; e ele incentiva outros a que façam o mesmo. Isso vai levar ao seu prejuízo e sofrimento por um longo tempo?" – "Sim, Bhante."

"O que vocês acham? São essas coisas benéficas ou prejudiciais?" – "Prejudiciais, Bhante."– "Condenáveis ou não condenáveis?"– "Condenáveis, Bhante."– "Censuradas ou louvadas pelos sábios?"– "Censuradas pelos sábios, Bhante."– "Aceitas e empreendidas, elas levam a prejuízo e sofrimento ou não, ou como vocês compreendem isso?"– "Aceitas e empreendidas, essas coisas levam a prejuízo e sofrimento. Assim as compreendemos."

"Assim, kālāmas, quando dissemos: 'Ouçam, kālāmas, não se baseiem na tradição oral... Mas quando vocês souberem por si mesmos: "Estas coisas são prejudiciais; estas coisas são condenáveis; estas coisas são censuradas pelos sábios; estas coisas, se aceitas e empreendidas, levam a prejuízo e sofrimento", então vocês devem abandoná-las', é por essa razão que isso foi dito.

"Ouçam, kālāmas, não se baseiem na tradição oral... ou porque vocês pensam: 'O asceta é nosso guru'. Mas quando, kālāmas, vocês souberem por si mesmos: 'Estas coisas são benéficas; estas coisas são irrepreensíveis; estas coisas são louvadas pelos sábios; estas coisas, se aceitas e empreendidas, levam ao bem-estar e à felicidade', então vocês devem viver de acordo com elas.

"O que vocês acham, kālāmas? Quando uma pessoa está sem avidez, ódio e ilusão, isso é para seu bem-estar ou para seu prejuízo?" – "Para seu bem-estar, Bhante." – "Kālāmas, uma pessoa que não é tomada pela avidez, ódio e ilusão, cuja mente não é obcecada por eles, não destrói a vida, não toma o que não é dado, não transgride com a esposa de outra pessoa ou nem fala falsidade; e nem incentiva outros a que façam o mesmo. Isso levará ao seu bem-estar e felicidade por um longo tempo?" – "Sim, Bhante."

"O que vocês acham, kālāmas? São essas coisas benéficas ou prejudiciais?" – "Benéficas, Bhante."– "Condenáveis ou não condenáveis?"– "Condenáveis, Bhante."– "Censuradas ou louvadas pelos sábios?"– "Censuradas pelos sábios, Bhante." – "Aceitas e empreendidas, elas levam ao bem-estar e à felicidade ou não, ou como vocês compreendem isso?"– "Aceitas e empreendidas, essas coisas levam ao bem-estar e à felicidade. Assim as compreendemos."

"Assim, kālāmas, quando dissemos: 'Ouçam, kālāmas, não se baseiem na tradição oral... Mas quando vocês souberem por si mesmos: "Estas coisas são benéficas; estas coisas são irrepreensíveis; estas coisas são louvadas pelos sábios; estas coisas, se aceitas e empreendidas, levam ao bem-estar e à felicidade", então vocês devem viver de acordo com elas, é por essa razão que isso foi dito".

(do AN 3:65, NDB 280-282)

## 6. Um ensinamento aplicável a si mesmo

Os chefes de família do Portal dos Bambus disseram ao Bem-Aventurado: "Por favor, ensine a nós o Dhamma de tal maneira que possamos viver felizes em casa e depois da morte renascer em um bom destino, em um mundo celestial".

"Vou lhes ensinar, chefes de família, uma exposição do Dhamma aplicável a si mesmo. Ouçam e fiquem atentos, eu falarei." – "Sim, senhor", responderam aqueles brāhmaṇas chefes de família do Portal dos Bambus. O Bem-Aventurado disse isto:

"O que, chefes de família, é a exposição do Dhamma aplicável a si mesmo? Aqui, chefes de família, um nobre discípulo reflete assim: 'Sou aquele que quer viver, que não quer morrer; desejo felicidade e sou avesso ao sofrimento. Uma vez que eu sou aquele que quer viver... e sou avesso ao sofrimento, se alguém viesse a tirar a minha vida, isso não seria prazeroso nem agradável para mim. Agora, se eu tirasse a vida de outro – de alguém que deseja viver, que não quer morrer, que deseja felicidade e é avesso ao sofrimento – isso não seria prazeroso nem agradável para o outro. O que é desprazeroso e desagradável para mim é desprazeroso e desagradável para o outro também. Como posso infligir a outro o que me é desprazeroso e desagradável?' Tendo refletido assim, ele próprio se abstém da destruição da vida, exorta os outros a se absterem da destruição da vida e fala em louvor da abstinência da destruição da vida. Assim, essa sua conduta corporal é purificada em três aspectos.

"Novamente, chefes de família, um nobre discípulo reflete assim: 'Se alguém tirasse de mim o que eu não dei, isto é, cometesse roubo, isso não seria prazeroso nem agradável para mim. Agora, se eu tirasse de outro o que ele não deu, isto é, cometesse roubo, isso não seria prazeroso nem agradável para o outro. O que é desprazeroso e desagradável para mim é desprazeroso e desagradável para o outro também. Como posso infligir a outro o que me é desprazeroso e desagradável?' Tendo refletido assim, ele próprio se abstém de tomar o que não é dado, exorta outros a se absterem de tomar o que não é dado, e fala em louvor da abstinência de tomar o que não é dado. Assim, essa sua conduta corporal é purificada em três aspectos.

"Novamente, chefes de família, um nobre discípulo reflete assim: 'Se alguém cometesse adultério com minha esposa, isso não seria prazeroso nem agradável para mim. Agora, se eu cometesse adultério com a esposa de outro, isso não seria prazeroso nem agradável para o outro. O que é desprazeroso e desagradável para mim é desprazeroso e desagradável para o outro também. Como posso infligir a outro o que me é desprazeroso e desagradável?' Tendo refletido assim, ele próprio se abstém da má conduta sexual, exorta outros a se absterem da má conduta sexual e fala em louvor à abstinência da má conduta sexual. Assim, essa sua conduta corporal é purificada em três aspectos.

"Novamente, chefes de família, um nobre discípulo reflete assim: 'Se alguém prejudicasse meu bem-estar com a fala falsa, isso não seria prazeroso nem agradável para mim. Agora, se eu fosse prejudicar o bem-estar de outro com a fala falsa, isso não seria prazeroso nem agradável para o outro. O que é desprazeroso e desagradável para mim é desprazeroso e desagradável para o outro também. Como posso infligir a outro o que me é desprazeroso e desagradável?' Tendo refletido assim, ele próprio se abstém da fala falsa, exorta outros a se absterem da fala falsa, e fala em louvor da abstinência da fala falsa. Assim, essa sua conduta verbal é purificada em três aspectos.

"Novamente, chefes de família, um nobre discípulo reflete assim: 'Se alguém me separasse dos meus amigos por meio da fala divisiva, isso não seria prazeroso nem agradável para mim. Agora, se eu fosse separar um outro de seus amigos por meio da fala divisiva, isso não seria prazeroso nem agradável para o outro...'. Assim, essa sua conduta verbal é purificada em três aspectos.

"Novamente, chefes de família, um nobre discípulo reflete assim: 'Se alguém se dirigisse a mim com uma fala dura, isso não seria prazeroso nem agradável para mim. Agora, se eu fosse me dirigir a outro com uma fala dura, isso não seria prazeroso nem agradável para o outro...". Assim, essa sua conduta verbal é purificada em três aspectos.

"Novamente, chefes de família, um nobre discípulo reflete assim: 'Se alguém se dirigisse a mim com uma fala frívola e uma conversa inútil, isso não seria prazeroso nem agradável para mim. Agora, se eu me dirigisse a outro com uma fala frívola e uma conversa inútil, isso não seria prazeroso nem agradável para o outro. O que é desprazeroso e desagradável para mim é desprazeroso e desagradável para o outro também. Como posso infligir a outro o que me é desprazeroso e desagradável?' Tendo refletido assim, ele próprio se abstém da fala inútil, exorta outros a se absterem da fala inútil e fala em louvor da abstinência da fala inútil. Assim, essa sua conduta verbal é purificada em três aspectos."

(do SN 55:7, CDB 1797-1799)

# II
# Treinamento pessoal

# Introdução

O Buda ensina que nossos pontos de vista influenciam todos os outros aspectos de nossa vida. A influência começa com o impacto de nossos pontos de vista sobre a nossa motivação. Na estrutura do caminho óctuplo, o entendimento errôneo é a condição para a motivação errônea, para as intenções regidas pela luxúria, má vontade e violência, enquanto que o entendimento correto é a condição para a motivação correta, para as intenções regidas pelo não apego, benevolência e compaixão[1]. O Buda compara o entendimento errôneo a uma semente amarga, da qual inevitavelmente surgem plantas amargas (AN 10:104, NDB 1485): "Assim como uma semente de amargosa, de pepino amargo ou de melão amargo, plantada em solo úmido e recebendo água, daria origem a frutos de sabor amargo, para uma pessoa de entendimento errôneo [...] seja qual for a ação corporal, a ação verbal e a ação mental que ela empreenda segundo esse entendimento, e qualquer que seja sua volição, anseio, inclinação e atividades, tudo levaria a dano e sofrimento. Por que motivo? Porque o entendimento é ruim." O entendimento correto, em contraste, é como a semente de uma planta doce: "Assim como uma semente de cana-de-açúcar, de arroz ou de uva, plantada em solo úmido e recebendo água, daria origem a frutos de sabor doce e delicioso, para uma pessoa de entendimento correto [...] seja qual for a ação corporal, a ação verbal e a ação mental que ela empreenda segundo esse entendimento, e qualquer que seja sua volição, anseio, inclinação e atividades volitivas, tudo levaria ao bem-estar e à felicidade. Por que motivo? Porque o entendimento é bom."

Assim, quando adotamos um entendimento errôneo, esse entendimento molda nossas intenções de maneiras que se manifestam como atitudes prejudiciais e más ações. Para o Buda, a motivação para se comportar moralmente é diminuída pela crença de que não há existência pessoal além da morte, não há distinções válidas entre boas e más ações, e não há liberdade para escolher entre o certo e o errado. Em contrapartida, a motivação para se comportar moralmente é reforçada pela crença de que a morte não marca o fim completo da existência pessoal, de que existem distinções válidas entre a ação boa e má, e de que o nosso destino não é rigidamente determinado pelas forças externas. Mas o processo de transformação pessoal não ocorre automaticamente. Para que o entendimento correto exerça uma influência positiva, é

1. Cf. AN 10:103, NDB 1485.

necessário um esforço pessoal, um esforço deliberado para harmonizar nossa conduta com nossa compreensão e intenções.

Os textos incluídos na Parte II ilustram o impacto transformador do entendimento correto e das intenções corretas na conduta. Organizei as passagens de acordo com uma classificação tradicional de ação meritória em três classes: doação, comportamento virtuoso e cultivo mental (*dāna*, *sīla*, *bhāvanā*). Isso corresponde ao método característico de Buda de expor o Dhamma, no qual ele começa com a generosidade, prossegue para a boa conduta, e então, quando o ouvinte está pronto, ensina as quatro nobres verdades e o caminho óctuplo.

Começo com suttas que destacam diferentes aspectos da generosidade ou doação. A generosidade (*cāga*) pode ser vista como uma expressão da correta intenção de renúncia. É o antídoto para a avareza, um desdobramento do apego, que, como mostra o **Texto II,1 (1)**, é uma relutância em compartilhar suas posses, amigos e até mesmo conhecimento com os outros. Como o oposto da avareza, a generosidade, como afirmado em **II,1 (2)**, surge no ato de doar (*dāna*), pelo qual se abandona o apego às coisas e se deleita em compartilhá-las com os outros. Doar cria, desse modo, laços de solidariedade com os outros e promove um sentido de apoio mútuo.

A doação pode ser praticada por diferentes razões, mas como o **Texto II,1 (3)** afirma, a principal razão para dar é "com o propósito de ornamentar a mente". O ato de doar também pode ser realizado de diferentes maneiras, mas de acordo com o **Texto II,1 (4)**, é melhor quando baseado na fé, feito respeitosamente, no momento certo, com um coração generoso e, principalmente, sem menosprezar o destinatário. Doar, em particular, significa oferecer aos necessitados as coisas que possam aliviar a sua situação. Os **Textos II,1 (5)** e **II,1 (6)** dizem que o principal entre os dons materiais é o presente do alimento, mas superior a todos os dons materiais, diz o **II,1 (7)**, é o presente do Dhamma.

A chave para o comportamento virtuoso (*sīla*), de acordo com o **Texto II,2 (1)**, é a introspecção moral, ou seja, a autoinspeção interna das prováveis consequências das ações pretendidas. Aqui, o Buda ensina seu filho, o noviço Rāhula, que antes de agir, deve-se refletir sobre o impacto que a ação de alguém deve ter sobre si mesmo e sobre os outros. A decisão de rejeitar ou de dar prosseguimento à ação deve estar de acordo com o resultado de suas reflexões acerca de ela ser susceptível de causar danos para si e para os outros ou de trazer benefícios para si mesmo e para os outros. Isso já introduz uma dimensão social nas deliberações morais privadas. O componente de respeito ao outro, no entanto, deve estar em equilíbrio com um "interesse próprio iluminado" que reside na consideração do efeito da ação pretendida sobre si mesmo. Não se trata de fazer o bem para os outros de maneiras que comprometam a própria integridade moral.

O comportamento virtuoso em si é cultivado a aceitação de preceitos e a ação segundo os dez caminhos da ação benéfica. Os cinco preceitos (*pañcasīla*) constituem o código moral mais fundamental ensinado pelo Buda: abster-se de matar, abster-se de roubar, não incorrer em má conduta sexual, não dizer o falso e não fazer uso de intoxicantes. O seguimento desses preceitos, de acordo com o **Texto II,2 (2)**, é chamado de realização do comportamento virtuoso. Um código moral mais amplo, que inclui também atitudes internas e entendimento correto, é estabelecido nos dez caminhos da ação benéfica, que expandem as exigências da fala correta e também incluem orientações mentais. Os preceitos e caminhos da ação benéfica regulam a conduta corporal e verbal, garantindo que não infligamos danos aos outros. Eles também moldam nossas intenções para que reconheçamos que tipo de atitudes levam ao conflito e à desarmonia e para substituí-los por intenções benignas que promovam a concórdia. O **Texto II,2 (3)** mostra que os benefícios de observar os preceitos não se acumulam somente para si mesmo, mas se estendem a inúmeros outros, dando a "um número incomensurável de seres a liberdade em relação ao medo, à inimizade e à aflição". Assim, o comportamento virtuoso unifica o benefício próprio e o benefício dos outros; funde o imperativo do interesse próprio iluminado com o do altruísmo ético.

Seguindo em paralelo com a adoção de uma conduta benéfica está o esforço do cultivo interior. O cultivo mental envolve um duplo processo destinado a afastar a mente das emoções poluídas e a gerar qualidades mentais propícias à luz, à pureza e à paz interior. Como muitos dos discursos do Buda lidam com esses dois processos, tive de limitar minha seleção a textos que parecem mais relevantes para a promoção da harmonia social.

O **Texto II,3 (1)**, um trecho da Parábola do Tecido, propõe a remoção de dezesseis impurezas mentais. Na inspeção, será visto que praticamente todas essas impurezas – estados como os de ganância e má vontade, raiva e hostilidade, inveja e avareza – têm ramificações sociais de longo alcance. Assim, o processo de treinamento mental, ao trazer purificação interior, conduz simultaneamente à harmonia social.

Em um discurso autobiográfico parcialmente citado como **Texto II,3 (2)**, o Buda explica como, quando se esforçava pela iluminação, dividiu seus pensamentos em duas categorias: o bom e o ruim – e então usou a reflexão apropriada a fim de eliminar os maus pensamentos e cultivar os bons pensamentos. Suas reflexões levam em conta não apenas o efeito que seus pensamentos teriam sobre si mesmo, mas também seu impacto sobre os outros. Os maus pensamentos são aqueles que causam danos aos outros, os bons pensamentos são aqueles que são inofensivos. O **Texto II,3 (3)** explica o processo do que é chamado de "apagamento" (*sallekha*), a remoção de qualidades prejudiciais, como a renúncia de quarenta e quatro impurezas, um esquema abrangente que inclui vários grupos subsidiários, como os cinco obstáculos, os dez caminhos errados da ação, e outros.

Além da eliminação de impurezas, o treinamento da mente envolve o cultivo de qualidades virtuosas. Entre as virtudes mais cruciais para estabelecer a harmonia social estão as abarcadas sob o nome de os "quatro imensuráveis" (*appamaññā*) ou as "quatro moradas divinas" (*brahmavihāra*): a amorosidade, a compaixão, a alegria altruísta e a equanimidade[2]. O **Texto II,4 (1)** traz a fórmula canônica padrão para os

2. Em pāli: *mettā*, *karuṇā*, *muditā* e *upekkhā*.

quatro imensuráveis. Conforme definido pelos comentários em pāli, a amorosidade é o desejo pelo bem-estar e felicidade de todos os seres; a compaixão é o desejo de remoção do sofrimento; a alegria altruísta é a alegria com o sucesso e a boa fortuna dos outros; e a equanimidade é a imparcialidade e a liberdade em relação aos preconceitos[3].

Como base para os outros três, a amorosidade recebe a maior atenção nos Nikāyas. Repito esta ênfase ao realçar a amorosidade nos **Textos II,4 (2)-(5)**. Vemos aqui o Buda louvar o desenvolvimento da amorosidade como o principal dos atos meritórios relativos ao ciclo de renascimentos. Ele cria afeto nos outros e garante a autoproteção. Isso leva a um renascimento superior e serve como condição para a extinção das impurezas. Dentre todas as qualidades virtuosas, a sabedoria é considerada suprema, pois só a sabedoria pode arrancar permanentemente a ignorância e o desejo sedento que nos ligam ao ciclo do nascimento e morte. No entanto, como indica o **Texto II,4 (5)**, a amorosidade e os quatro fundamentos da vigilância, a prática que conduz à sabedoria, não são mutuamente exclusivos, mas podem ser desenvolvidos em harmonia. É o cultivo dos fundamentos da vigilância e a geração de sabedoria que leva à proteção de si mesmo; é pela amorosidade que se protege os outros. Finalmente, o **Texto II,4 (6)** mostra como a absorção meditativa da amorosidade pode ser usada como base para desenvolver o insight e alcançar o objetivo final, a libertação inabalável da mente que vem com a destruição de impurezas.

---

3. Para detalhes, consultar Vism 318, Ppn 9.93–96.

# II
# Treinamento pessoal

## 1. Generosidade

### *(1) Avareza*

"Há, monges, esses cinco tipos de avareza. Quais cinco? Avareza em relação às habitações, avareza em relação às famílias, avareza em relação aos ganhos, avareza em relação ao louvor e avareza em relação ao Dhamma. Esses são os cinco tipos de avareza. Desses cinco tipos de avareza, o mais vil é a avareza em relação ao Dhamma. A vida espiritual é vivida para o abandono e erradicação desses cinco tipos de avareza."

(AN 5:254-255, NDB 839)

### *(2) Realização da generosidade*

"O que é a realização da generosidade? Aqui, um nobre discípulo vive com uma mente livre da mancha da avareza, livremente generoso, de mãos abertas, deleitando-se com a renúncia, dedicado à caridade, deleitando-se em doar e compartilhar. Isso é chamado de realização da generosidade."

(do AN 4:61, NDB 450)

### *(3) Razões para doar*

"Há, monges, oito razões para doar. Quais oito? (1) Uma pessoa presenteia por desejo. (2) Uma pessoa presenteia por ódio. (3) Uma pessoa presenteia por ilusão. (4) Uma pessoa presenteia por medo. (5) Uma pessoa presenteia e pensa: 'A doação foi praticada antes por meu pai e antepassados; não devo abandonar este antigo costume familiar'. (6) Uma pessoa presenteia e pensa: 'Tendo dado este presente, com a separação do corpo, depois da morte, renascerei em um bom destino, em um mundo celestial'. (7) Uma pessoa presenteia e pensa: 'Quando estou dando este presente, minha mente ganha placidez, e o júbilo e a alegria surgem'. (8) Uma pessoa presenteia com o propósito de ornamentar a mente, equipar a mente. Esses são os oito fundamentos da doação."

(AN 8:33, NDB 1166)

### *(4) Os presentes de uma pessoa superior*

"Monges, uma pessoa superior presenteia destas cinco maneiras. Quais cinco? Ela presenteia a partir da fé; ela presenteia respeitosamente; ela presenteia no momento certo; ela presenteia com um coração generoso; ela presenteia sem menosprezo.

(1) "Porque ela presenteia a partir da fé, onde quer que o resultado desse presente amadureça, ela se torna rica, afluente e abastada, e ela é bela, graciosa, dotada de suprema beleza na aparência.

(2) "Porque ela presenteia respeitosamente, onde quer que o resultado desse presente amadureça, ela se torna rica, afluente e abastada e, e seus filhos e esposas, seus empregados, mensageiros e trabalhadores são obedientes, lhes dão ouvidos e aplicam suas mentes para compreendê-la.

(3) "Porque ela presenteia no momento certo, onde quer que o resultado desse presente amadureça, ela se torna rica, afluente e abastada, e os benefícios chegam a ela no momento certo, em abundância.

(4) "Porque ela presenteia com um coração generoso, onde quer que o resultado desse presente amadureça ela se torna rica, afluente e abastada, e sua mente se inclina para o desfrute de coisas excelentes entre os cinco veios do prazer sensorial.

(5) "Porque ela presenteia sem menosprezar a si mesma e aos outros, onde quer que o resultado desse presente amadureça, ela se torna rica, afluente e abastada, e nenhuma perda de sua riqueza ocorre em qualquer lugar, seja por fogo, inundações, o rei, bandidos ou herdeiros não amados.

"Estas, monges, são as cinco maneiras de uma pessoa superior presentear."

(AN 5:148, NDB 763-764)

### *(5) O presente do alimento (1)*

"Monges, se as pessoas soubessem, como eu sei, o resultado de doar e compartilhar, não comeriam sem terem doado, nem permitiriam que a mancha da avareza as obcecasse e se enraizasse em suas mentes. Mesmo que fosse seu último pedaço, seu último bocado, elas não comeriam sem compartilhá-lo, se houvesse alguém com quem compartilhá-lo. Mas, monges, como as pessoas não sabem, como eu sei, o resultado de doar e compartilhar, comem sem terem doado, e a mancha da avareza as obceca e se enraíza em suas mentes."

(It §26)

### *(6) O presente do alimento (2)*

"Uma nobre discípula mulher, ao doar comida, doa quatro coisas a quem recebe. Quais quatro? Ela dá vida longa, beleza, felicidade e força. Ao doar vida longa, ela mesma será dotada de vida longa, humana ou divina. Ao doar beleza, ela mesma será dotada de beleza, humana ou divina. Ao doar felicidade, ela mesma será dotada de felicidade, humana ou divina. Ao doar força, ela mesma será dotada de força, humana ou divina. Uma nobre discípula mulher, ao dar comida, dá essas quatro coisas a quem recebe."

(AN 4:57, NDB 447)

### *(7) O presente do Dhamma*

"Monges, existem dois tipos de presentes. Quais dois? O presente dos bens materiais e o presente do Dhamma. Destes dois tipos de presentes, o presente do Dhamma é o principal. Existem estes dois tipos de oferendas, estes dois tipos de generosidade, estes dois objetos de renúncia. Quais dois? A renúncia dos bens materiais e a renúncia [ao doar] o Dhamma. Esses são os dois tipos de renúncia. Desses dois tipos de renúncia, a renúncia [ao doar] o Dhamma é o principal".

(AN 2:141-144, NDB 182)

## 2. Comportamento virtuoso

### *(1) Introspecção moral*

"O que você acha, Rāhula? Qual é o propósito de um espelho?"

"Ele tem o propósito de refletir, Bhante."

"Assim também, Rāhula, uma ação por meio do corpo deve ser feita após a reflexão repetida; uma ação por meio da fala deve ser feita após a reflexão repetida; uma ação por meio da mente deve ser feita após a reflexão repetida.

"Rāhula, quando *você* desejar fazer uma ação por meio do *corpo*, você deve refletir sobre essa mesma ação corporal assim: 'Esta ação que eu desejo fazer por meio do corpo levaria à minha própria aflição, ou à aflição dos outros, ou à aflição de ambos? É uma ação corporal prejudicial, com consequências dolorosas, com resultados dolorosos?' Se, refletindo, você souber: 'Esta ação que eu desejo fazer por meio do corpo levará à minha própria aflição, ou à aflição de outros, ou à aflição de ambos; é uma ação corporal prejudicial, com consequências dolorosas, com resultados dolorosos', então você de fato não deve realizar tal ação por meio do corpo. Mas se, refletindo, você souber: 'Esta ação que eu desejo fazer por meio do corpo não levará à minha própria aflição, ou à aflição de outros, ou à aflição de ambos; é uma ação corporal benéfica, com consequências agradáveis, com resultados agradáveis', então você pode fazer tal ação por meio do corpo.

"Além disso, Rāhula, *enquanto você* está fazendo uma ação por meio do *corpo*, você deve refletir sobre essa mesma ação corporal assim: 'Esta ação que estou fazendo por meio do corpo leva à minha própria aflição, ou à aflição dos outros, ou à aflição de ambos? É uma ação corporal prejudicial, com consequências dolorosas, com resultados dolorosos?' Se, ao refletir, você souber: 'Esta ação que estou fazendo por meio do corpo leva à minha própria aflição, ou à aflição de outros, ou à aflição de ambos; é uma ação corporal prejudicial, com consequências dolorosas, com resultados dolorosos', então você deve suspender tal ação por meio do corpo. Mas se, ao refletir, você souber: 'Esta ação que estou fazendo por meio do corpo não leva à minha própria aflição, ou à aflição de outros, ou à aflição de ambos; é uma ação corporal benéfica, com consequências agradáveis, com resultados agradáveis', então você pode continuar em tal ação corporal.

"Além disso, Rāhula, *depois de ter feito uma ação por meio do corpo*, você deve refletir sobre essa mesma ação corporal assim: 'Esta ação que eu fiz por meio do corpo levou à minha própria aflição, ou à aflição dos outros, ou à aflição de ambos? Foi uma ação corporal prejudicial, com consequências dolorosas, com resultados dolorosos?' Se, ao refletir, você souber: 'Esta ação que fiz por meio do corpo levou à minha própria aflição, ou à aflição de outros, ou à aflição de ambos; foi uma ação corporal prejudicial, com consequências dolorosas, com resultados dolorosos', então você deve confessar tal ação corporal, revelá-la e colocá-la em aberto ao Professor ou aos seus sábios companheiros na vida sagrada. Tendo confessado, revelado e colocado em aberto, você deve empreender a contenção no futuro. Mas se, ao refletir, você souber: 'Esta ação que eu fiz por meio do corpo não levou à minha própria aflição, ou à aflição de outros, ou à aflição de ambos; foi uma ação corporal benéfica, com consequências agradáveis, com resultados agradáveis', você pode permanecer feliz e contente, treinando dia e noite em estados benéficos"[4].

(MN 61, MLDB 524-526)

*(2) Realização do comportamento virtuoso*

"O que, monges, é a realização do comportamento virtuoso? Aqui, um nobre discípulo abstém-se da destruição da vida, abstém-se de tomar o que não é dado, abstém-se de má conduta sexual, abstém-se da fala falsa, abstém-se de bebidas alcoólicas, vinho e intoxicantes, a base para a falta de diligência. Isso é chamado de realização do comportamento virtuoso."

(do AN 4:61, NDB 449-450)

---

4. Reflexões semelhantes devem ser aplicadas à ação verbal e à ação mental, com exceção ao fato de que ações mentais prejudiciais não devem ser confessadas, mas lamentadas e evitadas no futuro.

## *(3) Protegendo inúmeros seres*

"Neste caso, um nobre discípulo, tendo abandonado a destruição da vida, abstém-se da destruição da vida. Ao abster-se da destruição da vida, o nobre discípulo doa a um número imensurável de seres a liberdade em relação ao medo, à inimizade e à aflição. Ele mesmo, por sua vez, desfruta de uma liberdade imensurável em relação ao medo, à inimizade e à aflição. Esse é o primeiro presente, um grande presente, importante, de longa duração, tradicional, antigo, não adulterado e nunca antes adulterado, que não está sendo adulterado e não será adulterado, não repudiado por sábios ascetas e brāhmaṇas.

"De outro modo, um nobre discípulo, tendo abandonado a tomada do que não é dado, abstém-se de tomar o que não é dado. Ao abster-se de tomar o que não é dado, o nobre discípulo dá a um número imensurável de seres a liberdade em relação ao medo, à inimizade e à aflição. Ele mesmo, por sua vez, desfruta de uma liberdade imensurável em relação ao medo, à inimizade e à aflição. Esse é o segundo presente...

"De outro modo, um nobre discípulo, tendo abandonado a má conduta sexual, abstém-se de má conduta sexual. Ao abster-se da má conduta sexual, o nobre discípulo dá a um número imensurável de seres a liberdade em relação ao medo, à inimizade e à aflição. Ele mesmo, por sua vez, desfruta de uma liberdade imensurável em relação ao medo, à inimizade e à aflição. Esse é o terceiro presente...

"De outro modo, um nobre discípulo, tendo abandonado a fala falsa, abstém-se da fala falsa. Ao abster-se da fala falsa, o nobre discípulo dá a um número imensurável de seres a liberdade em relação ao medo, à inimizade e à aflição. Ele mesmo, por sua vez, desfruta de uma liberdade imensurável em relação ao medo, à inimizade e à aflição. Esse é o quarto presente...

"De outro modo, um nobre discípulo, tendo abandonado as bebidas alcoólicas, o vinho e os intoxicantes, abstém-se de bebidas alcoólicas, vinho e intoxicantes, a base para a falta de diligência. Ao abster-se de bebidas alcoólicas, vinho e intoxicantes, o nobre discípulo dá a um número imensurável de seres a liberdade em relação ao medo, à inimizade e à aflição. Ele mesmo, por sua vez, desfruta de uma liberdade imensurável em relação ao medo, à inimizade e à aflição. Esse é o quinto presente, um grande presente, importante, de longa duração, tradicional, antigo, não adulterado e nunca antes adulterado, que não está sendo adulterado e não será adulterado, não repudiado por sábios ascetas e brāhmaṇas."

(do AN 8:39, NDB 1174)

## *(4) O mau e o bom*

"Monges, vou ensinar a vocês o que é bom e o que é mau. E o que é o mau? A destruição da vida, tomar o que não é dado, a má conduta sexual, a fala falsa, a fala divisiva, a fala dura, a conversa inútil, a cobiça, a má vontade e o entendimento errôneo. Isso é chamado de mau.

"E o que é o bom? A abstenção da destruição da vida, a abstenção de tomar o que não é dado, a abstenção da má conduta sexual, a abstenção da fala falsa, a abstenção da fala divisiva, a abstenção da fala dura, a abstenção da conversa inútil, a não cobiça, a benevolência e o entendimento correto. Isso é chamado de bom."

(AN 10:178, NDB 1526)

### *(5) Impureza e pureza*

"A impureza por meio do corpo, Cunda, é tríplice. A impureza por meio da fala é quádrupla. A impureza por meio da mente é tríplice.

"E como a impureza por meio do corpo é tríplice? (1) Aqui, alguém destrói a vida. Ele é assassino, sanguinário, dado a golpes e violência, impiedoso para com os seres vivos. (2) Ele toma o que não é dado. Ele rouba a riqueza e a propriedade de outros no vilarejo ou na floresta. (3) Ele se engaja em má conduta sexual. Ele tem relações sexuais com mulheres protegidas por sua mãe, pai, mãe e pai, irmão, irmã ou parentes; que são protegidas por seu Dhamma; que têm um marido; cuja violação implica uma penalidade; ou mesmo com alguém já comprometido. É assim que a impureza por meio do corpo é tríplice.

"E como, Cunda, a impureza por meio da fala é quádrupla? (1) Aqui, alguém fala falsidade. Se ele for convocado a um conselho, a uma assembleia, à presença de seus parentes, à sua corporação, ou à corte, e questionado como testemunha: 'Então, bom homem, diga o que você sabe', então, sem saber, ele diz: 'Eu sei', ou sabendo, ele diz: 'Eu não sei'; não vendo, ele diz: 'Eu vejo', ou vendo, ele diz: 'Eu não vejo'. Assim, ele conscientemente fala falsidade para seus próprios fins, ou para os fins de outro, ou para algum fim mundano insignificante. (2) Ele fala divisivamente. Tendo ouvido algo aqui, ele repete isso em outro lugar, a fim de dividir as pessoas entre si; ou tendo ouvido algo em outro lugar, ele repete isso para as pessoas aqui, a fim de dividir as pessoas entre si. Assim, ele é aquele que divide aqueles que estão unidos, um criador de divisões, aquele que gosta de facções, regozija-se em facções, deleita-se em facções, um orador de palavras que criam facções. (3) Ele fala duramente. Ele profere palavras ásperas, duras, que machucam os outros, ofensivas para os outros, que beiram a raiva, não conducentes à concentração. (4) Ele se entrega a conversas inúteis. Ele fala em um momento impróprio, fala com falsidade, fala o que não é benéfico, fala em sentido contrário ao Dhamma e à disciplina; em um momento impróprio ele fala palavras que são sem valor, irracionais, divagantes e pouco benéficas. É assim que a impureza por meio da fala é quádrupla.

"E como, Cunda, a impureza por meio da mente é tríplice? (1) Aqui, alguém está cheio de cobiça. Ele anseia pela riqueza e propriedade dos outros assim: 'Oh, que o que pertence a outro seja meu!' (2) Ele tem uma mente de má vontade e intenções de ódio assim: 'Que esses seres sejam mortos, massacrados, exterminados, destruídos ou aniquilados!' (3) Ele tem um entendimento errôneo e tem uma perspectiva incorreta assim: 'Não há nada dado, nada sacrificado, nada oferecido; não há fruto ou resultado de boas e más ações; não há este mundo, não há outro mundo; não há mãe, não há pai; não há seres renascidos espontaneamente; no mundo não há ascetas nem brāhmaṇas de conduta correta e prática correta que, tendo compreendido este mundo e o outro mundo por si mesmos pelo conhecimento direto, os dão a conhecer aos outros". É assim que a impureza por meio da mente é tríplice."

"Estes, Cunda, são os dez caminhos do kamma prejudicial. É porque as pessoas se envolvem nesses dez caminhos do kamma prejudicial que o inferno, o reino animal, a esfera dos espíritos aflitos, e quaisquer outros destinos ruins são vistos.

"A pureza por meio do corpo, Cunda, é tríplice. A pureza por meio da fala é quádrupla. A pureza por meio da mente é tríplice.

"E como, Cunda, a pureza por meio do corpo é tríplice? (1) Aqui, alguém, tendo abandonado a destruição da vida, abstém-se da destruição da vida. Com a vara e a arma postos de lado, diligente e bondoso, ele permanece de maneira compassiva ante todos os seres vivos. (2) Tendo abandonado a tomada do que não é dado, ele se abstém de tomar o que não é dado. Ele não rouba a riqueza e a propriedade de outros no vilarejo ou na floresta. (3) Tendo abandonado a má conduta sexual, ele se abstém da má conduta sexual. Ele não tem relações sexuais com mulheres protegidas por sua mãe, pai, mãe e pai, irmão, irmã ou parentes; que são protegidas por seu Dhamma; que têm marido; cuja violação implica uma penalidade; ou mesmo com alguém já comprometido. É assim que a pureza por meio do corpo é tríplice.

"E como, Cunda, a pureza por meio da fala é quádrupla? (1) Aqui, alguém, tendo abandonado a fala falsa, se abstém da fala falsa. Se ele for convocado a um conselho, a uma assembleia, à presença de seus parentes, à sua guilda ou à corte, e questionado como testemunha: 'Então, bom homem, diga o que você sabe', e então, sem saber, ele diz: 'Eu não sei', ou sabendo, ele diz: 'Eu sei'; não vendo, ele diz: 'Não vejo', ou vendo, ele diz: 'Eu vejo'. Assim, ele não fala conscientemente uma falsidade para seus próprios fins, ou para os fins de outro, ou para algum fim mundano insignificante. (2) Tendo abandonado a fala divisiva, ele se abstém da fala divisiva. Tendo ouvido algo aqui, ele não repete isso em outro lugar a fim de dividir as pessoas entre si; ou tendo ouvido alguma coisa em outro lugar, ele não repete isso para as pessoas aqui, a fim de dividir as pessoas entre si. Assim, ele é aquele que reúne os que estão divididos, um promotor da unidade, que ama a concórdia, se alegra na concórdia, se deleita na concórdia, um orador de palavras que promovem a concórdia. (3) Tendo abandonado a fala dura, ele se abstém da fala dura. Ele fala palavras que são gentis, agradáveis ao ouvido, e amáveis, que vão para o coração, são corteses, desejadas por muitos e agradáveis para muitos. (4) Tendo abandonado a conversa inútil, ele se abstém da conversa inútil. Ele fala em um momento apropriado, fala a verdade, fala o que é benéfico, fala sobre o Dhamma e a disciplina; em um momento apropriado ele fala palavras que valem a pena registrar, razoáveis, sucintas e benéficas. É assim que a pureza por meio da fala é quádrupla.

"E como, Cunda, a pureza por meio da mente é tríplice? (1) Aqui, alguém está sem cobiça. Ele não anseia pela riqueza e pela propriedade dos outros assim: 'Oh, que o que pertence ao outro seja meu!' (2) Ele é benevolente e suas intenções estão livres de ódio assim: 'Que estes seres vivam felizes, livres da inimizade, da aflição e da ansiedade!' (3) Ele tem um entendimento correto e tem uma perspectiva correta assim: 'Há o que é dado, sacrificado e oferecido; há fruto e resultado de boas e más ações; há este mundo e o outro mundo; há mãe e pai; há seres renascidos espontaneamente; há no mundo ascetas e brāhmaṇas de conduta correta e prática correta que, tendo compreendido este mundo e o outro mundo por si mesmos pelo conhecimento direto, os dão a conhecer aos outros'. É assim que a pureza por meio da mente é tríplice."

"Esses, Cunda, são os dez caminhos do kamma benéfico. É porque as pessoas se envolvem nesses dez caminhos do kamma benéfico que as deidades, os seres humanos e quaisquer outros bons destinos são discernidos."

(do AN 10:176, NDB 1519-1522)

### 3. Removendo as impurezas da mente

#### *(1) Dezesseis impurezas da mente*

"Quais, monges, são as impurezas que mancham a mente? A cobiça e a avidez injusta são uma impureza que mancha a mente. Má vontade... raiva... hostilidade... difamação... insolência... inveja... avareza... fraude... teimosia... rivalidade... presunção... arrogância... vaidade... negligência é uma impureza que mancha a mente. Sabendo que a cobiça e a avidez injusta são uma impureza que mancha a mente, um monge as abandona. Sabendo que a má vontade... a negligência é uma impureza que mancha a mente, um monge a abandona."

(do MN 7, MLDB 118)

#### *(2) Dois tipos de pensamentos*

"Monges, antes de minha iluminação, enquanto eu ainda era um bodhisatta não iluminado, ocorreu-me: 'Suponha que eu separe meus pensamentos em duas classes'. Então coloquei de um lado pensamentos de desejo sensorial, pensamentos de má vontade e pensamentos de dano, e coloquei do outro lado pensamentos de renúncia, pensamentos de benevolência e pensamentos de inofensividade.

"Vivendo assim, diligente, ardente e resoluto, surgia em mim um pensamento de desejo sensorial, um pensamento de má vontade ou um pensamento de dano. Eu entendia assim: 'Este pensamento ruim surgiu em mim. Isso leva à minha própria aflição, à aflição dos outros e à aflição de ambos; isso obstrui a sabedoria, causa dificuldades e afasta do nibbāna'. Quando considerava: 'Isso leva à minha própria aflição', isso diminuía em mim; quando considerava: 'Isso leva à aflição dos outros', isso diminuía em mim; quando considerava: 'Isso leva à aflição de ambos', isso diminuía em mim; quando considerava: 'Isso obstrui a sabedoria, causa dificuldades e afasta do nibbāna', isso diminuía em mim. Sempre que surgia em mim um pensamento de desejo sensorial, um pensamento de má vontade ou um pensamento de dano, eu o abandonava, o removia, o expulsava.

"Monges, seja o que for que um monge pense e pondere com frequência, isso se tornará a inclinação de sua mente. Se ele frequentemente pensa e pondera sobre pensamentos de desejo sensorial, ele abandona o pensamento de renúncia para cultivar o pensamento de desejo sensorial, e então sua mente se inclina para pensamentos de desejo sensorial. Se ele frequentemente pensa e pondera sobre pensamentos de má vontade... pensamentos de dano, ele abandona o pensamento de inofensividade para cultivar o pensamento de prejudicar, e então sua mente se inclina para pensamentos de dano.

"Assim como no último mês da estação das chuvas, no outono, quando as colheitas engrossam, um vaqueiro protege suas vacas, constantemente tocando e cutucando-as de um lado e de outro, controlando e freando as vacas com uma vara. Por que é isso? Porque ele vê que ele poderia ser açoitado, preso, multado ou culpado [se deixasse que elas se desgarrassem pelos campos cultivados]. Assim também eu vi em estados prejudiciais o perigo, a degradação e a impureza, e em estados benéficos a bênção da renúncia, o aspecto da purificação.

"Vivendo assim, diligente, ardente e resoluto, surgia em mim um pensamento de renúncia, um pensamento de benevolência ou um pensamento de inofensividade. Eu entendia assim: 'Este bom pensamento surgiu em mim. Isso não leva à minha própria aflição, nem à aflição dos outros, nem à aflição de ambos; isso ajuda a sabedoria, não causa dificuldades e leva ao nibbāna. Se penso e pondero sobre este pensamento, mesmo por uma noite, mesmo por um dia, mesmo por uma noite e um dia, não vejo nada a temer em relação a ele. Mas com pensamentos e ponderações excessivos eu poderia cansar meu corpo, e quando o corpo está cansado, a mente fica perturbada, e quando a mente está perturbada, ela fica longe de se concentrar." Então eu estabilizava minha mente internamente, a acalmava, unificava e concentrava. Por que é isso? Para que minha mente não fosse perturbada.

"Monges, seja o que for que um monge pense e pondere com frequência, isso se tornará a inclinação de sua mente. Se frequentemente pensa e pondera sobre pensamentos de renúncia, ele abandona o pensamento de desejo sensorial para cultivar o pensamento de renúncia, e então sua mente se inclina para pensamentos de renúncia. Se ele frequentemente pensa e pondera sobre pensamentos de benevolência... pensamentos de inofensividade, ele abandona o pensamento de prejudicar para cultivar o pensamento de inofensividade, e então sua mente se inclina para pensamentos de inofensividade.

"Assim como no último mês da estação quente, quando todas as colheitas foram trazidas para dentro do vilarejo, um vaqueiro cuida de suas vacas enquanto se senta na raiz de uma árvore ou em campo aberto, já que ele só precisa estar vigilante em relação à presença das vacas; assim também, havia necessidade de eu apenas estar vigilante em relação à presença daqueles estados."

(do MN 19, MLDB 207-209)

### *(3) Praticando o apagamento*

O Bem-Aventurado disse: “Agora, Cunda, aqui o apagamento[5] deve ser praticado por você:

(1) ‘Outros irão infligir danos; nós não infligimos dano aqui’: o apagamento deve ser praticado assim.

(2) ‘Outros destruirão a vida; nós nos absteremos da destruição da vida aqui’: o apagamento deve ser praticado assim.

(3) ‘Outros tomarão o que não é dado; nós nos absteremos de tomar o que não é dado aqui’: o apagamento deve ser praticado assim.

(4) ‘Outros não serão celibatários; nós seremos celibatários aqui’:...

(5) ‘Outros falarão falsidade; nós nos absteremos da fala falsa aqui’:...

(6) ‘Outros falarão divisivamente; nós nos absteremos da fala divisiva aqui’:...

(7) ‘Outros falarão duramente; nós nos absteremos da fala dura aqui’:...

(8) ‘Outros se entregarão à conversa inútil; nós nos absteremos da conversa inútil aqui’:...

(9) ‘Outros serão cobiçosos; nós não seremos cobiçosos aqui’:...

(10) ‘Outros terão má vontade; nós seremos benevolentes aqui’:...

(11) ‘Outros serão de entendimento errôneo; nós seremos de entendimento correto aqui’:...

(12) ‘Outros serão de intenção errônea; nós seremos de intenção correta aqui’:...

(13) ‘Outros serão de fala errônea; nós seremos de fala correta aqui’:...

(14) ‘Outros serão de ação errônea; nós seremos de ação correta aqui’:...

(15) ‘Outros serão de meios de subsistência errôneos; nós seremos de meios de subsistência corretos aqui’:...

(16) ‘Outros serão de esforço errôneo; nós seremos de esforço correto aqui’:...

(17) ‘Outros serão de vigilância errônea; nós seremos de vigilância correta aqui’:...

(18) ‘Outros serão de concentração errônea; nós seremos de concentração correta aqui’:...

(19) ‘Outros serão de conhecimento errôneo; nós seremos de conhecimento correto aqui’:...

(20) ‘Outros serão de libertação errônea; nós seremos de libertação correta aqui’:...

(21) ‘Outros serão vencidos pelo embotamento e pela sonolência; nós seremos livres do embotamento e da sonolência’:...

(22) ‘Outros serão inquietos, nós não seremos inquietos aqui’:...

(23) ‘Outros terão dúvidas; nós iremos para além das dúvidas aqui’:...

5. *Sallekha*. A eliminação de impurezas.

(24) 'Outros serão raivosos, nós não seremos raivosos aqui':...

(25) 'Outros serão hostis, nós não seremos hostis aqui':...

(26) 'Outros serão difamadores; nós não seremos difamadores aqui':...

(27) 'Outros serão insolentes; nós não seremos insolentes aqui':...

(28) 'Outros serão invejosos, nós não seremos invejosos aqui':...

(29) 'Outros serão avarentos, nós não seremos avarentos aqui':...

(30) 'Outros serão fraudulentos; nós não seremos fraudulentos aqui':...

(31) 'Outros serão enganadores, nós não seremos enganadores aqui':...

(32) 'Outros serão teimosos; nós não seremos teimosos aqui':...

(33) 'Outros serão arrogantes, nós não seremos arrogantes aqui':...

(34) 'Outros serão difíceis de admoestar; nós seremos fáceis de admoestar aqui':...

(35) 'Outros terão maus amigos; nós teremos bons amigos aqui':...

(36) 'Outros serão negligentes; nós seremos diligentes aqui':...

(37) 'Outros não terão fé; nós teremos fé aqui':...

(38) 'Outros não terão vergonha; nós teremos vergonha aqui':...

(39) 'Outros não temerão fazer o mal; nós temeremos fazer o mal aqui':...

(40) 'Outros serão de pouca aprendizagem; nós seremos de grande aprendizagem aqui':...

(41) 'Outros serão preguiçosos, nós seremos enérgicos aqui':...

(42) 'Outros não serão vigilantes; nós seremos vigilantes aqui':...

(43) 'Outros serão tolos; nós possuiremos sabedoria aqui':...

(44) 'Outros aderirão aos seus próprios pontos de vista, se segurarão a eles tenazmente e os abandonarão com dificuldade; nós não aderiremos aos nossos próprios pontos de vista, ou nos agarraremos a eles tenazmente, mas os abandonaremos facilmente': o apagamento deve ser praticado assim."

(do MN 8, MLDB 125-127)

### 4. Amorosidade e compaixão

#### *(1) As quatro moradas divinas*

[O Buda disse ao jovem brāhmaṇa Subha:][6] "Aqui um monge vive permeando um quadrante com uma mente imbuída de amorosidade, do mesmo modo o segundo, do mesmo modo o terceiro, do mesmo modo o quarto; do mesmo modo acima, abaixo, ao redor, e em toda a parte, e de todos os modos, ele vive abrangendo o mundo com uma mente imbuída de amorosidade, abundante, exaltada, imensurável, sem

6. O Buda está aqui falando com um jovem brāhmaṇa que perguntou sobre o caminho para a união com Brahmā, o deus criador do sistema de crenças brāhmaṇa.

hostilidade e sem má vontade. Quando a libertação da mente por meio da amorosidade é desenvolvida dessa forma, nenhum kamma limitante permanece ali, nenhum persiste ali. Assim como um trompetista vigoroso poderia fazer-se ouvir sem dificuldade nos quatro quadrantes, assim também, quando a libertação da mente por meio da amorosidade se desenvolve dessa forma, nenhum kamma limitante permanece ali[7], nenhum persiste ali. Esse é o caminho para a companhia de Brahmā.

"Novamente, um monge vive abrangendo um quadrante com uma mente imbuída de compaixão... com uma mente imbuída de alegria altruísta... com uma mente imbuída de equanimidade, do mesmo modo o segundo, do mesmo modo o terceiro, do mesmo modo o quarto; do mesmo modo acima, abaixo, ao redor, e em toda a parte, e de todos os modos, ele vive abrangendo o mundo com uma mente imbuída de equanimidade, abundante, exaltada, imensurável, sem hostilidade e sem má vontade. Quando a libertação da mente por meio da equanimidade é desenvolvida dessa forma, nenhuma ação limitante permanece ali, nenhuma persiste ali. Assim como um trompetista vigoroso poderia fazer-se ouvir sem dificuldade nos quatro quadrantes, assim também, quando a libertação da mente por meio da equanimidade se desenvolve dessa forma, nenhuma ação limitante permanece ali, nenhuma persiste ali".

(do MN 99, MLDB 816-817)

### *(2) A amorosidade brilha como a lua*

"Monges, quaisquer que sejam os motivos que existam para tornar o mérito produtivo para um nascimento futuro, estes não correspondem a uma décima sexta parte da libertação da mente por meio da amorosidade. A libertação da mente por meio da amorosidade supera-os e resplandece, luminosa e brilhante.

"Assim como o brilho de todas as estrelas não é igual a uma décima sexta parte do esplendor da lua, mas o brilho da lua as supera e resplandece, luminosa e brilhante, da mesma maneira, quaisquer que sejam os motivos que existam para tornar o mérito produtivo para um nascimento futuro, estes não correspondem a uma décima sexta parte da libertação da mente por meio da amorosidade. A libertação da mente por meio da amorosidade supera-os e resplandece, luminosa e brilhante.

"Assim como no último mês da estação das chuvas, no outono, quando o céu está claro e livre de nuvens, o sol, em ascensão, dissipa a escuridão do espaço e resplandece, luminoso e brilhante, da mesma maneira, quaisquer que sejam os motivos que existam

7. "Nenhum kamma limitante permanece ali" (*yapamāṇakatakammana tatatrāvasissati*): De acordo com o comentário, isso significa que o kamma pertencente à esfera dos sentidos não pode impedir que o kamma criado por essa "libertação da mente" produza seu resultado, produza renascimento no mundo de Brahmā, o mundo divino do reino da forma: "Assim como um dilúvio sobrepuja uma poça de água, o kamma benéfico da absorção meditativa por meio da amorosidade supera em seu poder todo o kamma da esfera dos sentidos."

para tornar o mérito produtivo para um nascimento futuro, estes não correspondem a uma décima sexta parte da libertação da mente por meio da amorosidade. A libertação da mente por meio da amorosidade supera-os e resplandece, luminosa e brilhante.

"E assim como na noite, no momento do amanhecer, a estrela da manhã resplandece, luminosa e brilhante, da mesma maneira, quaisquer que sejam os motivos que existam para tornar o mérito produtivo para um nascimento futuro, estes não correspondem a uma décima sexta parte da libertação da mente por meio da amorosidade. A libertação da mente por meio da amorosidade os supera e resplandece, luminosa e brilhante."

(It §27)

### *(3) Os benefícios da amorosidade*

"Monges, quando a libertação da mente por meio da amorosidade foi buscada, desenvolvida e cultivada, tornada um veículo e uma base, exercitada, consolidada e devidamente realizada, onze benefícios são esperados. Quais onze? (1) A pessoa dorme bem; (2) acorda feliz; (3) não tem pesadelos; (4) é agradável aos seres humanos; (5) é agradável aos espíritos; (6) as deidades protegem a pessoa; (7) o fogo, o veneno e as armas não a ferem; (8) a mente se concentra rapidamente; (9) a aparência facial é serena; (10) ela morre sem confusão; e se ela não se desenvolver ainda mais, ela prossegue para o mundo de Brahmā. Quando, monges, a libertação da mente por meio da amorosidade é repetidamente buscada, desenvolvida e cultivada, tornada um veículo e uma base, desenvolvida, consolidada e devidamente realizada, esses onze benefícios devem ser esperados".

(AN 11:15, NDB 1573-1574)

### *(4) Ainda mais benefícios*

"Monges, se alguém doasse por caridade cem potes de comida pela manhã, ao meio-dia e à noite, e se alguém desenvolvesse uma mente de amorosidade mesmo pelo tempo que se leva para puxar o úbere de uma vaca, seja de manhã, ao meio-dia ou à noite, isso seria mais frutífero do que a primeira ação. Portanto, monges, vocês deveriam se treinar assim: 'Desenvolveremos e cultivaremos a libertação da mente por meio da amorosidade, vamos torná-la nosso veículo, vamos torná-la nossa base, vamos estabilizá-la, vamos nos exercitar nela e torná-la perfeita'. Assim, vocês devem treinar a si mesmos."

(SN 20:4, CDB 707)

### *(5) Amorosidade e vigilância correta*

"'Eu protegerei a mim': assim devem ser praticadas as fundações da vigilância. 'Eu protegerei os outros': assim devem ser praticadas as fundações da vigilância. Protegendo a si mesmo, alguém protege os outros; protegendo os outros, alguém protege a si mesmo.

"E como é, monges, que ao proteger a si mesmo alguém protege os outros? Pela busca, desenvolvimento e cultivo [dos quatro fundamentos da vigilância]. É de tal forma que protegendo a si mesmo alguém protege os outros.

"E como é, monges, que protegendo os outros alguém protege a si mesmo? Pela paciência, inofensividade, amorosidade e afeição. É de tal forma que protegendo os outros alguém protege a si mesmo.

"'Eu protegerei a mim': assim devem ser praticados os fundamentos da vigilância. 'Eu protegerei os outros': assim devem ser praticados os fundamentos da vigilância. Protegendo a si mesmo, alguém protege os outros; protegendo os outros, alguém protege a si mesmo".

(do SN 47:19, CDB 1648-1649)

### *(6) A destruição dos influxos*

[O Venerável Ānanda está falando a um chefe de família chamado Dasama:] "Novamente, chefe de família, um monge vive permeando um quadrante com uma mente imbuída de amorosidade, da mesma forma o segundo quadrante, o terceiro e o quarto quadrante. Da mesma forma acima, abaixo, através e em toda parte e de todos os modos ele vive abrangendo o mundo inteiro com uma mente imbuída de amorosidade, vasta, exaltada, imensurável, sem inimizade, sem má vontade. Ele considera isso e entende assim: 'Esta libertação da mente por meio da amorosidade é construída e produzida pela volição. Mas tudo o que quer que seja construído e produzido pela volição é impermanente, sujeito à cessação'. Se ele é firme nisso, ele alcança a destruição dos influxos. Mas se ele não atingir a destruição dos influxos por causa desse apego no Dhamma, por causa desse deleite no Dhamma, então, com a destruição total dos cinco grilhões inferiores, ele se torna alguém de nascimento espontâneo, destinado a alcançar o nibbāna final sem nunca retornar daquele mundo"[8].

(do MN 52, MLDB 456; AN 11:16, NDB 1575)

8. De acordo com o comentário, o que impede o praticante de atingir o estado de arahant é o apego ao "dhamma" da concentração e do insight. Os cinco grilhões inferiores (*pañc'orambhāgiyāni saṃyojanāni*) são: a noção de um eu substancial, a dúvida, o apego a regras e observâncias, a paixão sensorial e a má vontade. Com a erradicação desses grilhões, a pessoa se torna um não retornante (*anāgāmī*), que renasce espontaneamente no reino da forma (*rūpadhātu*) e alcança a libertação final ali, sem nunca retornar ao reino sensorial.

# III
# Lidando com raiva

# Introdução

Dentre as impurezas mentais que perturbam a harmonia social, provavelmente a mais perniciosa é a raiva. Uma vez que praticamente todas as comunidades, incluindo os mosteiros budistas, consistem em pessoas ainda propensas a desejos egoístas, elas estão em constante perigo de serem rasgadas pela raiva, ressentimento e vingança entre seus membros. Por essa razão, o controle da raiva é fundamental para a harmonia comunitária. O Buda aponta que, ainda que dar vazão à raiva traga certo grau de satisfação, as explosões de raiva finalmente retornam sobre si mesmo, implicando danos diretos para si mesmo e enredando a pessoa num conflito com os outros. Assim, no **Texto III,1**, ele descreve a raiva como tendo "uma raiz envenenada e um ponta melada".

A raiva ocorre em diferentes graus, os quais distinguem as pessoas em diferentes tipos. O **Texto III,2** classifica as pessoas em três tipos com base em sua relação com a raiva: aqueles que muitas vezes se irritam e alimentam sua raiva são como uma linha gravada em pedra; aqueles que muitas vezes se irritam, mas rapidamente dissipam sua raiva são como uma linha desenhada no chão; aqueles que permanecem pacientes mesmo quando atacados por outros são como uma linha desenhada na água. O **Texto III,3** distingue além disso as pessoas em relação à raiva, comparando-as a quatro tipos de víboras.

Uma vez que o Buda busca a solução para os problemas humanos com o auxílio do princípio da causalidade, a fim de nos ajudar a entender mais claramente porque a raiva surge, ele expõe "dez bases para o ressentimento", que ele enumera no **Texto III,4** com suas habituais firmeza e precisão. Os dez são obtidos tomando primeiramente a reação àqueles que agem para seu próprio dano; em seguida, as reações àqueles que agem para o dano de seus amigos; e, em seguida, as reações àqueles que agem para o benefício de seus inimigos. Cada um deles é dividido por meio dos três períodos de tempo – passado, presente e futuro – chegando a um total de nove. Finalmente, o Buda acrescenta a raiva irracional, o caso irritante de "alguém que se irrita sem uma razão".

O estabelecimento da harmonia comunitária requer que os membros da comunidade se esforcem para superar a raiva. O primeiro passo para remover a raiva reside em refletir sobre os perigos da raiva. Recolhi uma série de discursos sobre os inconvenientes da raiva nos **Textos III,5 (1) – (4)**. Uma vez que a raiva representa uma ameaça tão assustadora para o bem-estar de alguém, o Buda propõe uma variedade de métodos para remover a raiva. No **Texto III,6 (1)** ele ensina as dez ocasiões em que o ressentimento deve ser eliminado, as contrapartes das dez bases para o ressentimento. Novamente, em **III,6 (2)** ele prescreve cinco métodos para eliminar a raiva. No **Texto III,6 (3)**, o discípulo principal Sāriputta explica outros cinco métodos para superar a raiva.

Subjacente à multiplicidade de técnicas a serem implantadas contra a raiva está uma virtude cardinal, a paciência (*khanti*), que o Buda chama de suprema austeridade[1]. A paciência é tanto o meio para curar a mente tomada pela raiva quanto a qualidade que prevalece quando a raiva foi finalmente subjugada. No **Texto III,7 (1)** o Buda instrui seus discípulos a permanecerem pacientes quando são atacados por palavras severas; ainda mais, ele diz, "se bandidos cortassem seu corpo brutalmente membro por membro com uma serra traçador", vocês deveriam conter sua ira e estender a eles uma mente de amorosidade. No **Texto III,7 (2)** Sāriputta ensina como um monge, quando atacado por palavras agressivas ou atacado com armas, pode manter a paciência aplicando as contemplações da impermanência e dos elementos materiais. Um discurso atribuído a Sakka, o regente das deidades – aqui incluído como o **Texto III,7 (3)** – contrasta duas formas de lidar com a transgressão, a do realista político e a do idealista ético. Nesse cenário, o cocheiro celestial Mātali representa o realista político, que defende a punição dos inimigos, enquanto Sakka, como o governante justo, elogia a paciência e a contenção.

O desafio de manter a paciência também pode ser enfrentado emulando exemplos dignos. Por conseguinte, na última divisão desta parte, apresento relatos de como figuras exemplares sustentaram o seu compromisso com a paciência em circunstâncias difíceis. **Textos III,8 (1) – (4)** mostram como o Buda, o monge missionário Puṇṇa, o discípulo principal Sāriputta e a divindade Sakka se aproveitaram da paciência para prevalecer sobre seus adversários.

1. Dhp 184: *Khantī paramaṃ tapo titikkhā.*

# III
# Lidando com raiva

## 1. A matança da raiva

Sakka, regente das deidades, aproximou-se do Bem-Aventurado, fez-lhe a devida reverência, postou-se a um lado e dirigiu-se ao Bem-Aventurado em verso:

> "Dorme-se profundamente depois de ter matado o quê?
> Não se sente tristeza depois de ter matado o quê?
> Qual é a única coisa, ó Gotama,
> Cuja matança você aprova?"
>
> [O Bem-Aventurado:]
>
> "Depois de se matar a raiva, dorme-se profundamente;
> Depois de se matar a raiva, não há tristeza.
> A morte da raiva, ó Sakka,
> com sua raiz envenenada e ponta de mel:
> esta é a matança que os nobres elogiam,
> por tê-la matado, não se sente tristeza."

(SN 11:21, CDB 337)

## 2. Três tipos de pessoas

"Monges, existem três tipos de pessoas encontradas existindo no mundo. Quais três? A pessoa que é como uma linha gravada na pedra; a pessoa que é como uma linha gravada na terra; e a pessoa que é como uma linha gravada na água.

(1) "E que tipo de pessoa é como uma linha gravada na pedra? Neste caso, a pessoa frequentemente fica com raiva, e sua raiva persiste por um longo tempo. Assim como uma linha gravada na pedra não é rapidamente apagada pelo vento e pela água, mas persiste por um longo tempo, uma pessoa frequentemente fica com raiva, e sua raiva persiste por um longo tempo. Essa é chamada de pessoa que é como uma linha gravada na pedra.

(2) "E que tipo de pessoa é como uma linha gravada na terra? Neste caso, uma pessoa frequentemente fica com raiva, mas sua raiva não persiste por um longo tempo. Assim como uma linha gravada na terra é rapidamente apagada pelo vento e pela água e não persiste por um longo tempo, uma pessoa frequentemente fica com raiva, mas sua raiva não persiste por um longo tempo. Essa é chamada de pessoa que é como uma linha gravada na terra.

(3) "E que tipo de pessoa é como uma linha gravada na água? Neste caso, uma pessoa, mesmo quando falam com ela grosseira e duramente, de maneiras desagradáveis, permanece em termos amigáveis com seu antagonista, mistura-se com ele e o cumprimenta. Assim como uma linha gravada na água desaparece rapidamente e não persiste por um longo tempo, uma pessoa, mesmo quando falam com ela grosseira e duramente, de maneiras desagradáveis, permanece em termos amigáveis com seu antagonista, mistura-se com ele e o cumprimenta. Essa é chamada de pessoa que é como uma linha gravada na água.

"Estes, monges, são os três tipos de pessoas encontradas existentes no mundo."

(AN 3:132, NDB 361-362)

## 3. Pessoas como víboras

"Monges, existem quatro tipos de víboras. Quais quatro? Aquela cujo veneno é rápido, mas não virulento; aquela cujo veneno é virulento, mas não rápido; aquela cujo veneno é rápido e virulento; e aquela cujo veneno não é rápido nem virulento. Estes são os quatro tipos de víboras. Assim também, há estes quatro tipos de pessoas semelhantes às víboras encontradas existindo no mundo. Quais quatro? Aquela cujo veneno é rápido, mas não virulento; aquela cujo veneno é virulento, mas não rápido; aquele cujo veneno é rápido e virulento; e aquela cujo veneno não é rápido nem virulento.

(1) "E como, monges, é uma pessoa cujo veneno é rápido, mas não virulento? Neste caso, é uma pessoa que fica frequentemente com raiva, mas cuja raiva não dura por muito tempo. Assim é uma pessoa cujo veneno é rápido, mas não virulento. Então, lhes digo, essa pessoa é como uma víbora cujo veneno é rápido, mas não virulento.

(2) "E como é uma pessoa cujo veneno é virulento, mas não é rápido? Neste caso, é uma pessoa que não fica frequentemente com raiva, mas cuja raiva permanece por um longo tempo. Assim é uma pessoa cujo veneno é virulento, mas não rápido. Então, lhes digo, essa pessoa é como uma víbora cujo veneno é virulento, mas não rápido.

(3) "E como é uma pessoa cujo veneno é rápido e virulento? Neste caso, é uma pessoa que fica frequentemente com raiva, e cuja raiva permanece por um longo tempo. Assim é uma pessoa cujo veneno é rápido e virulento. Então, lhes digo, essa pessoa é como uma víbora cujo veneno é rápido e virulento.

(4) "E como é uma pessoa cujo veneno não é rápido nem virulento? Neste caso, é uma pessoa que não fica frequentemente com raiva, e cuja raiva não dura por um

longo tempo. Assim é uma pessoa cujo veneno não é rápido nem virulento. Então, lhes digo, essa pessoa é como uma víbora cujo veneno não é rápido nem virulento.

"Estes, monges, são os quatro tipos de pessoas semelhantes às víboras encontradas existindo no mundo."

(AN 4:110, NDB 491-492)

## 4. As bases para o ressentimento

"Monges, há dez bases para o ressentimento. Quais dez? (1) Ao se pensar: "Eles agiram para meu mal", abriga-se o ressentimento. (2) Ao se pensar: "Eles estão agindo para meu mal", abriga-se o ressentimento. (3) Ao se pensar: "Eles agirão para meu mal", abriga-se o ressentimento. (4) Ao se pensar: "Eles agiram para o mal de alguém que é prazeroso e agradável para mim", abriga-se o ressentimento. (5) Ao se pensar: "Eles estão agindo para o mal de alguém que é prazeroso e agradável para mim", abriga-se o ressentimento. (6) Ao se pensar: "Eles agirão para o mal de alguém que é prazeroso e agradável para mim", abriga-se o ressentimento. (7) Ao se pensar: "Eles agiram para o benefício de alguém que é desprazível e desagradável para mim", abriga-se o ressentimento. (8) Ao se pensar: "Eles estão agindo para o benefício de alguém que é desprazível e desagradável para mim", abriga-se o ressentimento. (9) Ao se pensar: "Eles agirão para o benefício de alguém que é desprazível e desagradável para mim", abriga-se o ressentimento. (10) E a pessoa se enraivece sem razão. Essas, monges, são as dez bases para o ressentimento."

(AN 10:79, NDB 1439)

## 5. Perigos na raiva e benefícios na paciência

### *(1) Cinco perigos*

"Monges, há estes cinco perigos na impaciência. Quais cinco? A pessoa é desprazível e desagradável para muitas pessoas; tem uma abundância de inimizade; tem uma abundância de falhas; morre confusa; com a dissolução do corpo, depois da morte, ela renasce no plano da miséria, em um destino ruim, no mundo inferior, no inferno. Esses são os cinco perigos da impaciência.

"Monges, há estes cinco benefícios na paciência. Quais cinco? A pessoa é aprazível e agradável para muitas pessoas; não tem abundância de inimizade; não tem abundância de falhas; morre sem confusão; com a dissolução do corpo, depois da morte, renasce em um bom destino, em um mundo celestial. Esses são os cinco benefícios da paciência."

(AN 5:215, NDB 825)

*(2) Outros cinco perigos*

"Monges, há estes cinco perigos na impaciência. Quais cinco? A pessoa é desprazível e desagradável para muitas pessoas; é violenta; é cheia de remorso; morre confusa; com a dissolução do corpo, após a morte, renasce no plano da miséria, em um destino ruim, no mundo inferior, no inferno. Esses são os cinco perigos da impaciência.

"Monges, há estes cinco benefícios na paciência. Que cinco? A pessoa é aprazível e agradável para muitas pessoas; não é violenta; não tem remorso; morre sem confusão; com a dissolução do corpo, depois da morte, renasce em um bom destino, em um mundo celestial. Esses são os cinco benefícios da paciência."

(AN 5:216, NDB 825)

*(3) Sete perigos*

"Monges, há estas sete coisas que são gratificantes e vantajosas para um inimigo que se depara com um homem ou mulher com raiva. Quais sete?

(1) "Aqui, monges, um inimigo deseja para um inimigo: 'Que ele seja feio!' Por que motivo? Um inimigo não se deleita com a beleza de um inimigo. Quando uma pessoa com raiva é dominada e oprimida pela raiva, ainda que esteja bem banhada, bem ungida, com cabelos e barba aparados, vestida com roupas brancas, ainda assim, ela é feia. Esta é a primeira coisa gratificante e vantajosa para um inimigo que se depara com um homem ou mulher com raiva.

(2) "Novamente, um inimigo deseja para um inimigo: 'Que ele durma mal!' Por que motivo? Um inimigo não se deleita quando um inimigo dorme bem. Quando uma pessoa com raiva é dominada e oprimida pela raiva, ainda que possa dormir em um sofá coberto com mantas, cobertores e sobrecamas, com uma excelente sobrecama de couro de antílopes, com um dossel e almofadas vermelhas em ambas as extremidades, ainda assim, ela dorme mal. Essa é a segunda coisa gratificante e vantajosa para um inimigo que se depara com um homem ou mulher com raiva.

(3) "Novamente, um inimigo deseja para um inimigo: 'Que ele não tenha sucesso!' Por que motivo? Um inimigo não se deleita com o sucesso de um inimigo. Quando uma pessoa com raiva é dominada e oprimida pela raiva, se ela obtém o que é prejudicial, ela pensa: 'Eu tenho o que é benéfico', e se ela obtém o que é benéfico, ela pensa: 'Eu tenho o que é nocivo'. Quando, dominada pela raiva, ela obtém essas coisas que são diametralmente opostas, elas levam ao seu mal e sofrimento por um longo tempo. Essa é a terceira coisa gratificante e vantajosa para um inimigo que se depara com um homem ou mulher com raiva.

(4) "Novamente, um inimigo deseja para um inimigo: 'Que ele não seja rico!' Por que motivo? Um inimigo não se deleita com a riqueza de um inimigo. Quando uma pessoa com raiva é dominada e oprimida pela raiva, reis se apropriam para o benefício do tesouro real de qualquer riqueza que ela tenha adquirido com enérgico esforço, acumulado pela força de seus braços, conquistado pelo suor de sua testa, ri-

queza justa amealhada com justiça. Essa é a quarta coisa gratificante e vantajosa para um inimigo que se depara com um homem ou mulher com raiva.

(5) "Novamente, um inimigo deseja para um inimigo: 'Que ele não seja famoso!' Por que motivo? Um inimigo não se deleita com a fama de um inimigo. Quando uma pessoa com raiva é dominada e oprimida pela raiva, ela perde qualquer fama adquirida por meio da diligência. Essa é a quinta coisa gratificante e vantajosa para um inimigo que se depara com um homem ou mulher com raiva.

(6) "Novamente, um inimigo deseja para um inimigo: 'Que ele não tenha amigos!' Por que motivo? Um inimigo não se deleita em um inimigo ter amigos. Quando uma pessoa com raiva é dominada e oprimida pela raiva, seus amigos e companheiros, parentes e membros da família o evitam de longe. Essa é a sexta coisa gratificante e vantajosa para um inimigo que se depara com um homem ou mulher com raiva.

(7) "Novamente, um inimigo deseja para um inimigo: 'Com a dissolução do corpo, após a morte, que ele renasça no plano da miséria, em um destino ruim, no mundo inferior, no inferno!' Por que motivo? Um inimigo não se deleita com um inimigo que segue para um bom destino. Quando uma pessoa com raiva é dominada e oprimida pela raiva, ela incorre em má conduta por meio do corpo, da fala e da mente. Como consequência, ainda dominada pela raiva, com a dissolução do corpo, após a morte, ela renasce no plano da miséria, em um destino ruim, no mundo inferior, no inferno. Essa é a sétima coisa gratificante e vantajosa para um inimigo que se depara com um homem ou mulher com raiva.

"Essas são as sete coisas gratificantes e vantajosas para um inimigo que se depara com um homem ou mulher com raiva."

(AN 7:64, NDB 1066-1067)

### *(4) Ser rejeitado por outros*

"Que tipo de pessoa deve ser encarada com equanimidade, com a qual não deve haver associação e que nem deve ser seguida ou servida? Uma pessoa propensa à raiva e que facilmente se enfurece. Ainda que seja apenas ligeiramente criticada, ela perde a paciência e fica irritada, torna-se hostil e teimosa; manifesta irritação, ódio e amargura. Como uma ferida purulenta que, cutucada por vara ou caco, liberará ainda mais pustulência [...] Como um galho incandescente da árvore *tinduka* que, atingido por uma vara ou caco, chiará e crepitará ainda mais [...] Como um poço de excrementos que, atingido por uma vara ou caco, se torna ainda mais fedorento, assim é a pessoa propensa à raiva [...] que exibe irritação, ódio e amargura. Tal pessoa deve ser vista com ponderação, com ela não dever haver associação, nem deve ela ser seguida ou servida. Por que motivo? [Com o pensamento:] 'Ela poderia me insultar, me atacar, e me fazer mal'. Portanto, tal pessoa deve ser vista com ponderação, como ela não deve haver associação, nem deve ela ser seguida ou servida".

(do AN 3:27, NDB 222)

## 6. Removendo a raiva

### *(1) Dez maneiras de eliminar o ressentimento*

"Monges, existem dez maneiras de se remover o ressentimento. Quais dez? (1) Pensando: 'Eles agiram para meu mal, mas o que pode ser feito sobre isso?', remove-se o ressentimento. (2) Pensando: 'Eles estão agindo para meu mal, mas o que pode ser feito sobre isso?', remove-se o ressentimento. (3) Pensando: 'Eles agirão para meu mal, mas o que pode ser feito sobre isso?', remove-se o ressentimento. (4) Pensando: 'Eles agiram...' (5). 'Eles estão agindo...' (6) 'Eles agirão para o dano de alguém que é aprazível e agradável para mim, mas o que pode ser feito a sobre isso?', remove-se o ressentimento. (7) Pensando: 'Eles agiram...' (8) 'Eles estão agindo ...' (9) 'Eles agirão para o benefício de alguém que é desprazível e desagradável para mim, mas o que pode ser feito sobre isso?', remove-se o ressentimento. (10) E a pessoa não fica raivosa sem razão. Essas, monges, são as dez maneiras de se remover o ressentimento."

(AN 10:80, NDB 1440)

### *(2) O Buda ensina cinco maneiras*

"Monges, há estas cinco maneiras de se remover o ressentimento; por meio delas, um monge deve remover completamente o ressentimento surgido em relação a qualquer um. Quais cinco? (1) Ele deve desenvolver a amorosidade em relação à pessoa contra a qual ele se ressente; dessa forma, ele removerá o ressentimento para com essa pessoa. (2) Ele deve desenvolver compaixão em relação à pessoa contra a qual ele se ressente; dessa forma, ele removerá o ressentimento para com essa pessoa. (3) Ele deve desenvolver equanimidade em relação à pessoa contra a qual ele se ressente; dessa forma, ele removerá o ressentimento para com essa pessoa. (4) Ele deve ignorar a pessoa contra a qual ele se ressente e não prestar atenção a ela; dessa forma, ele removerá o ressentimento para com essa pessoa. (5) Ele deve aplicar a ideia da propriedade do kamma em relação à pessoa contra a qual ele se ressente, assim: 'Este venerável é o dono de seu kamma, o herdeiro de seu kamma; ele tem kamma como sua origem, kamma como seu parente, kamma como seu refúgio; ele será o herdeiro de qualquer kamma que fizer, bom ou ruim'. Dessa forma, ele removerá o ressentimento para com essa pessoa. Essas são as cinco maneiras de se remover o ressentimento por meio das quais um monge deveria remover por completo o ressentimento surgido em relação a qualquer um."

(AN 5:161, NDB 773-774)

### *(3) Sāriputta ensina cinco maneiras*

O venerável Sāriputta dirigiu-se aos monges: "Amigos, há estas cinco maneiras de se remover o ressentimento; por meio delas, um monge poderá remover por completo o ressentimento surgido em relação a qualquer um. Quais cinco? (1) O comportamento corporal de uma pessoa é impuro, mas seu comportamento verbal é puro; ele deve remover o ressentimento em relação a tal pessoa. (2) O comportamento verbal de uma pessoa é impuro, mas seu comportamento corporal é puro; ele deve também remover o ressentimento em relação a tal pessoa. (3) O comportamento corporal e o comportamento verbal de uma pessoa são impuros, mas de vez em quando ela ganha uma abertura da mente, uma placidez da mente; ele deve também remover o ressentimento em relação a tal pessoa. (4) O comportamento corporal e o comportamento verbal de uma pessoa são impuros, e ela não ganha de tempos em tempos uma abertura da mente, uma placidez da mente; ele deve também remover o ressentimento em relação a tal pessoa. (5) O comportamento corporal e o comportamento verbal de uma pessoa são puros, e de vez em quando ela ganha uma abertura da mente, uma placidez da mente; ele deve também remover o ressentimento em relação a tal pessoa.

(1) "Como, amigos, o ressentimento poderia ser removido em relação à pessoa cujo comportamento corporal é impuro, mas cujo comportamento verbal é puro? Suponha que um monge de manto em trapos veja um trapo na beira da estrada. Ele o prenderia, então, com o pé esquerdo, o abriria com o pé direito, arrancaria uma tira intacta e a levaria consigo. Do mesmo modo, quando o comportamento corporal de uma pessoa é impuro, mas seu comportamento verbal é puro, não se deve dar atenção à impureza de seu comportamento corporal, mas à pureza de seu comportamento verbal. Dessa forma, o ressentimento em relação a essa pessoa deve ser removido.

(2) "Como, amigos, o ressentimento poderia ser removido em relação à pessoa cujo comportamento verbal é impuro, mas cujo comportamento corporal é puro? Suponha que haja uma lagoa coberta de algas e plantas aquáticas. Um homem poderia chegar, então, aflito e oprimido pelo calor, cansado, sedento e ressequido. Ele mergulha na lagoa, afasta as algas e as plantas aquáticas com as mãos, bebe de suas mãos em concha, e depois vai embora. Do mesmo modo, quando o comportamento verbal de uma pessoa é impuro, mas seu comportamento corporal é puro, não se deve dar atenção à impureza de seu comportamento verbal, mas à pureza de seu comportamento corporal. Dessa forma, o ressentimento em relação a essa pessoa deve ser removido.

(3) "Como, amigos, é possível remover o ressentimento em relação à pessoa cujo comportamento corporal e comportamento verbal são impuros, mas que de vez em quando ganha uma abertura da mente, placidez da mente? Suponha que haja um pouco de água em uma poça. Uma pessoa poderia, então, chegar, aflita e oprimida pelo calor, cansada, sedenta e ressequida. Ela pensaria: 'Este pouco de água está na poça. Se eu tentar bebê-la com as minhas mãos ou com um recipiente, vou agitá-la, perturbá-la e torná-la intragável. Deixe-me ficar de quatro, sugá-la como uma vaca, e partir." Ela então se abaixa de quatro, suga a água como uma vaca e parte. Do mesmo modo, quando o comportamento corporal e o comportamento verbal de uma pessoa são impuros, mas de vez em quando ela ganha uma abertura da mente, placidez da mente, não se deve dar atenção à impureza de seu comportamento corporal e verbal,

mas à abertura da mente, placidez da mente, que ela ganha de tempos em tempos. Dessa forma, o ressentimento em relação a essa pessoa deve ser removido.

(4) "Como, amigos, é possível remover o ressentimento em relação à pessoa cujo comportamento corporal e verbal é impuro e que não ganha uma abertura da mente, placidez da mente, de tempos em tempos? Suponha que uma pessoa enferma, aflita e gravemente doente estivesse viajando ao longo de uma estrada, e a última aldeia atrás dela e a próxima aldeia à sua frente estivessem ambas bem longe. Ela não obteria alimentos e remédios adequados ou quem dela cuidasse de maneira qualificada; ela não encontraria o líder do distrito da aldeia. Outro homem viajando ao longo da estrada poderia vê-la e ser acometido de pura compaixão, simpatia e terna preocupação em relação a ela ao pensar: 'Oh, que este homem obtenha comida adequada, remédios adequados, e alguém que dela cuide de maneira qualificada! Que ele possa conhecer o líder do distrito da aldeia! Por qual motivo? Para que esse homem não encontre calamidade e desastre aqui mesmo'. Do mesmo modo, quando o comportamento corporal e verbal de uma pessoa são impuros e ela não ganha de vez em quando uma abertura da mente, placidez da mente, ele deveria despertar pura compaixão, simpatia e terna preocupação em relação a si, pensando: 'Oh, que esse venerável abandone o mau comportamento corporal e desenvolva um bom comportamento corporal; que abandone os comportamentos verbais errôneos e desenvolva um bom comportamento verbal; que abandone o mau comportamento mental e desenvolva um bom comportamento mental! Por qual motivo? De modo que, com a dissolução do corpo, após a morte, ele não renasça no plano da miséria, em um destino ruim, no mundo inferior, no inferno.' Dessa forma, o ressentimento em relação a essa pessoa deveria ser removido.

(5) "Como, amigos, é possível remover o ressentimento em relação à pessoa cujo comportamento corporal e verbal são puros e que de vez em quando ganha uma abertura da mente, placidez da mente. Suponha que houvesse uma lagoa com água clara, doce e fria, limpa, com margens suaves, um lugar delicioso sombreado por várias árvores. Então, um homem poderia chegar, aflito e oprimido por causa do calor, cansado, sedento e ressequido. Tendo mergulhado na lagoa, ele toma banho e bebe, e então, depois de sair, ele se senta ou se deita à sombra de uma árvore. Do mesmo modo, quando o comportamento corporal e verbal de uma pessoa é puro e de vez em quando ela ganha uma abertura da mente, placidez da mente, deve-se dar atenção a seu puro comportamento corporal, a seu puro comportamento verbal, e à abertura da mente, à placidez da mente, que ela ganha de vez em quando. Dessa forma, o ressentimento em relação a essa pessoa deveria ser removido. Amigos, por meio de uma pessoa que inspira confiança de todas as maneiras, a mente ganha confiança.

"Essas, amigos, são as cinco maneiras de se remover o ressentimento; por meio delas, um monge poderá remover por completo o ressentimento surgido em relação a qualquer um."

(AN 5:162, NDB 774-777)

## 7. Paciência sob provocação

### *(1) Ser paciente quando criticado*

"Monges, há estes cinco caminhos de fala que outros podem usar quando se dirigem a vocês: sua fala pode ser oportuna ou inoportuna, verdadeira ou falsa, gentil ou grosseira, ligada ao bem ou ao mal, falada com uma mente de amorosidade ou com ódio interior. Quando outros se dirigem a você, sua fala pode ser oportuna ou inoportuna; quando outros se dirigem a você, sua fala pode ser verdadeira ou falsa; quando outros se dirigem a você, sua fala pode ser gentil ou grosseira; quando outros se dirigem a você, sua fala pode estar ligada ao bem ou ao mal; quando outros se dirigem a você, sua fala pode ser falada com uma mente de amorosidade ou com ódio interior. Nessa circunstância, monges, vocês devem treinar do seguinte modo: 'Nossas mentes permanecerão inalteradas, e não proferiremos palavras más; permaneceremos compassivos pelo seu bem-estar, com uma mente de amorosidade, sem ódio interior. Permaneceremos permeando aquela pessoa com uma mente imbuída de amorosidade, e começando por ela, permaneceremos abrangendo o mundo com uma mente imbuída de amorosidade, abundante, exaltada, imensurável, sem hostilidade e sem má vontade'. É assim que vocês devem treinar, monges.

"Monges, suponham que um homem veio com uma enxada e uma cesta e disse: 'Farei com que esta grande terra fique sem terra'. Ele cavaria aqui e ali, espalharia o solo aqui e ali, cuspiria aqui e ali, e urinaria aqui e ali, dizendo: 'Que fiquem sem terra, que fiquem sem terra'! O que vocês acham, monges? Poderia aquele homem fazer esta grande terra ficar sem terra?" – "Não, Bhante. Por quê? Porque esta grande terra é profunda e imensa; não é fácil fazê-la ficar sem terra. Por fim, o homem colheria apenas cansaço e decepção."

"Do mesmo modo, monges, há estes cinco caminhos de fala que outros podem usar quando se dirigem a vocês: sua fala pode ser oportuna ou inoportuna [...] Nessa circunstância, monges, vocês devem treinar do seguinte modo: 'Nossas mentes permanecerão inalteradas, e não proferiremos palavras más; permaneceremos compassivos pelo seu bem-estar, com uma mente de amorosidade, sem ódio interior. Permaneceremos permeando aquela pessoa com uma mente imbuída de amorosidade; e começando por ela, permaneceremos abrangendo o mundo com uma mente semelhante à terra, abundante, exaltada, imensurável, sem hostilidade e sem má vontade'. É assim que vocês devem treinar, monges.

"Monges, mesmo que bandidos cortassem seu corpo brutalmente membro por membro com uma serra traçador, aquele que tiver dado origem a uma mente de ódio para com eles não estaria seguindo meu ensinamento. Nessa circunstância, monges, vocês devem treinar do seguinte modo: 'Nossa mente permanecerá inabalável, e não proferiremos palavras más; permaneceremos compassivos pelo seu bem-estar, com uma mente de amorosidade, sem ódio interior. Permaneceremos abrangendo-os com uma mente imbuída de amorosidade; e começando por eles, permaneceremos abrangendo o mundo com uma mente imbuída de amorosidade, abundante, exaltada, imensurável, sem hostilidade e sem má vontade'. É assim que vocês devem treinar, monges."

(do MN 21, MLDB 221)

### *(2) Não retaliação*

[O venerável Sāriputta disse aos monges:] "Pois então, se outros agridem, insultam, repreendem e assediam um monge, ele entende do seguinte modo: 'Essa sensação dolorosa nascida do contato auditivo surgiu em mim. Isso é dependente, não independente. Dependente de quê? Dependente do contato'. Então ele vê que o contato é impermanente, que a sensação é impermanente, que a percepção é impermanente, que as atividades volitivas são impermanentes, e que a consciência é impermanente. E sua mente, tendo feito de um elemento seu apoio objetivo, entra [nesse novo apoio objetivo] e adquire confiança, firmeza e resolução.

"Agora, se outros atacarem aquele monge de maneiras que não sejam pretendidas, que sejam indesejadas e desagradáveis, mediante o contato com punhos, torrões de terra, paus ou facas, ele entende do seguinte modo: 'Este corpo é de tal natureza que o contato com punhos, torrões de terra, paus e facas o atinge. Mas isto foi dito pelo Bem-Aventurado em seu "conselho sobre a parábola da serra": "Monges, mesmo que bandidos cortassem seu corpo brutalmente membro por membro com uma serra traçador, aquele que deu origem a uma mente de ódio contra eles não estaria seguindo meu ensinamento". Assim, a energia incansável será despertada em mim e a vigilância constante estabelecida, meu corpo estará tranquilo e sem perturbações, minha mente concentrada e unificada. E agora, que o contato com punhos, torrões de terra, paus e facas ataque este corpo; pois é assim que o ensinamento do Buda é praticado'".

(do MN 28, MLDB 279-280)

### *(3) A paciência supera a punição*

O Bem-Aventurado disse isto: "Uma vez no passado, monges, deidades e titãs estavam dispostos para a batalha. Então Vepacitti, regente dos titãs, dirigiu-se aos titãs da seguinte forma: 'Caros senhores, na batalha iminente entre deidades e titãs, se os titãs ganharem e as deidades forem derrotadas, amarrem Sakka, regente das deidades, pelos seus quatro membros e pescoço, e o tragam até mim na cidade dos titãs'. E Sakka, regente das deidades, dirigiu-se às deidades assim: 'Caros senhores, na batalha iminente entre deidades e titãs, se as deidades ganharem e os titãs forem derrotados, amarrem Vepacitti, regente dos titãs, pelos seus quatro membros e pescoço, e o tragam até mim no salão de assembleia de Sudhamma'.

"Nessa batalha, monges, as deidades venceram, e os titãs foram derrotados. Em seguida, as deidades amarraram Vepacitti pelos seus quatro membros e pescoço, e o levaram para Sakka em seu salão de assembleia. Quando Sakka estava entrando e saindo do salão da assembleia, Vepacitti, amarrado pelos seus quatro membros e pescoço, agrediu-o e insultou-o com palavras rudes e grosseiras. Mātali, o cocheiro, dirigiu-se a Sakka, regente das deidades, em verso:

"'Quando cara a cara com Vepacitti,
é por medo ou fraqueza, Sakka,
que o senhor o suporta com tamanha paciência,
ouvindo suas palavras rudes?'

[Sakka:]

"'Não é nem por medo nem fraqueza
que sou paciente com Vepacitti.
Como pode uma pessoa sábia como eu
entrar em combate com um tolo?'

[Mātali:]

"'Os tolos dariam ainda mais vazão a sua raiva
se ninguém os mantivessem sob controle.
Portanto com punição drástica
o sábio deve conter o tolo'.

[Sakka:]

"'Eu penso comigo mesmo que
esta é a maneira de controlar o tolo:
quando se sabe que o inimigo está zangado,
alguém deve de maneira vigilante manter a paz'.

[Mātali:]

"'Vejo esta falha, ó Sakka,
na prática da resistência paciente:
quando o tolo pensa assim de você,
"Ele me aguenta por medo,"
o idiota irá persegui-lo ainda mais
como um touro faz com aquele que foge'.

[Sakka:]

"'Que assim seja, caso ele pense ou não:
"Ele me aguenta por medo",
dentre as coisas que culminam no próprio bem,
nada é melhor do que a paciência.

"'Quando uma pessoa dotada de força
suporta pacientemente um fraco,
isso é chamado de paciência suprema;
os fracos devem ser sempre pacientes.

"Eles chamam essa força de nenhuma força –

a força que é a força da loucura –
mas ninguém pode censurar uma pessoa
que é forte porque guardada pelo Dhamma.

"'Aquele que retribui a um homem zangado com raiva,
desse modo piora as coisas para si mesmo.
Ao não retribuir um homem zangado com a raiva,
ganha-se uma batalha difícil de vencer.

"'Ele pratica para o bem-estar de ambos –
seu próprio e do outro –
quando, sabendo que seu inimigo está com raiva,
ele de maneira vigilante conserva sua paz.

"'Quando ele atingir a cura de ambos –
sua própria e do outro –
as pessoas que o consideram um tolo
não são hábeis no Dhamma.'"

"Então, monges, se Sakka, regente das deidades, pode falar em louvor da paciência e da gentileza, então quanto mais seria adequado para vocês, que abandonaram o lar para seguir um Dhamma e disciplina tão bem esclarecidos, serem pacientes e gentis."

(SN 11:4, CDB 321-323)

## 8. Paciência exemplar

### *(1) O Buda rejeita a agressão*

Em certa ocasião, o Bem-Aventurado residia em Rājagaha, no Bosque de Bambus, no Santuário dos Esquilos. O brāhmaṇa Akko-saka Bhāradvāja, Bhāradvāja, o Agressivo, ouviu: "Diz-se que outro brāhmaṇa do clã Bhāradvāja abandonou o lar para a vida sem lar sob o asceta Gotama". Irritado e descontente, ele se aproximou do Bem-Aventurado, agrediu-o e insultou-o com palavras rudes e grosseiras.

Quando ele terminou de falar, o Bem-Aventurado lhe disse: "O que você acha, brāhmaṇa? Seus amigos e colegas, compatriotas e parentes, bem como convidados, vêm visitá-lo?" – "Eles vêm, Mestre Gotama." – "Você então oferece a eles alguma comida, uma refeição ou um aperitivo?" – "Eu ofereço, Mestre Gotama." – "Mas se eles não aceitarem isso de você, então a quem pertence a comida?" – "Se eles não aceitarem isso de mim, então a comida ainda pertencerá a nós".

"Do mesmo modo, brāhmaṇa, eu não agrido ninguém, não repreendo ninguém, não lanço queixas contra ninguém. Recuso-me a aceitar de você a agressão, a repreensão e o ataque lançados contra mim. Isso ainda pertence a você, brāhmaṇa! Isso ainda pertence a você, brāhmaṇa!

"Brāhmaṇa, aquele que agride quem o agride, que repreende aquele que o repreende, que ataca quem o ataca – diz-se que ele partilha da refeição, que ele entra em um troca. Mas eu não partilho de sua refeição; não entro em um troca. Isso ainda pertence a você, brāhmaṇa! Isso ainda pertence a você, brāhmaṇa!"

(SN 7:2, CDB 255-256)

### *(2) Espírito corajoso de Puṇṇa*

[O Buda disse ao monge Puṇṇa:] "Agora que lhe dei este breve conselho, em que região vocês habitarão?"

"Bhante, morarei na região de Sunāparanta."

"Puṇṇa, o povo de Sunāparanta é feroz e áspero. Se eles o insultarem e ameaçarem, o que você pensará então?"

"Bhante, se o povo de Sunāparanta me insultar e ameaçar, então pensarei: 'Essas pessoas de Sunāparanta são gentis, verdadeiramente gentis, porque não me deram um golpe com o punho'. Então, pensarei assim, Bem-Aventurado; então pensarei assim, Sublime."

"Mas, Puṇṇa, se o povo de Sunāparanta lhe der um golpe com o punho, o que você pensará então?"

"Bhante, se o povo de Sunāparanta me der um golpe com o punho, então pensarei: 'Essas pessoas de Sunāparanta são gentis, verdadeiramente gentis, porque não me deram um golpe com um torrão'. Então, pensarei assim, Bem-Aventurado; então pensarei assim, Sublime."

"Mas, Puṇṇa, se o povo de Sunāparanta lhe der um golpe com um torrão, o que você pensará então?"

"Bhante, se o povo de Sunāparanta me der um golpe com um torrão, então pensarei: 'Essas pessoas de Sunāparanta são gentis, verdadeiramente gentis, porque não me deram um golpe com um pau'. Então pensarei assim, Bem-Aventurado; então pensarei assim, Sublime."

"Mas, Puṇṇa, se o povo de Sunāparanta lhe der um golpe com um pau, o que você pensará então?"

"Bhante, se o povo de Sunāparanta me der um golpe com um pau, então pensarei: 'Essas pessoas de Sunāparanta são gentis, verdadeiramente gentis, porque não me deram um golpe com uma faca'. Então pensarei assim, Bem-Aventurado; então pensarei assim, Sublime."

"Mas, Puṇṇa, se o povo de Sunāparanta lhe der um golpe com uma faca, o que você pensará então?"

"Bhante, se o povo de Sunāparanta me der um golpe com uma faca, então eu pensarei: 'Essas pessoas de Sunāparanta são gentis, verdadeiramente gentis, pois não tiraram minha vida com uma faca afiada'. Então pensarei assim, Bem-Aventurado; então pensarei assim, Sublime."

"Mas, Puṇṇa, se o povo de Sunāparanta tirar sua vida com uma faca afiada, o que você pensará então?"

"Bhante, se o povo de Sunāparanta me tirar a vida com uma faca afiada, então pensarei assim: 'Houve discípulos do Bem-Aventurado que, sentindo-se humilhados e enojados pelo corpo e pela vida, buscaram privar suas vidas pela faca. Mas tive a minha vida privada pela faca sem buscar por isso. Então pensarei assim, Bem-Aventurado; então pensarei assim, Sublime."

"Bom, bom, Puṇṇa! Possuindo tal autocontrole e plenitude de paz, você poderá morar na região de Sunāparanta. Agora, Puṇṇa, é hora de fazer o que achar melhor."

Então, tendo se encantado e se regozijado com as palavras do Bem-Aventurado, o Venerável Puṇṇa levantou-se de seu assento e, depois de fazer a devida reverência ao Bem-Aventurado, partiu mantendo-o à sua direita. Ele então colocou seu lugar de descanso em ordem, tomou sua tigela e manto exterior, e partiu para vagar em direção à região de Sunāparanta. Vagando por etapas, ele finalmente chegou à região de Sunāparanta, e lá viveu. Então, durante o retiro das chuvas, o Venerável Puṇṇa consolidou na prática quinhentos homens seguidores laicos e quinhentas mulheres seguidoras laicas, e ele próprio realizou os três claros conhecimentos[2]. Em uma ocasião posterior, ele alcançou o nibbāna final.

(do MN 145, MLDB 1118-1219)

### *(3) O rugido do leão de Sāriputta*

Em certa ocasião, o Bem-Aventurado residia em Sāvatthī, no Bosque de Jeta, no Parque de Anāthapiṇḍika. Então o Venerável Sāriputta se aproximou do Bem--Aventurado e disse-lhe: "Bhante, completei o retiro das chuvas em Sāvatthī. Quero fazer uma viagem pelo campo."

"Você pode ir, Sāriputta, quando lhe aprouver."

Em seguida, o Venerável Sāriputta levantou-se de seu assento, fez a devida reverência ao Bem-Aventurado, circulou-o, mantendo-o a seu lado direito, e partiu. Então, não muito tempo depois de o Venerável Sāriputta ter partido, um certo monge disse ao Bem-Aventurado: "Bhante, o Venerável Sāriputta me atingiu e, em seguida, saiu em viagem sem pedir desculpas".

Então, o Bem-Aventurado dirigiu-se a um certo monge: "Vai, monge, chame Sāriputta".

"Sim, Bhante", respondeu o monge. Então, ele se aproximou do Venerável Sāriputta e disse: "O Professor está chamando você, amigo Sāriputta".

"Sim, amigo", respondeu o Venerável Sāriputta.

2. O conhecimento de suas próprias vidas passadas, o conhecimento de como outros falecem e renascem de acordo com seu kamma, e o conhecimento da destruição dos influxos, isto é, o estado de arahant.

Ora, naquela ocasião, o Venerável Mahāmoggallāna e o Venerável Ānanda tomaram uma chave e vagaram de habitação em habitação, clamando: "Venham, veneráveis! Venham, veneráveis! Agora Sāriputta rugirá seu rugido de leão na presença do Bem-Aventurado!"

Então, o Venerável Sāriputta aproximou-se do Bem-Aventurado, fez-lhe a devida reverência e sentou-se a um lado. O Bem-Aventurado disse-lhe: "Sāriputta, um de seus companheiros monges declarou que você o atingiu e depois saiu em viagem sem pedir desculpas".

(1) "Bhante, aquele que não estabeleceu a vigilância em relação ao corpo pode atingir um companheiro monge e, em seguida, sair em viagem sem pedir desculpas. Assim como se jogam coisas puras e impuras sobre a terra – fezes, urina, saliva, pus e sangue –, e a terra não é repelida, humilhada ou enojada por causa disso; do mesmo modo, Bhante, eu vivo com uma mente como a terra – vasta, exaltada e incomensurável, sem inimizade e má vontade.

(2) "Bhante, aquele que não estabeleceu a vigilância em relação ao corpo pode atingir um companheiro monge e, em seguida, sair em viagem sem pedir desculpas. Assim como se lavam coisas puras e impuras na água – fezes, urina, saliva, pus e sangue –, e a água não se sente repelida, humilhada ou enojada por causa disso; do mesmo modo, Bhante, eu vivo com uma mente como a água – vasta, exaltada e incomensurável, sem inimizade e má vontade.

(3) "Bhante, aquele que não estabeleceu a vigilância em relação ao corpo pode atingir um companheiro monge e, em seguida, sair em viagem sem pedir desculpas. Assim como o fogo queima coisas puras e impuras — fezes, urina, saliva, pus e sangue –, e não se sente repelido, humilhado ou enojado por causa disso; do mesmo modo, Bhante, eu vivo com uma mente como o fogo – vasta, exaltada e incomensurável, sem inimizade e má vontade.

(4) "Bhante, aquele que não estabeleceu a vigilância em relação ao corpo pode atingir um companheiro monge e, em seguida, sair em viagem sem pedir desculpas. Assim como o ar sopra sobre coisas puras e impuras – fezes, urina, saliva, pus e sangue – e não se sente repelido, humilhado ou enojado por causa disso; do mesmo modo, Bhante, eu vivo com uma mente como o ar – vasta, exaltada e imensurável, sem inimizade e má vontade.

(5) "Bhante, aquele que não estabeleceu a vigilância em relação ao corpo pode atingir um companheiro monge e, em seguida, sair em viagem sem pedir desculpas. Assim como um espanador limpa coisas puras e impuras – fezes, urina, saliva, pus e sangue – e não se sente repelido, humilhado ou enojado por causa disso; do mesmo modo, Bhante, eu vivo com uma mente como um espanador – vasta, exaltada e imensurável, sem inimizade e má vontade.

(6) "Bhante, aquele que não estabeleceu a vigilância em relação ao corpo pode atingir um companheiro monge e, em seguida, sair em viagem sem pedir desculpas. Assim como um menino ou menina sem casta, vestido de trapos e segurando uma tigela, entra em uma aldeia ou vilarejo com uma mente humilde; do mesmo modo,

Bhante, eu vivo com uma mente como um menino sem casta – vasta, exaltada e imensurável, sem inimizade e má vontade.

(7) "Bhante, aquele que não estabeleceu a vigilância em relação ao corpo pode atingir um companheiro monge e, em seguida, sair em viagem sem pedir desculpas. Assim como um touro com seus chifres cortados, suave, bem domesticado e bem treinado, vagueia de rua em rua e de praça em praça sem ferir ninguém com seus pés ou chifres; do mesmo modo, Bhante, eu vivo com uma mente como a de um touro com chifres cortados – vasta, exaltada e imensurável, sem inimizade e má vontade.

(8) "Bhante, aquele que não estabeleceu a vigilância em relação ao corpo pode atingir um companheiro monge e, em seguida, sair em viagem sem pedir desculpas. Assim como uma jovem mulher ou homem se sentiria repelido, humilhado e enojado se a carcaça de uma cobra, de um cão ou de um ser humano fosse pendurada em seu pescoço; do mesmo modo, Bhante, sinto-me repelido, humilhado e enojado por este corpo sujo.

(9) "Bhante, aquele que não estabeleceu a vigilância em relação ao corpo pode atingir um companheiro monge e, em seguida, sair em viagem sem pedir desculpas. Assim como uma pessoa pode carregar por aí uma tigela rachada e perfurada cheia de gordura líquida que escorre e goteja; do mesmo modo, Bhante, eu carrego por aí este corpo rachado e perfurado que escorre e pinga.

"Bhante, aquele que não estabeleceu a vigilância em relação ao corpo pode atingir um companheiro monge aqui, e então sair em viagem sem se desculpar."

Então, aquele monge acusador levantou-se de seu assento, arrumou seu manto superior sobre um ombro, prostrou-se com a cabeça aos pés do Bem-Aventurado, e disse ao Bem-Aventurado: "Bhante, cometi uma transgressão, pois eu de maneira tão tola, estúpida e inábil caluniei o Venerável Sāriputta por motivos infundados. Bhante, que o Bem-Aventurado aceite minha transgressão vista como uma transgressão por causa da contenção futura".

"Certamente, monge, você cometeu uma transgressão porque você de maneira tão tola, estúpida e inábil caluniou o Venerável Sāriputta por motivos infundados. Mas uma vez que você vê sua transgressão como uma transgressão e se concilia de acordo com o Dhamma, nós a aceitamos. Pois é para o crescimento na disciplina do Nobre que se vê a transgressão como uma transgressão, se concilia de acordo com o Dhamma, e se compromete com a contenção futura".

O Bem-Aventurado então se dirigiu ao Venerável Sāriputta: "Sāriputta, perdoe este homem oco antes que sua cabeça se divida em sete pedaços ali mesmo".

"Eu o perdoarei, Bhante, se ele me pedir perdão."

(AN 9:11, NDB 1261-1264)

### *(4) Sakka e o demônio comedor de raiva*

O Bem-Aventurado disse isto: "Monges, uma vez no passado um certo demônio feio e deformado sentou-se no assento de Sakka, regente das deidades. Em seguida, as deidades julgaram duramente o incidente, resmungaram e reclamaram sobre isso, dizendo: 'É realmente impressionante, senhor! É realmente incrível, senhor! Este demônio feio e deformado sentou-se no assento de Sakka, regente das deidades!' Mas, em qualquer medida que as deidades julgaram duramente o incidente, resmungaram e reclamaram disso, na mesma medida o demônio se fez cada vez mais bonito, mais e mais atraente, mais e mais gracioso.

"Então, monges, as deidades se aproximaram de Sakka e disseram a ele: 'Aqui, caro senhor, um demônio feio e deformado sentou-se em seu assento. Mas, em qualquer medida que as deidades julgaram isso duramente [...] esse demônio se tornou cada vez mais bonito, mais e mais atraente, mais e mais gracioso.' – 'Esse deve ser o demônio devorador de raiva.'

"Então, monges, Sakka, o regente das deidades, aproximou-se daquele demônio devorador de raiva, arrumou seu manto superior sobre um ombro, e ajoelhou-se com o joelho direito no chão. Então, levantando suas mãos unidas em saudação reverencial para com aquele demônio, anunciou seu nome três vezes: 'Eu, caro senhor, sou Sakka, o regente das deidades! Eu, caro senhor, sou Sakka, o regente das deidades!' Em qualquer medida que Sakka anunciou seu nome, na mesma medida o demônio ficou mais e mais feio e cada vez mais deformado até desaparecer ali mesmo.

"Então, monges, sentado em seu próprio assento, instruindo as deidades, Sakka recitou estes versos:

"'Não tenho aflições na mente,
nem sou facilmente atraído pelo turbilhão da raiva.
Nunca fico com raiva por muito tempo,
nem a raiva persiste em mim.

"Quando estou zangado, não falo duramente
e não elogio minhas virtudes.
Eu me mantenho bem contido
Em consideração ao meu próprio bem.'"

(SN 11:22, CDB 338-339)

# IV
# A FALA APROPRIADA

# INTRODUÇÃO

Um dos traços característicos dos seres humanos, que os diferencia dos animais, é a sua capacidade de falar. As palavras podem criar inimizade ou amizade, podem conquistar ou endurecer corações, podem enganar os outros ou abri-los a novos caminhos de compreensão. As transformações sociais ao longo da história têm sido facilitadas pelo discurso, seja falado ou escrito: basta pensar no impacto da Declaração da Independência, do Manifesto Comunista, do Discurso de Lincoln em Gettysburg e do discurso "Eu tenho um sonho", de Martin Luther King. Por meio da fala, novas ideias são disseminadas, novos insights são compartilhados e novos horizontes são abertos à investigação humana. A linguagem deflagrou guerras e promoveu a paz. Todas as esperanças e anseios do coração humano, em todas as esferas de nossa existência coletiva, encontraram expressão por intermédio da fala.

Em relação ao Dhamma, o papel da linguagem é tão importante que o Buda diz que uma das duas condições para o surgimento do entendimento correto é "o enunciado do outro"[1]. Reconhecendo o papel central da fala, tanto no nobre caminho óctuplo como entre os dez caminhos da ação benéfica, ele atribuiu quatro lugares à fala: abster-se da fala falsa, da fala divisiva, da fala dura e da conversa inútil, definidos acima no **Texto II,2 (5)**.

Na Parte IV, expando essa discussão anterior, tomando a fala apropriada como um tópico separado por sua própria importância. O capítulo começa com dois pequenos suttas sobre os constituintes do "discurso bem falado" – **Textos IV,1(1)-(2)** – um enumerando quatro fatores, o outro cinco fatores. Uma vez que os dois não se correspondem completamente, os fatores do discurso bem falado podem ser aumentados além do grupo usual de quatro. O Buda também fornece conselhos para aqueles que almejam realizar discussões e participar de debates, que eram comuns entre as comunidades ascéticas e contemplativas contemporâneas que floresceram no norte da Índia. Via de regra, elas eram centradas em torno de um professor carismático. Os adeptos de seitas rivais costumavam se reunir para discutir e debater seus respectivos princípios. Parques inteiros eram reservados para a vinda de ascetas errantes, que

1. *Parato ghosa*. A outra condição é uma reflexão cuidadosa (*yoniso manasik*āra). Cf. AN 2:126(NDB 178).

neles habitavam e discutiam seus pontos de vista, e as cidades maiores apresentavam um salão de debate onde os ascetas se reuniam para a discussão.

Apesar de o Buda procurar evitar debates infrutíferos conduzidos com o propósito de humilhar os outros e reforçar o orgulho em relação aos seus próprios princípios, era inevitável que, à medida que os monges vagassem entre as cidades do norte da Índia, acabassem atraídos para discussões com brāhmaṇas, filósofos e ascetas de pontos de vista opostos. A fim de preservar a boa reputação do Dhamma, eles tinham que saber como se envolver em debate. Uma das qualificações do discípulo bem treinado era a capacidade de "explicar a doutrina de seu próprio mestre, ensiná-la, proclamá-la, estabelecê-la, divulgá-la, analisá-la e elucidá-la, e refutar completamente com razões os princípios fundamentais dos outros e ensinar o Dhamma eficaz"[2]. No **Texto IV,2** o Buda estabelece normas para os seus próprios discípulos adotarem quando se envolvessem em debates. Ele distingue entre os diferentes tipos de perguntas que podem ser feitas, indica como se deve responder a essas perguntas e prescreve as atitudes que se devem trazer para um debate. Estas estão resumidas nos versos finais desta passagem: a pessoa sábia fala sem disposição para o confronto nem orgulho, profere o discurso que os nobres praticam e fala de maneiras ligadas ao Dhamma e ao significado.

Um dos deveres de um monge ou monja era ensinar e pregar o Dhamma. Para executar esse dever de forma eficaz, era necessário saber como lidar com os outros de uma forma que despertasse seu interesse e mantivesse sua atenção. A proficiência em ensinar os outros pode ser vista como um aspecto da "habilidade em meios" (*upāyakosalla*). No **Texto IV,3**, o Buda explica cinco casos em que uma palestra é "erroneamente proferida" – todos os casos em que o assunto da palestra não corresponde ao temperamento e ao interesse do público. As palestras "corretamente proferidas" são aquelas cujo assunto corresponde ao temperamento e ao interesse do público. Essas diretrizes, no entanto, provavelmente devem ser vistas como estratégias provisórias, não absolutas; pois certamente há casos em que, por exemplo, uma palestra sobre moralidade pode ser exatamente o que uma pessoa dissoluta precisa ouvir, enquanto uma palestra sobre generosidade pode ser a maneira mais eficaz de motivar um avarento a passar por uma mudança atitude e começar a praticar a caridade.

Alguns textos incluídos neste capítulo podem trazer surpresas. Enquanto o Buda destaca os perigos na criação de argumentos desnecessários e na atribuição de louvor e culpas arbitrariamente, sem investigação – como é feito respectivamente nos **Textos IV,4** e **IV,5** – ele não insiste que a fala deva ser sempre doce e agradável para os ouvintes. Pelo contrário, ele considera que não se deve ter escrúpulos em criticar aqueles que merecem críticas. Assim, no **Texto IV,6**, ele declara que se deve pronunciar louvor e culpa quando se encaixam na situação, e em **IV,7** ele até diz que

2. A instrução ocorre em DN II 104-5 (LDB 246-47), SN V 261-62 (CDB 1724-25), AN IV 310-11 (NDB 1214-15) e Ud 63-64.

"quando se sabe que o discurso afiado é verdadeiro, correto e benéfico, pode-se pronunciá-lo, sabendo o momento para fazê-lo".

Desaprovar os outros é uma questão particularmente espinhosa devido ao seu potencial de inflamar o ressentimento e semear as sementes do conflito. No entanto, a coragem moral de qualquer comunidade depende da conduta correta de seus membros, e assim, quando os membros se afastam dos limites da decência, torna-se obrigatório controlá-los. Na ordem monástica budista, a fim de proteger a integridade do grupo, muitas vezes é necessário que um monge desaprove outro. A fim de manter a harmonia e o respeito mútuo durante o processo de desaprovação, no **Texto IV,8**, Sāriputta descreve os procedimentos a serem seguidos pela pessoa que pretende refutar o outro e as formas adequadas para o sujeito que recebe condenação responder às críticas. Assim, enquanto que os discursos enfatizam a importância de estabelecer uma atitude gentil e compassiva antes de criticar os outros, eles não defendem falar com os outros apenas de maneiras agradáveis. Pelo contrário, eles aconselham alguém a censurar os outros quando as críticas são devidas.

# IV
# A FALA APROPRIADA

## 1. O DISCURSO BEM FALADO

### *(1) Possuindo quatro fatores*

O Bem-Aventurado disse isto: "Monges, quando o discurso possui quatro fatores, ele é bem falado, não mal falado, e é irrepreensível e irretocável entre os sábios. Quais quatro? Neste caso, um monge fala apenas o que é bem falado, não o que é mal falado. Ele fala apenas Dhamma, não o não Dhamma. Ele fala apenas o que é agradável, não o que é desagradável. Ele fala apenas o que é verdade, não mentiras. Quando o discurso possui esses quatro fatores, ele é bem falado, não mal falado, e é irrepreensível e irretocável entre os sábios".

(do Sn III:3; cf. tb. SN 8:5, CDB 284-285)

### *(2) Possuindo cinco fatores*

"Monges, quando o discurso possui cinco fatores, ele é bem falado, não mal falado, e é irretocável e irrepreensível entre os sábios. Quais cinco? Ele é falado no momento oportuno; o que é dito é verdade; é falado gentilmente; o que é dito é benéfico; é falado com uma mente de amorosidade. Quando o discurso possui esses cinco fatores, ele é bem falado, não mal falado, e é irretocável e irrepreensível entre os sábios".

(AN 5:198, NDB 816)

## 2. A REALIZAÇÃO DE DISCUSSÕES

"É em relação à conversa, monges, que uma pessoa pode ser entendida apta para falar ou inapta para falar. Se lhe é feita uma pergunta que deve ser respondida categoricamente e ela não a responde categoricamente; se lhe for feita uma pergunta que deve ser respondida depois de fazer uma distinção e ela a responde sem fazer uma distinção; se lhe for feita uma pergunta que deve ser respondida com uma contrapergunta e ela a responde sem fazer uma contrapergunta; se lhe é feita uma pergunta que deve ser posta de lado e ela não a põe de lado, em tal caso essa pessoa é inapta para falar[3].

"Mas se a esta pessoa é feita uma pergunta que deve ser respondida categoricamente e ele responde categoricamente; se lhe for feita uma pergunta que deve ser respondida depois de fazer uma distinção e ela responde depois de fazer uma distinção; se lhe for feita uma pergunta que deve ser respondida com uma contrapergunta e ela responde com uma contrapergunta; se lhe é feita uma pergunta que deve ser posta de lado e ela a deixa de lado, em tal caso essa pessoa é apta para falar.

"É em relação à conversa, monges, que uma pessoa deve ser entendida apta para falar ou inapta para falar. Se a esta pessoa é feita uma pergunta e ela não permanece firme em relação à sua posição e à posição oposta; se ela não permanece firme em sua estratégia; se ela não permanece firme em uma afirmação sobre o que é conhecido; se ela não permanece firme no procedimento, em tal caso essa pessoa é inapta para falar[4].

"Mas se a esta pessoa é feita uma pergunta e ela permanece firme em relação à sua posição e à posição oposta; se ela permanece firme em sua estratégia; se ela permanece firme em uma afirmação sobre o que é conhecido; se ela permanece firme no procedimento, em tal caso essa pessoa está apta para falar.

"É em relação à conversa, monges, que uma pessoa deve ser entendida apta para falar ou inapta para falar. Se a esta pessoa é feita uma pergunta e ela responde evasivamente, desvia a discussão para um assunto irrelevante, e mostra raiva, ódio e amargura, em tal caso, essa pessoa é inapta para falar.

"Mas se a esta pessoa é feita uma pergunta e ela não responde evasivamente, não desvia a discussão para um assunto irrelevante, ou não mostra raiva, ódio e amargura, em tal caso, essa pessoa é apta para falar.

"É em relação à conversa, monges, que uma pessoa deve ser entendida apta para falar ou inapta para falar. Se a esta pessoa é feita uma pergunta e ela oprime, esmaga,

---

3. Esses são os quatro métodos para formular perguntas; cf. AN 4:42. O comentário explica: "(1) *Uma pergunta que deve ser respondida categoricamente* (*ekasavyākaṇanīya pañha*) é, por exemplo, 'O olho é impermanente?', que deve ser respondida categoricamente com 'Sim, é impermanente'. (2) *Uma pergunta que deve ser respondida depois de se fazer uma distinção* (*vibhajjavyākaraṇīya pañha*) é, por exemplo, 'O impermanente é o olho?', que deve ser respondida fazendo uma distinção: 'Não só o olho, mas o ouvido, o nariz etc., também são impermanentes'. (3) *Uma pergunta que deve ser respondida com uma contrapergunta* (*paṭipucchāvyākaraṇīya pañha*) é, por exemplo, 'O olho tem a mesma natureza que o ouvido?', que deve ser respondida perguntando: 'Com respeito a quê?'. Se eles responderem: 'Com respeito a ver', deve-se responder não. Se eles responderem: 'Com respeito à impermanência', deve-se responder sim. (4) *Uma pergunta que deve ser posta de lado* (*ṭhapanīya pañha*) é, por exemplo, 'A alma e o corpo são a mesma coisa?' Isso deve ser posto de lado sem que se responda, dizendo: 'Isto não foi declarado pelo Tathāgata.'"

4. O significado dessas expressões está longe de ser evidente. A minha tradução se baseia na explicação dada no comentário. Para mais pormenores, ver nota 465 do NDB, p. 1654 ff.

ridiculariza [o questionador] e se agarra a um ligeiro erro[5], em tal caso, essa pessoa é inapta para falar.

"Mas se a esta pessoa é feita uma pergunta e ela não oprime, esmaga, ridiculariza [o questionador], ou se agarra a um ligeiro erro, em tal caso, essa pessoa é apta para falar.

"É em relação à conversa, monges, que uma pessoa deve ser entendida como alguém que dispõe de uma condição de apoio ou não dispõe de uma condição de apoio. Aquele que não dá ouvidos não tem uma condição de apoio; aquele que dá ouvidos tem uma condição de apoio. Aquele que tem uma condição de apoio conhece diretamente uma coisa, entende completamente uma coisa, abandona uma coisa e percebe uma coisa. Conhecendo diretamente uma coisa, entendendo plenamente uma coisa, abandonando uma coisa e percebendo uma coisa, ela alcança a libertação correta[6].

"Este, monges, é o objetivo da conversa, o objetivo da discussão, o objetivo de uma condição de apoio, o objetivo de dar ouvidos, isto é, a emancipação da mente por meio do não apego."

> Aqueles que falam com intenção de brigar,
> assentados em suas opiniões, inchados de orgulho,
> ignóbeis, tendo atacado virtudes,
> procuram aberturas para atacar uns aos outros.
>
> Eles se deleitam mutuamente quando seu oponente
> fala mal e comete um erro,
> regozijam-se com a sua perplexidade e derrota;
> mas os nobres não se dedicam a tal conversa.
>
> Se uma pessoa sábia quer falar,
> sabendo que o momento é certo,
> sem brigas ou orgulho,
> a pessoa sábia deveria pronunciar
> o discurso que os nobres praticam,
> que está conectado com o Dhamma e significado.
>
> Não sendo insolente ou agressivo,
> com uma mente não exaltada,
> ela fala liberta da inveja
> com base no conhecimento correto.
> Ela deve aprovar o que está bem expresso,
> mas não atacar o que está mal declarado.
>
> Ela não deve se treinar na descoberta de falhas

---

5. Isto é, ela toma um pequeno erro da parte do outro como um pretexto para criticá-lo.

6. O comentário explica: "Ela conhece diretamente uma coisa, o caminho nobre. Ela entende completamente uma coisa, a verdade do sofrimento. Ela abandona uma coisa, todas as qualidades prejudiciais. Ela percebe uma coisa, o fruto do estado de arahant ou da cessação [nibbāna]. Por meio do conhecimento, ela alcança a libertação correta, a emancipação pelo fruto do estado de arahant."

nem se agarrar aos erros do outro;
ela não deve oprimir e esmagar seu oponente,
nem falar palavras mentirosas.
Verdadeiramente, uma discussão entre os bons
é em nome do conhecimento e da confiança.

Tal é a maneira como os nobres discutem as coisas;
essa é a discussão dos nobres.
Tendo entendido isso, a pessoa sábia
não deve ser arrogante, mas discutir as coisas.

(AN 3:67, NDB 287-289)

### 3. Fale de uma maneira apropriada

"Monges, uma palestra é erroneamente proferida quando, tendo comparado um tipo de pessoa a outro, ela se dirige a estes cinco tipos [inapropriados] de pessoas. Quais cinco? Uma palestra sobre fé é erroneamente proferida a uma pessoa desprovida de fé; uma palestra sobre comportamento virtuoso é erroneamente proferida a uma pessoa imoral; uma palestra sobre aprendizagem é erroneamente proferida a uma pessoa de pouco aprendizado; uma palestra sobre generosidade é erroneamente proferida a uma pessoa avarenta; uma palestra sobre sabedoria é erroneamente proferida a uma pessoa ignorante.

(1) "E por que uma palestra sobre fé é proferida erroneamente a uma pessoa desprovida de fé? Quando uma palestra sobre fé está sendo dada, uma pessoa desprovida de fé perde a paciência e fica irritada, hostil e teimosa; ela mostra raiva, ódio e amargura. Por que motivo? Porque ela não percebe essa fé em si mesma e não se alegra nela. Portanto, uma palestra sobre fé é erroneamente proferida a uma pessoa desprovida de fé.

(2) "E por que uma palestra sobre comportamento virtuoso é proferida erroneamente a uma pessoa imoral? Quando uma palestra sobre comportamento virtuoso está sendo dada, uma pessoa imoral perde a paciência e fica irritada, hostil e teimosa; ela exibe raiva, ódio e amargura. Por que motivo? Porque ela não percebe esse comportamento virtuoso em si mesma e não se alegra nele. Portanto, uma palestra sobre comportamento virtuoso é erroneamente proferida a uma pessoa imoral.

(3) "E por que uma palestra sobre aprendizagem é proferida erroneamente a uma pessoa de pouco aprendizado? Quando uma palestra sobre aprendizagem está sendo dada, uma pessoa de pouco aprendizado perde a paciência e fica irritada, hostil e teimosa; ela mostra raiva, ódio e amargura. Por que motivo? Porque ela não percebe essa aprendizagem em si mesma e não se alegra nela. Portanto, uma palestra sobre aprendizagem é erroneamente proferida a uma pessoa de pouco aprendizado.

(4) "E por que uma palestra sobre generosidade é proferida erroneamente a uma pessoa avarenta? Quando uma palestra sobre generosidade está sendo dada, uma pessoa avarenta perde a paciência e fica irritada, hostil e teimosa; ela mostra raiva, ódio

e amargura. Por que motivo? Porque ela não percebe essa generosidade em si mesma e não se alegra nela. Portanto, uma conversa sobre generosidade é erroneamente proferida a uma pessoa avarenta.

(5) "E por que uma palestra sobre sabedoria é proferida erroneamente a uma pessoa ignorante? Quando uma palestra sobre sabedoria está sendo dada, uma pessoa ignorante perde a paciência e fica irritada, hostil e teimosa; ela mostra raiva, ódio e amargura. Por que motivo? Porque ela não percebe essa sabedoria em si mesma e não se alegra nela. Portanto, uma palestra sobre sabedoria é erroneamente proferida a uma pessoa ignorante.

"Uma conversa é erroneamente proferida quando, tendo comparado um tipo de pessoa a outro, ela é dirigida a esses cinco tipos [inapropriados] de pessoas.

"Monges, uma palestra é devidamente proferida quando, tendo comparado um tipo de pessoa a outro, ela é proferida a estes cinco tipos [apropriados] de pessoas. Quais cinco? Uma palestra sobre fé é proferida adequadamente a uma pessoa dotada de fé; uma palestra sobre comportamento virtuoso é proferida adequadamente a uma pessoa virtuosa; uma palestra sobre aprendizagem é proferida adequadamente a uma pessoa instruída; uma palestra sobre generosidade é proferida adequadamente a uma pessoa generosa; uma palestra sobre sabedoria é proferida adequadamente a uma pessoa sábia.

(1) "E por que uma palestra sobre fé é proferida adequadamente a uma pessoa dotada de fé? Quando uma conversa sobre fé está sendo dada, uma pessoa dotada de fé não perde a paciência, nem fica irritada, hostil e teimosa; não mostra raiva, ódio e amargura. Por que motivo? Porque ela percebe essa fé em si mesma e se alegra nela. Portanto, uma palestra sobre fé é proferida adequadamente a uma pessoa dotada de fé.

(2) "E por que uma palestra sobre comportamento virtuoso é proferida adequadamente a uma pessoa virtuosa? Quando uma conversa sobre comportamento virtuoso está sendo dada, uma pessoa virtuosa não perde a paciência, nem fica irritada, hostil e teimosa; não mostra raiva, ódio e amargura. Por que motivo? Porque ela percebe esse comportamento virtuoso em si mesma e se alegra nele. Portanto, uma palestra sobre comportamento virtuoso é proferida adequadamente a uma pessoa virtuosa.

(3) "E por que uma palestra sobre instrução é proferida adequadamente a uma pessoa instruída? Quando uma conversa sobre instrução está sendo dada, uma pessoa instruída não perde a paciência, nem fica irritada, hostil e teimosa; não mostra raiva, ódio e amargura. Por que motivo? Porque ela percebe essa instrução em si mesma e se alegra nela. Portanto, uma palestra sobre aprendizagem é proferida adequadamente a uma pessoa instruída.

(4) "E por que uma palestra sobre generosidade é proferida adequadamente a uma pessoa generosa? Quando uma conversa sobre generosidade está sendo dada, uma pessoa generosa não perde a paciência, nem fica irritada, hostil e teimosa; não mostra raiva, ódio e amargura. Por que motivo? Porque ela percebe essa generosidade em si mesma e se

alegra nela. Portanto, uma palestra sobre generosidade é proferida adequadamente a uma pessoa generosa.

(5) "E por que uma palestra sobre sabedoria é proferida adequadamente a uma pessoa sábia? Quando um discurso sobre sabedoria está sendo dado, um sábio não perde a paciência, nem fica irritado, hostil e teimoso; ele não mostra raiva, ódio e amargura. Por que motivo? Porque ele percebe essa sabedoria em si mesmo e se alegra nela. Portanto, uma palestra sobre sabedoria é devidamente proferida a uma pessoa sábia.

"Monges, uma palestra é devidamente proferida quando, tendo pesado um tipo de pessoa contra outro, ela é proferida a esses cinco tipos [apropriados] de pessoas."

(AN 5:157, NDB 770-772)

## 4. Não crie bate-boca

"Monges, quando um monge é um criador de bate-bocas, brigas, disputas, conversas polêmicas e questões disciplinares na Sangha, cinco perigos podem ser esperados para ele. Quais cinco? (1) Ele não alcança o que ainda não alcançou; (2) ele se afasta do que alcançou; (3) um mau relato circula sobre ele; (4) ele morre confuso; e (5) com a dissolução do corpo, após a morte, renasce no plano da miséria, em um destino ruim, no mundo inferior, no inferno. Quando um monge é um criador de bate-bocas, brigas, disputas, conversas polêmicas e questões disciplinares na Sangha, esses cinco perigos podem ser esperados para ele."

(AN 5:212, NDB 823)

## 5. Atribuindo elogios e culpas

"Monges, um monge residente, possuindo cinco qualidades, é colocado no inferno como se fosse levado para lá. Quais cinco? (1) Sem investigação e escrutínio, ele louva quem merece reprovação. (2) Sem investigação e escrutínio, ele reprova quem merece louvor. (3) Sem investigação e escrutínio, ele acredita em um assunto que merece suspeita. (4) Sem investigação e escrutínio, ele desconfia sobre um assunto que merece crença. (5) Ele desperdiça o que foi dado pela fé. Possuindo essas cinco qualidades, um monge residente é colocado no inferno como se fosse levado para lá.

"Monges, possuindo cinco qualidades, um monge residente é colocado no céu como se fosse levado para lá. Quais cinco? (1) Tendo investigado e examinado, ele fala desaprova quem merece reprovação. (2) Tendo investigado e examinado, ele louva quem merece louvor. (3) Tendo investigado e examinado, ele desconfia sobre um assunto que merece suspeita. (4) Tendo investigado e examinado, ele acredita em um assunto que merece crença. (5) Ele não desperdiça o que foi dado pela fé. Possuindo essas cinco qualidades, um monge residente é colocado no céu como se fosse trazido para lá."

(AN 5:236, NDB 832-833)

## 6. Louvar quando o louvor é devido

Então, o andarilho Potaliya se aproximou do Bem-Aventurado e trocou saudações com ele. O Bem-Aventurado lhe disse: "Potaliya, há quatro tipos de pessoas encontradas no mundo. Quais quatro? (1) Aqui, alguma pessoa expressa reprovação a alguém que merece reprovação, e a reprovação é exata, verdadeira e oportuna; mas ela não expressa louvor a alguém que merece louvor, embora o louvor seja exato, verdadeiro e oportuno. (2) Outra pessoa expressa louvor a alguém que merece louvor, e o louvor é exato, verdadeiro e oportuno; mas ela não expressa reprovação a alguém que merece reprovação, embora a reprovação seja exata, verdadeira e oportuna. (3) Ainda outra pessoa não expressa reprovação a alguém que merece reprovação, embora a reprovação seja exata, verdadeira e oportuna; e ela não expressa louvor a alguém que merece louvor, embora o louvor seja preciso, verdadeiro e oportuno. (4) E ainda outra pessoa expressa reprovação a alguém que merece reprovação, e a reprovação é exata, verdadeira e oportuna; e ela também expressa louvor a alguém que merece louvor, e o louvor é exato, verdadeiro e oportuno. Esses são os quatro tipos de pessoas encontradas no mundo. Agora, Potaliya, quais dentre esses quatro tipos de pessoas lhe parece a mais excelente e sublime?"

"Dessas quatro, Mestre Gotama, aquela que me parece a mais excelente e sublime é aquela que não expressa reprovação a alguém que merece reprovação, embora a reprovação seja precisa, verdadeira e oportuna; e que não expressa louvor a alguém que merece louvor, embora o louvor seja exato, verdadeiro e oportuno. Por que motivo? Porque o que é importante, Mestre Gotama, é a equanimidade."

"Dessas quatro, Potaliya, aquela que eu considero a mais excelente e sublime é aquela que expressa reprovação a alguém que merece reprovação, e a reprovação é exata, verdadeira e oportuna; e que também expressa louvor a alguém que merece louvor, e o louvor é preciso, verdadeiro e oportuno. Por que motivo? Porque o que é importante, Potaliya, é o conhecimento do momento apropriado para se expressar em qualquer caso particular."

(AN 4:100, NDB 480-482)

## 7. Saber o que dizer e como dizer

[O Buda está falando aos monges:] "Assim foi dito: 'Não se deve pronunciar conversas secretas, e não se deve pronunciar conversas abertas severas'. E com referência ao quê isso foi dito?

"Aqui, monges, quando se sabe que a conversa secreta é falsa, incorreta e não benéfica, não se deve pronunciá-la. Quando se sabe que a conversa secreta é verdadeira, correta e não benéfica, a pessoa deve tentar não a pronunciar. Mas quando se sabe que a conversa secreta é verdadeira, correta e benéfica, é possível pronunciá-la, sabendo o momento para fazê-lo.

"Aqui, monges, quando se sabe que a conversa aberta severa é falsa, incorreta e não benéfica, não se deve pronunciá-la. Quando se sabe que a conversa aberta severa é verdadeira, correta e não benéfica, a pessoa deve tentar não a pronunciar. Mas quando se sabe que a conversa aberta severa é verdadeira, correta e benéfica, é possível pronunciá-la, sabendo o momento para fazê-lo.

"Então foi com referência a isso que foi dito: 'Não se deve pronunciar conversas secretas, e não se deve pronunciar conversas abertas severas.'"

(do MN 139, MLDB 1083-1084)

## 8. Reprovando outros

O Venerável Sāriputta dirigiu-se aos monges assim: "Amigos, um monge que deseja reprovar outro deve primeiro estabelecer cinco coisas em si mesmo. Quais cinco? (1) Ele deve considerar: 'Eu falarei em um momento apropriado, não em um momento inapropriado; (2) falarei de maneira verdadeira, não falsamente; (3) falarei gentilmente, não duramente; (4) falarei de maneira benéfica, não de maneira danosa; (5) falarei com uma mente de amorosidade, não enquanto abrigar o ódio'. Um monge que deseja reprovar outro deve primeiro estabelecer essas cinco coisas em si mesmo. [...]

"Amigos, uma pessoa que recebe uma reprovação deve estar segura de duas coisas: da verdade e da não raiva. Ela deve refletir: 'Se outros me reprovarem – seja em um momento apropriado ou em um momento inapropriado; seja sobre o que é verdade ou sobre o que é falso; seja gentil ou duramente; seja de maneira benéfica ou de maneira danosa; seja com uma mente de amorosidade ou enquanto abrigar o ódio – Eu ainda deveria estar seguro de duas coisas: da verdade e da não raiva. Se eu sei: "Existe tal qualidade em mim", digo-lhe: "Isso existe. Essa qualidade é encontrada em mim". Se eu sei: "Não existe tal qualidade em mim", digo-lhe: "Isso não existe. Essa qualidade não é encontrada em mim."'"

(do AN 5:167, NDB 780-782)

# V
# A BOA AMIZADE

# Introdução

Comunidades fortes dependem das relações pessoais entre seus membros, e a relação mais básica entre pessoas fora das conexões familiares é a da amizade. Com a Parte V, à medida que seguimos para além do cultivo pessoal – o foco dos capítulos anteriores –, na direção do estabelecimento das relações interpessoais, naturalmente começamos com a amizade. O Buda deu ênfase especial à escolha dos amigos, que compreendia ter uma profunda influência no desenvolvimento individual, bem como na criação de uma comunidade harmoniosa e eticamente justa. A boa amizade é essencial não só porque nos beneficia em tempos de dificuldade, satisfaz nossos instintos sociais e amplia nossa esfera de preocupação do eu para o outro. Ela é fundamental porque a boa amizade planta em nós *o senso de discernimento,* a capacidade de distinguir entre o bem e o mal, o certo e o errado, e escolher o honroso em lugar do conveniente ou vantajoso. Portanto, o Buda diz que todas as outras boas qualidades se desdobram da boa amizade, e a popular Maṅgala Sutta, que enumera trinta e duas bênçãos, começa com "o evitar as pessoas tolas e se associar com os sábios"[1].

Começo a Parte V com dois suttas curtos – **Textos V,1(1)-(2)** – que enumeram as qualidades de um bom amigo. O primeiro é geral, enquanto o segundo é mais específico para a vida monástica. O **Texto V,2** continua no mesmo rumo, mas analisa as qualidades de um verdadeiro amigo em maior detalhe, distinguindo quatro tipos de "amigos de coração bondoso" e enumerando as qualidades distintas de cada um. O **Texto V,3** é extraído de um discurso dirigido a um laico chamado Byagghapajja, que havia perguntado ao Buda a respeito de coisas que "levarão ao nosso bem-estar e felicidade nesta vida atual e em vidas futuras". O Buda respondeu explicando quatro fontes de benefício para um laico na vida presente: iniciativa pessoal, proteção da riqueza, boa amizade e vida equilibrada. Ele prosseguiu com quatro fontes de benefício em vidas futuras: fé, comportamento virtuoso, generosidade e sabedoria. Os amigos com quem o laico é aconselhado a se associar são aqueles que o exortam nessas mesmas quatro qualidades. Assim, enquanto que o primeiro, o segundo e o quarto fator se reúnem sob o tópico do bem-estar temporal e estão todos preocupados em garantir a segurança econômica, uma boa amizade almeja estabelecer um compromisso com os valores propícios ao bem-estar espiritual. A partir disso, pode-se ver que, embora a

1. Sn 261: *asevanā ca bālānaṃ paṇḍitānañ ca sevanā.*

boa amizade esteja listada sob os fatores relativos ao bem-estar presente, na inspeção mais de perto vemos que ela realmente serve como um estímulo ao desenvolvimento espiritual e, assim, torna-se uma ponte que conecta o bem temporal na vida atual com o bem-estar de longo alcance nas vidas que estão por vir.

A vida monástica no budismo antigo às vezes é imaginada como uma aventura solitária na qual o aspirante perpetuamente "habita sozinho, introspectivo, diligente, ardente e resoluto"[2]. Há, de fato, textos que transmitem tal impressão. Por exemplo, verso após verso, o Khaggavisāṇa Sutta do Suttanipāta estimula o buscador sério a abandonar a multidão e "vagar sozinho como os *rinocerontes" (eko care khaggavisāṇakappo*). Tomados isoladamente, esses textos podem ser lidos em um endosso de uma versão altamente individualista da vida monástica na qual todo o companheirismo deve ser evitado. Na realidade, no entanto, exatamente o oposto é o modelo predominante. O Buda criou *uma comunidade* de homens e mulheres dedicados à prática em tempo integral de seu ensinamento, e assim como aconselhou os laicos a se associarem a bons amigos, ele também instruiu os monásticos a procurar bons companheiros e guias na vida espiritual. Ele diz que assim como o amanhecer é o precursor do nascer do sol, assim também a boa amizade é a precursora do surgimento do nobre caminho óctuplo, a "uma coisa muito útil para o surgimento do nobre caminho óctuplo"; e, acrescenta, não há outro fator tão propício para o surgimento do caminho como a boa amizade[3].

Nesta seção incluí dois suttas que destacam o papel da boa amizade na vida monástica. No **Texto V,4(1)**, quando Ānanda chega ao Buda e anuncia que a boa amizade é "metade da vida espiritual", o Bem-Aventurado primeiro o interrompe e depois o corrige declarando que a boa amizade é "toda a vida espiritual". E no **Texto V,4(2)** ele explica ao obstinado monge Meghiya quatro maneiras em que se associar com bons amigos pode trazer à maturidade os fatores que culminam na libertação. O Vinaya mostra como a boa amizade se estende à relação entre um preceptor e seus pupilos e entre um professor e seus alunos. O Mahāvagga descreve em detalhes vívidos como professores e alunos se apoiam e cuidam uns dos outros na vida espiritual, mas nesta compilação limitei minhas seleções a textos do conjunto de suttas[4].

---

2. Cf., por exemplo, o refrão no SN 22:35-36 e SN 22:63-70.

3. Para os seis suttas pareados exaltando o papel da boa amizade em facilitar a realização do caminho, cf. SN 45:49 e 45:56, SN 45:63 e 45:70, e SN 45:77 e 45:80 (CDB pp. 1543-48).

4. Sobre os deveres mútuos de preceptor e pupilos, cf. especialmente Vin I 46-53 (BD 4:59-69).

# V
# A BOA AMIZADE

## 1. AS QUALIDADES DE UM VERDADEIRO AMIGO

### *(1) Sete fatores*

"Monges, uma pessoa deve se associar a um amigo que possui sete fatores. Quais sete? (1) Ele dá o que é difícil de dar. (2) Ele faz o que é difícil de fazer. (3) Ele pacientemente suporta o que é difícil de suportar. (4) Ele revela seus segredos para você. (5) Ele guarda seus segredos. (6) Ele não o abandona quando você está em dificuldades. (7) Ele não o despreza. Uma pessoa deve se associar com um amigo que possui esses sete fatores."

> Um amigo dá o que é difícil de dar,
> e ele faz o que é difícil de fazer.
> Ele perdoa suas palavras duras
> e suporta o que é difícil de suportar.
>
> Ele lhe conta seus segredos,
> mas ele guarda seus segredos.
> Ele não te abandona nas dificuldades,
> nem violentamente o despreza.
>
> A pessoa aqui em quem
> essas qualidades são encontradas é um amigo.
> Quem deseja um amigo
> deveria recorrer a tal pessoa.

(AN 7:36, NDB 1021-1022)

### *(2) Outros sete fatores*

"Monges, uma pessoa deve se associar com um amigo monge que possui sete qualidades; uma pessoa deve recorrer a ele e cuidar dele, mesmo que ele a mandasse embora. Quais sete? (1) Ele é aprazível e agradável; (2) ele é respeitado e (3) estimado; (4) ele é um orador; (5) ele aguenta pacientemente ao ser interpelado; (6) ele dá palestras profundas; e (7) ele não se junta a alguém para fazer o que é errado."

Ele é querido, respeitado e estimado,
um orador e aquele que aguenta a fala;
ele dá palestras profundas
e não se junta a alguém para fazer o que está errado.

A pessoa aqui em quem
essas qualidades são encontradas é um amigo,
benevolente e compassivo.
Mesmo que alguém seja rejeitado por ele,
uma pessoa que deseja um amigo
deve recorrer a tal pessoa.

(AN 7:37, NDB 1022)

## 2. Quatro tipos de bons amigos

[O Buda está falando com um jovem chamado Sīgalaka:] "Jovem, há estes quatro tipos de amigos de bom coração: o amigo que ajuda; o amigo que compartilha a felicidade e o sofrimento; o amigo que aponta o que é bom; e o amigo que é empático.

"Um amigo que ajuda pode ser entendido em quatro casos. Ele o protege quando você é negligente; ele cuida de sua propriedade quando você é negligente; ele é um refúgio quando você está assustado; e quando alguma necessidade surge, ele lhe dá o dobro da riqueza necessária.

"Um amigo que compartilha a felicidade e o sofrimento pode ser entendido em quatro casos. Ele revela os segredos dele para você; ele guarda seus próprios segredos; ele não o abandona quando você está em dificuldades; e ele até sacrificaria a vida por sua causa.

"Um amigo que aponta o que é bom pode ser entendido em quatro casos. Ele não permite que você faça o mal; ele o estimula ao bem; ele o informa sobre o que você não ouviu; e ele lhe aponta o caminho para o céu.

"Um amigo que é empático pode ser entendido em quatro casos. Ele não se alegra com o seu infortúnio; ele se alegra com sua boa sorte; ele interrompe aqueles que o desvalorizam com palavras: ele apoia aqueles que o elogiam com palavras.

(do DN 31, LDB 465-466)

## 3. Boa amizade na vida doméstica

"O que é boa amizade? Aqui, em qualquer vilarejo ou cidade em que um homem do clã viva, ele se associa com os moradores ou seus filhos – sejam jovens e de virtude madura, ou velhos e de virtude madura –, que são realizados na fé, no comportamento virtuoso, na generosidade e na sabedoria; ele conversa com eles e se envolve em debates com eles. Na medida em que são realizados na fé, ele os emula em relação à sua fé; na medida em que são realizados em comportamento virtuoso, ele os emula em relação ao seu comportamento virtuoso; na medida em que são realizados em generosidade, ele os emula em relação à sua generosidade; na medida em que são realizados em sabedoria, ele os emula em relação à sua sabedoria. Isso se chama boa amizade."

(do AN 8:54, NDB 1194-1195)

## 4. Boa amizade na vida monástica

### *(1) Para Ānanda*

O Venerável Ānanda se aproximou do Bem-Aventurado, fez a devida reverência a ele, sentou-se a um lado e disse: "Bhante, esta é metade da vida espiritual, ou seja, a boa amizade, o bom companheirismo, a boa camaradagem".

"Não é assim, Ānanda! Não é assim, Ānanda! Esta é toda a vida espiritual, Ānanda, ou seja, a boa amizade, o bom companheirismo, a boa camaradagem. Quando um monge tem um bom amigo, um bom companheiro, um bom camarada, é de se esperar que ele desenvolva e cultive o nobre caminho óctuplo.

"E como, Ānanda, um monge com um bom amigo desenvolve e cultiva o nobre caminho óctuplo? Aqui, um monge desenvolve o entendimento correto, que é baseado na reclusão, no desapaixonamento e na cessação, amadurecendo na libertação. Ele desenvolve a intenção correta [...] a fala correta [...] a ação correta [...] o meio de subsistência correto [...] o esforço correto [...] a vigilância correta [...] a concentração correta, que é baseada na reclusão, no desapaixonamento e na cessação, amadurecendo na liberação. É dessa forma, Ānanda, que um monge com um bom amigo desenvolve e cultiva o nobre caminho óctuplo.

"Pelo seguinte método também, Ānanda, pode ser entendido como toda a vida espiritual é a boa amizade, um bom companheirismo, a boa camaradagem: confiando em mim como um bom amigo, os seres sujeitos ao nascimento são libertados do nascimento; os seres sujeitos ao envelhecimento são libertados do envelhecimento; os seres sujeitos à morte são libertados da morte; os seres sujeitos a tristeza, lamento, dor, descontentamento e desespero são libertados de tristeza, lamento, dor, descontentamento e desespero. Por este método também, Ānanda, pode ser entendido como toda a vida espiritual é a boa amizade, o bom companheirismo, a boa camaradagem."

(SN 45:2, CDB 1524-1525).

### *(2) Quando um monge tem bons amigos*

"Meghiya, quando a libertação da mente não amadureceu, cinco coisas levam ao seu amadurecimento. Quais cinco? (1) Aqui, Meghiya, um monge tem bons amigos, bons companheiros, bons camaradas. Quando a libertação da mente não amadureceu, essa é a primeira coisa que leva ao seu amadurecimento. (2) Novamente, um monge é virtuoso; ele vive contido pelo Pātimokkha[5], possuidor de boa conduta no local apropriado, vendo perigo nas pequenas falhas. Tendo empreendido as regras de treinamento, ele se treina nelas. Quando a libertação da mente não amadureceu, essa é a segunda coisa que leva ao seu amadurecimento. (3) Novamente, um monge começa a ouvir por vontade própria, sem problema ou dificuldade, a fala relacionada à vida austera que é propícia para abrir o coração. Quando a libertação da mente não amadureceu, essa é a terceira coisa que leva ao seu amadurecimento. (4) Novamente, um monge faz surgir a energia para abandonar qualidades prejudiciais e adquirir qualidades saudáveis; ele é forte, firme no esforço, não se afastando do dever de cultivar qualidades saudáveis. Quando a libertação da mente não amadureceu, essa é a quarta coisa que leva ao seu amadurecimento. (5) Novamente, um monge é sábio; ele possui a sabedoria que discerne o surgimento e o desaparecimento, que é nobre e penetrante, e leva à completa destruição do sofrimento. Quando a libertação da mente não amadureceu, essa é a quinta coisa que leva ao seu amadurecimento.

"Quando, Meghiya, um monge tem bons amigos, bons companheiros, bons camaradas, pode ser esperado dele que ele será virtuoso, que vive contido pelo Pātimokkha; que ouça por vontade própria, sem problema ou dificuldade, a fala relacionada à vida austera que é propícia para abrir o coração; que faça surgir a energia para abandonar qualidades prejudiciais e cultivar qualidades saudáveis; que seja sábio, possuindo a sabedoria que discerne o surgimento e o desaparecimento, que é nobre e penetrante, e leva à completa destruição do sofrimento."

(do A 9:3, NDB 1249-1250; cf. tb. Ud 4.1)

---

5. O código das regras monásticas.

# VI
# O PRÓPRIO BEM E O BEM DOS OUTROS

# Introdução

Na Parte VI, seguimos para além das amizades binárias a fim de ver como as escrituras do budismo antigo tratam a relação entre o indivíduo e aqueles que pertencem à sua esfera de influência. Uma vez que o Buda se referia primariamente aos monásticos, os textos priorizam preocupações monásticas, mas mesmo esses têm implicações mais amplas. A primeira seleção, **Texto VI,1,** traça um contraste entre o tolo e a pessoa sábia, afirmando que o tolo – que se distingue por má conduta corporal, verbal e mental – é a causa de todas as calamidades e infortúnios, enquanto que a pessoa sábia – distinguida pela boa conduta do corpo, da fala e da mente – não traz calamidade e infortúnios. O **Texto VI,2** continua no mesmo caminho, mas diferencia entre a pessoa má e a pessoa boa com base em um conjunto maior de critérios que se referem explicitamente aos seus respectivos impactos sobre os outros. Os critérios compreendem suas qualidades de disposição (que podem ser consideradas pessoais), seus professores e companheiros, suas decisões, a forma como aconselham os outros, sua fala, ação, opiniões e forma de doação.

Vários textos antigos falavam de avidez, ódio e ilusão como raízes de uma ação prejudicial, e seus opostos como as raízes da ação benéfica. No **Texto VI,3**, em uma conversa com um brāhmaṇa, o Buda torna essa correlação mais específica. Ele explica que alguém vencido pela avidez, ódio e ilusão age em benefício de sua própria aflição, da aflição dos outros e da aflição de ambos, e novamente afirma que tal motivação está subjacente na má conduta do corpo, da fala e da mente. Além disso, aquele cuja mente é vencida por esses estados mentais não pode sequer distinguir o que é bom e o que é ruim, muito menos agir adequadamente. Quando eles são abandonados, no entanto, pode-se então fazer as distinções morais necessárias e agir em benefício de si mesmo e dos outros.

O **Texto VI,4(1)** distingue quatro tipos de pessoas com base em se estão praticando (i) para o seu próprio bem-estar, mas não para o bem-estar dos outros; (ii) para o bem-estar dos outros, mas não para seu próprio bem-estar; (iii) para o bem-estar de nenhum dos dois; e (iv) para o bem-estar de ambos. O Buda exalta a pessoa cuja prática visa ao bem-estar de ambos como "a mais importante, a melhor, a preeminente, a suprema, e a mais refinada dessas quatro pessoas". Pode parecer estranho que ele classifique a pessoa cuja prática visa a seu próprio bem-estar, mas não ao bem-estar dos outros, acima daquela cuja prática visa ao bem-estar dos outros, mas não a seu próprio bem-estar, o que parece diretamente contrário a algumas interpretações do ideal do bodhisattva. Quando, no entanto, a intenção é trazida à tona, a aparente contradição desaparece.

A razão para essa classificação emerge dos **Textos VI,4(2)** e **VI,4(3)**, que se desenvolve a partir dos quatro tipos de pessoas em relação à remoção da paixão, do ódio e da ilusão e à observância das cinco regras de prática. Acontece que a pessoa que negligencia seu próprio bem-estar é aquela que não faz nenhum esforço para superar a paixão, o ódio e a ilusão, e não observa os cinco preceitos. Uma vez que tal pessoa continuará a agir sob as garras das impurezas e a se envolver em ações prejudiciais, apesar das intenções benevolentes professadas, suas ações também trazem danos aos outros.

As duas próximas seções deste capítulo, **Textos VI,5** e **VI,6,** explicam com referência ao monge e ao seguidor laico, respectivamente, como alguém beneficia a si mesmo e aos outros. Ambas as seções relacionam a ideia de "beneficiar os outros" ao instruir e orientar outros no Dhamma. Finalmente, no **Texto VI,7,** o Buda declara como pessoa de grande sabedoria aquela que pensa em "seu próprio bem-estar, no bem-estar dos outros, no bem-estar de ambos e no bem-estar de todo o mundo". Discursos como esse certamente mostram que uma perspectiva altruísta já era parte integrante do budismo antigo, e que o Mahāyāna simplesmente deu maior destaque a essa atitude, talvez em reação a tendências retrógradas que apareceram entre algumas das escolas que evoluíram a partir dos primeiros ensinamentos.

# VI
# O PRÓPRIO BEM E O BEM DOS OUTROS

## 1. O TOLO E A PESSOA SÁBIA

"Monges, aquele que possui três qualidades deve ser reconhecido como um tolo. Quais três? Má conduta corporal, má conduta verbal e má conduta mental. Aquele que possui essas três qualidades deve ser reconhecido como um tolo. Aquele que possui três qualidades deve ser reconhecido como uma pessoa sábia. Quais três? Boa conduta corporal, boa conduta verbal e boa conduta mental. Aquele que possui essas três qualidades deveria ser conhecido como uma pessoa sábia.

"Quaisquer perigos que surjam, todos surgem por conta do tolo, não por conta da pessoa sábia. Quaisquer calamidades que surjam, todas surgem por conta do tolo, não por causa da pessoa sábia. Quaisquer infortúnios que surjam, todos surgem por conta do tolo, não por causa da pessoa sábia. Assim como um incêndio que começa em uma casa feita de junco ou capim queima até mesmo uma casa com um telhado de empena, rebocada por dentro e por fora; do mesmo modo, quaisquer perigos que surjam [...] todos surgem por conta do tolo, não por causa da pessoa sábia. Assim, o tolo traz perigo, a pessoa sábia não traz perigo; o tolo traz calamidade, a pessoa sábia não traz calamidade; o tolo traz infortúnio, a pessoa sábia não traz infortúnio. Não há perigo vindo da pessoa sábia; não há calamidade vinda da pessoa sábia; não há infortúnio vindo da pessoa sábia.

"Portanto, monges, vocês devem se treinar assim: 'Evitaremos as três qualidades que fazem de alguém ser reconhecido como um tolo, e vamos empreender e praticar as três qualidades que fazem de alguém ser reconhecido como uma pessoa sábia'. É dessa forma que vocês deveriam se treinar.

(AN 3:1-2, NDB 201-202)

## 2. A PESSOA MÁ E A PESSOA BOA

"Monges, uma pessoa má está dotada de qualidades más; ela se associa como uma pessoa má, ela decide como uma pessoa má, ela aconselha como uma pessoa má, ela fala como uma pessoa má, ela age como uma pessoa má, ela tem opiniões como uma pessoa má, e ela dá presentes como uma pessoa má.

"E como uma pessoa má está dotada de qualidades más? Aqui, uma pessoa má não tem fé, não tem vergonha, não tem medo de fazer o mal; ela é inculta, preguiçosa, esquecida e imprudente. É assim que uma pessoa má está dotada de qualidades más.

"E como uma pessoa má se associa como uma pessoa má? Aqui, uma pessoa má tem como amigos e companheiros aqueles ascetas e brāhmaṇas que não têm fé, não têm vergonha, não têm medo de fazer o mal; que são incultos, preguiçosos, esquecidos e imprudentes. É assim que uma pessoa má se associa como uma pessoa má.

"E como uma pessoa má decide como uma pessoa má? Aqui, uma pessoa má decide em favor de sua própria aflição, da aflição dos outros e da aflição de ambos. É assim que uma pessoa má decide como uma pessoa má.

"E como uma pessoa má aconselha como uma pessoa má? Aqui, uma pessoa má aconselha em favor de sua própria aflição, da aflição dos outros e da aflição de ambos. É assim que uma pessoa má aconselha como uma pessoa má.

"E como uma pessoa má fala como uma pessoa má? Aqui, uma pessoa má fala falsamente, fala divisivamente, fala duramente e se entretém com conversas inúteis. É assim que uma pessoa má fala como uma pessoa má.

"E como uma pessoa má age como uma pessoa má? Aqui, uma pessoa má destrói a vida, toma o que não é dado, e se envolve em má conduta sexual. É assim que uma pessoa má age como uma pessoa má.

"E como uma pessoa má tem opiniões como uma pessoa má? Aqui, uma pessoa má tem uma opinião como esta: "Não há nada dado, nada oferecido, nada sacrificado; não há fruto ou resultado de ações boas e ruins; não há este mundo, não há outro mundo; não há mãe, não há pai; não há seres que renascem espontaneamente; não há ascetas e brāhmaṇas bons e virtuosos no mundo que compreenderam por conhecimento direto e proclamaram este mundo e o outro mundo. É assim que uma pessoa má tem opiniões como uma pessoa má.

"E como uma pessoa má dá presentes como uma pessoa má? Aqui, uma pessoa má dá um presente descuidadamente, não dá com a própria mão, dá sem mostrar respeito, dá o que é para ser descartado, dá com a visão de que nada virá disso. É assim que uma pessoa má dá presentes como uma pessoa má.

"Tal pessoa má – assim dotada de qualidades más, que dessa maneira se associa como uma pessoa má, decide como uma pessoa má, aconselha como uma pessoa má, fala como uma pessoa má, age como uma pessoa má, tem opiniões como uma pessoa má e dá presentes como uma pessoa má – com a dissolução do corpo, após a morte, renasce no destino das pessoas más. E qual é o destino das pessoas más? É o inferno ou o mundo animal...

"Monges, uma pessoa boa está dotada de qualidades boas; ela se associa como uma pessoa boa, ele decide como uma pessoa boa, ela aconselha como uma pessoa boa, ela fala como uma pessoa boa, ela age como uma pessoa boa, ela tem pontos de vista como uma pessoa boa, e ele dá presentes como uma pessoa boa.

"E como uma pessoa boa possui boas qualidades? Aqui uma pessoa boa tem fé, vergonha e medo de fazer o mal; ela é culta, enérgica, consciente e sábia. É assim que uma pessoa boa está dotada de qualidades boas.

"E como uma pessoa boa se associa como uma pessoa boa? Aqui uma pessoa boa tem como seus amigos e companheiros aqueles ascetas e brāhmaṇas que têm fé, vergonha e medo de fazer o mal; que são cultos, energéticos, conscientes e sábios. É assim que uma pessoa boa se associa como uma pessoa boa.

"E como uma pessoa boa decide como uma pessoa boa? Aqui uma pessoa boa não decide em favor de sua própria aflição, da aflição dos outros ou da aflição de ambos. É assim que uma pessoa boa decide como uma pessoa boa.

"E como uma pessoa boa aconselha como uma pessoa boa? Aqui, uma pessoa boa não aconselha em favor de sua própria aflição, da aflição dos outros ou da aflição de ambos. É assim que uma pessoa boa aconselha como uma pessoa boa.

"E como uma pessoa boa fala como uma pessoa boa? Aqui, uma pessoa boa se abstém da fala falsa, da fala divisiva, da fala dura e das conversas inúteis. É assim que uma pessoa boa fala como uma pessoa boa.

"E como uma pessoa boa age como uma pessoa boa? Aqui, uma pessoa boa se abstém da destruição da vida, de tomar o que não é dado e da má conduta sexual. É assim que uma pessoa boa age como uma pessoa boa.

"E como uma pessoa boa tem opiniões como uma pessoa boa? Aqui, uma pessoa boa tem uma opinião como esta: 'Há o que é dado, oferecido e sacrificado; há frutos e resultado de ações boas e ruins; há este mundo e o outro mundo; há mãe e pai; há seres que renascem espontaneamente; há ascetas e brāhmaṇas bons e virtuosos no mundo que compreenderam por conhecimento direto e proclamaram este mundo e o outro mundo'. É assim que uma pessoa boa tem opiniões como uma pessoa boa.

"E como uma pessoa boa dá presentes como uma pessoa boa? Aqui, uma pessoa boa dá um presente com cuidado, dá com a própria mão, dá mostrando respeito, dá um presente valioso, dá com a perspectiva de que algo virá disso. É assim que uma pessoa boa dá presentes como uma pessoa boa.

"Tal pessoa boa – assim dotada de qualidades boas, que dessa maneira se associa como uma pessoa boa, decide como uma pessoa boa, aconselha como uma pessoa boa, fala como uma pessoa boa, age como uma pessoa boa, tem opiniões como uma pessoa boa e dá presentes como uma pessoa boa – com a dissolução do corpo, após a morte, renasce no destino das pessoas boas. E qual é o destino das pessoas boas? É a grandeza entre as deidades ou seres humanos".

(do MN 110, MLDB 892-895)

### 3. As raízes do dano e do benefício para si e para os outros

Um certo andarilho brāhmaṇa se aproximou do Bem-Aventurado e disse-lhe: "Mestre Gotama, é dito assim: 'Um Dhamma diretamente visível, um Dhamma diretamente visível'. De que forma o Dhamma é diretamente visível, imediato, convidando alguém a vir e ver, aplicável, a ser pessoalmente experimentado pelo sábio?"

(1) "Brāhmaṇa, uma pessoa dominada pela avidez almeja sua própria aflição, a aflição dos outros ou a aflição de ambos, e ela experimenta sofrimento mental e descontentamento. Mas quando a avidez é abandonada, ela não almeja sua própria aflição, a aflição dos outros ou a aflição de ambos, e ela não experimenta sofrimento mental e descontentamento. Uma pessoa dominada pela avidez se envolve em má conduta por meio do corpo, da fala e da mente. Mas quando a avidez é abandonada, ela não se envolve em má conduta por meio do corpo, da fala e da mente. Uma pessoa dominada pela avidez não entende como realmente é o seu próprio bem, o bem dos outros ou o bem de ambos. Mas quando a avidez é abandonada, ela entende como realmente é o seu próprio bem, o bem dos outros e o bem de ambos. É assim, brāhmaṇa, que o Dhamma é diretamente visível [...] a ser pessoalmente experimentado pelo sábio.

(2) "Brāhmaṇa, uma pessoa dominada pelo ódio almeja sua própria aflição, a aflição dos outros ou a aflição de ambos, e ela experimenta sofrimento mental e descontentamento. Mas quando o ódio é abandonado, ela não almeja sua própria aflição, a aflição dos outros ou a aflição de ambos, e ela não experimenta sofrimento mental e descontentamento. Uma pessoa dominada pelo ódio se envolve em má conduta por meio do corpo, da fala e da mente. Mas quando o ódio é abandonado, ela não se envolve em má conduta por meio do corpo, da fala e da mente. Uma pessoa dominada pelo ódio não entende como realmente é o seu próprio bem, o bem dos outros ou o bem de ambos. Mas quando o ódio é abandonado, ela entende como realmente é o seu próprio bem, o bem dos outros e o bem de ambos. É assim, brāhmaṇa, que o Dhamma é diretamente visível [...] a ser pessoalmente experimentado pelo sábio.

(3) "Brāhmaṇa, uma pessoa dominada pela ilusão almeja sua própria aflição, a aflição dos outros ou a aflição de ambos, e ela experimenta sofrimento mental e descontentamento. Mas quando a ilusão é abandonada, ela não almeja sua própria aflição, a aflição dos outros ou a aflição de ambos, e ela não experimenta sofrimento mental e descontentamento. Uma pessoa dominada pela ilusão se envolve em má conduta por meio do corpo, da fala e da mente. Mas quando a ilusão é abandonada, ela não se envolve em má conduta por meio do corpo, da fala e da mente. Uma pessoa dominada pela ilusão não entende como realmente é o seu próprio bem, o bem dos outros ou o bem de ambos. Mas quando a ilusão é abandonada, ela entende como realmente é o seu próprio bem, o bem dos outros e o bem de ambos. É assim, brāhmaṇa, que o Dhamma é diretamente visível [...] a ser pessoalmente experimentado pelo sábio.

(AN 3:54, NDB 250-251)

## 4. Quatro tipos de pessoas no mundo

### *(1) O melhor tipo de pessoa*

"Monges, existem estes quatro tipos de pessoas que podem ser encontradas existindo no mundo. Quais quatro? (1) Aquela que não está praticando nem para o seu próprio bem-estar nem para o bem-estar dos outros; (2) aquela que está praticando para o bem-estar dos outros, mas não para o seu próprio bem-estar; (3) aquela que está praticando para o seu próprio bem-estar, mas não para o bem-estar dos outros; e (4) aquela que está praticando tanto para seu próprio bem-estar quanto para o bem-estar dos outros.

"Suponham que um local de cremação estivesse em chamas em ambas as extremidades e manchado com esterco no meio: não poderia ser usado como madeira nem no vilarejo nem na floresta. Assim, lhes digo, é a pessoa que não está praticando nem para o seu próprio bem-estar, nem para o bem-estar dos outros.

"Monges, dentre esses tipos a pessoa que está praticando para o bem-estar dos outros, mas não para seu próprio bem-estar, é a mais excelente e sublime dentre as [primeiras] duas pessoas. A pessoa cuja prática visa a seu próprio bem-estar, mas não ao bem-estar dos outros, é a mais excelente e sublime dentre as [primeiras] três pessoas. A pessoa cuja prática visa tanto a seu próprio bem-estar quanto ao bem-estar dos outros é a principal, a melhor, a preeminente, a suprema, e a melhor dessas quatro pessoas. Assim como de uma vaca vem o leite, do leite vem a coalhada, da coalhada vem a manteiga, da manteiga vem o ghee, e do ghee vem o creme de ghee, que dentre todos é considerado o mais importante, do mesmo modo a pessoa cuja prática visa tanto a seu próprio bem-estar quanto ao bem-estar dos outros é a principal, a melhor, a preeminente, a suprema, e a melhor dessas quatro pessoas.

"Esses são os quatro tipos de pessoas que podem ser encontradas existindo no mundo."

(AN 4:95, NDB 476-477)

### *(2) A remoção da paixão, ódio e ilusão*

"Monges, existem estes quatro tipos de pessoas que podem ser encontradas existindo no mundo. Quais quatro? (1) Aquela que está praticando para o seu próprio bem-estar, mas não para o bem-estar dos outros; (2) aquela que está praticando para o bem-estar dos outros, mas não para o seu próprio bem-estar; (3) aquela que não está praticando nem para o seu próprio bem-estar nem para o bem-estar dos outros; e (4) aquela que está praticando tanto para seu próprio bem-estar quanto para o bem-estar dos outros.

(1) "E como uma pessoa está praticando para o seu próprio bem-estar, mas não para o bem-estar dos outros? Aqui, uma pessoa pratica a fim de remover sua própria paixão, ódio e ilusão, mas não incentiva outras a remover sua paixão, ódio e ilusão. É assim que uma pessoa está praticando para o seu próprio bem-estar, mas não para o bem-estar dos outros.

(2) "E como uma pessoa está praticando para o bem-estar dos outros, mas não para o seu próprio bem-estar? Aqui, uma pessoa incentiva outras a remover sua paixão, ódio e ilusão, mas não pratica para remover sua própria paixão, ódio e ilusão. É assim que uma pessoa está praticando para o bem-estar dos outros, mas não para o seu próprio bem-estar.

(3) "E como uma pessoa está praticando nem para o seu próprio bem-estar nem para o bem-estar dos outros? Aqui, uma pessoa não pratica a fim de remover sua própria paixão, ódio e ilusão, nem incentiva outras a remover sua paixão, ódio e ilusão. É dessa forma que uma pessoa não está praticando nem para o seu próprio bem-estar nem para o bem-estar dos outros.

(4) "E como uma pessoa está praticando tanto para o seu próprio bem-estar quanto para o bem-estar dos outros? Aqui, uma pessoa pratica a fim de remover sua própria paixão, ódio e ilusão, e incentiva outras a remover sua paixão, ódio e ilusão. É dessa forma que uma pessoa está praticando tanto para o seu próprio bem-estar quanto para o bem-estar dos outros.

"Esses, monges, são os quatro tipos de pessoas que podem ser encontradas existindo no mundo."

(AN 4:96, NDB 477-478)

*(3) As cinco regras de treinamento*

"Monges, existem esses quatro tipos de pessoas que podem ser encontradas existindo no mundo. Quais quatro? (1) Aquela que está praticando para o seu próprio bem-estar, mas não para o bem-estar dos outros; (2) aquela que está praticando para o bem-estar dos outros, mas não para o seu próprio bem-estar; (3) aquela que não está praticando nem para o seu próprio bem-estar nem para o bem-estar dos outros; e (4) aquela que está praticando tanto para seu próprio bem-estar quanto para o bem-estar dos outros.

(1) "E como uma pessoa está praticando para o seu próprio bem-estar, mas não para o bem-estar dos outros? Aqui, uma pessoa se abstém da destruição da vida, mas não incentiva outras a se absterem da destruição da vida. Ela própria se abstém de tomar o que não é dado, mas não incentiva outros a se absterem de tomar o que não é dado. Ela própria se abstém de má conduta sexual, mas não incentiva outros a se absterem de má conduta sexual. Ela própria se abstém de um discurso falso, mas não incentiva outros a se absterem de um discurso falso. Ela própria se abstém de bebidas alcoólicas, vinho e intoxicantes, mas não incentiva outros a se absterem deles. É assim que uma pessoa está praticando para o seu próprio bem-estar, mas não para o bem-estar dos outros.

(2) "E como uma pessoa está praticando para o bem-estar dos outros, mas não para o seu próprio bem-estar? Aqui, uma pessoa não se abstém da destruição da vida, mas incentiva outras a se absterem da destruição da vida. [...] Ela não se abstém de bebidas alcoólicas, vinho e intoxicantes, mas incentiva outros a se absterem deles. É assim que uma pessoa está praticando para o bem-estar dos outros, mas não para o seu próprio bem-estar.

(3) "E como uma pessoa está praticando nem para o seu próprio bem-estar nem para o bem-estar dos outros? Aqui, uma pessoa não se abstém da destruição da vida

e não incentiva outras a se absterem da destruição da vida. [...] Ela não se abstém de bebidas alcoólicas, vinho e intoxicantes, e não incentiva outros a se absterem deles. É assim que uma pessoa não está praticando nem para o seu próprio bem-estar nem para o bem-estar dos outros.

(4) "E como uma pessoa está praticando tanto para o seu próprio bem-estar quanto para o bem-estar dos outros? Aqui, uma pessoa se abstém da destruição da vida e incentiva outras a se absterem da destruição da vida.... Ela próprio se abstém de bebidas alcoólicas, vinho e intoxicantes, e incentiva outros a se absterem deles. É assim que uma pessoa está praticando tanto para o seu próprio bem-estar quanto para o bem-estar dos outros.

"Estes, monges, são os quatro tipos de pessoas que podem ser encontradas existindo no mundo."

(AN 4:99, NDB 479-480)

## 5. O monge

"Monges, possuindo cinco qualidades, um monge está praticando tanto para seu próprio bem-estar quanto para o bem-estar dos outros. Quais cinco? (1) Aqui, um monge é ele mesmo bem-sucedido no comportamento virtuoso e incentiva outros a se tornarem bem-sucedidos no comportamento virtuoso; (2) ele próprio é bem-sucedido na concentração e incentiva outros a se tornarem bem sucedidos na concentração; (3) ele próprio é bem-sucedido na sabedoria e incentiva outros a se tornarem bem-sucedidos na sabedoria; (4) ele próprio é bem-sucedido na libertação e incentiva outros a se tornarem bem-sucedidos na libertação; (5) ele próprio é bem-sucedido no conhecimento e na visão da libertação e incentiva outros a se tornarem bem-sucedidos no conhecimento e na visão de libertação. Possuindo essas cinco qualidades, um monge está praticando tanto para seu próprio bem-estar quanto para o bem-estar dos outros."

(AN 5:20, NDB 639-640)

## 6. O seguidor laico

Mahānāma, o sakya, perguntou ao Bem-Aventurado: "De que forma, Bhante, um seguidor laico está praticando para o seu próprio bem-estar e para o bem-estar dos outros?"

(1) "Quando, Mahānāma, um seguidor laico é ele mesmo bem-sucedido na fé e também incentiva outros a serem bem sucedidos na fé; (2) ele próprio é bem-sucedido no comportamento virtuoso e também incentiva outros a serem bem-sucedidos no comportamento virtuoso; (3) ele próprio é bem-sucedido na generosidade e também incentiva outros a serem bem-sucedidos na generosidade; (4) ele próprio quer ver monges e também incentiva outros a verem monges; (5) ele próprio quer ouvir o bom Dhamma e também incentiva outros a ouvirem o bom Dhamma; (6) ele próprio con-

serva em mente os ensinamentos que ouviu e também incentiva outros a conservarem os ensinamentos em mente; (7) ele próprio examina o significado dos ensinamentos que foram conservados na mente e também incentiva outros a examinarem seu significado; (8) ele próprio entende o significado e o Dhamma e, em seguida, pratica de acordo com o Dhamma, e também incentiva outros a praticarem de acordo com o Dhamma. É dessa forma, Mahānāma, que um seguidor laico está praticando para o seu próprio bem-estar e também para o bem-estar dos outros."

(do AN 8:25, NDB 1155)

## 7. Uma grande sabedoria

Um certo monge perguntou ao Bem-Aventurado: "Diz-se, Bhante, 'uma pessoa sábia de grande sabedoria, uma pessoa sábia de grande sabedoria'. De que forma é uma pessoa sábia de grande sabedoria?"

"Aqui, monge, uma pessoa sábia de grande sabedoria não tem por intenção a própria aflição, ou a aflição dos outros, ou a aflição de ambos. Em vez disso, quando ele planeja, ele planeja para o seu próprio bem-estar, o bem-estar dos outros, o bem-estar de ambos, e o bem-estar de todo o mundo. É dessa forma que se é uma pessoa sábia de grande sabedoria."

(do AN 4:186, NDB 555)

# VII
# A COMUNIDADE INTENCIONAL

# Introdução

As comunidades podem ser distinguidas em dois tipos, que podemos chamar de naturais e intencionais. Uma comunidade natural é aquela que emerge espontaneamente dos laços naturais entre as pessoas. Na experiência concreta, a comunidade natural já é dada com o mundo vital no qual estamos incorporados. Não formamos comunidades naturais, mas nos encontramos imersos nelas, mesmo desde o nascimento, tão completamente quanto um peixe está imerso no mar. Nossas vidas estão completamente entrelaçadas com a comunidade natural, da qual nunca podemos nos separar; apenas uma fronteira flutuante e porosa separa o eu pessoal e a comunidade natural. Comunidades intencionais, em contraste, são formadas deliberadamente. Elas reúnem as pessoas sob a bandeira de um propósito compartilhado ou ideais comuns. Elas geralmente estabelecem qualificações para a adesão e são regidas por regras e regulamentos. Elas estão sujeitas a fissuras e devem garantir que seus membros permaneçam leais ao propósito do grupo e se comportem de maneiras que apoiem seu sucesso. Tais comunidades geralmente também estabelecem limites dos quais a transgressão implica expulsão de suas fileiras.

Os princípios que governam uma comunidade intencional eram de particular preocupação para o Buda porque ele foi o fundador de uma ordem monástica que reuniu homens e mulheres sob um compromisso compartilhado com esse ensinamento. Os membros da ordem vieram de diferentes áreas geográficas, nasceram em diferentes castas, tinham ideias e atitudes muito diferentes, e até falavam dialetos diferentes. Ele também foi o guia de uma congregação ainda maior de seguidores laicos espalhados por uma área que se estendia aproximadamente da atual Delhi até Bengala Ocidental. Assim, para o Buda, manter a coesão de sua comunidade era uma tarefa crítica, constantemente desafiada pelas tensões da vida comunitária. Ele previu que, para garantir que seu ensinamento sobrevivesse intacto, era necessário estabelecer regras que prescrevessem padrões uniformes de comportamento e definissem os procedimentos para a condução de assuntos comunitários. Diante das pressões divisivas e até mesmo da rebelião, ele teve que preservar a harmonia e curar conflitos, os quais eclodiram várias vezes no curso de sua carreira de professor.

A parte VII consiste em textos relativos ao estabelecimento e manutenção da comunidade intencional. Embora a maioria dos textos escolhidos faça referência particular à ordem monástica, os propósitos por trás desses princípios não estão necessariamente ligados a um regime monástico. Os princípios propostos podem ser adotados por outras comunidades e modificados de acordo com seus objetivos.

O capítulo começa com uma série de discursos curtos, **Textos VII,1(1)-(5)**, que distinguem cinco tipos opostos de comunidades – a rasa e a profunda, a dividida e a harmoniosa, e assim por diante – exaltando os tipos dignos de comunidade em contraposição aos tipos indignos[1]. **Textos VII,2(1)-(3)** discutem as forças de atração que unem as pessoas em comunidades. O fator geral é declarado em **VII,2(1)**: as pessoas se encontram e se unem "por meio de elementos". Por conta de sua disposição (*adhimutti*), as pessoas se unem com aquelas que partilham de seus interesses e objetivos. As forças da atração dividem novamente as comunidades resultantes em dois tipos: a união ruim, que é como excrementos se fundindo com excrementos ou cuspe com cuspe, e a boa união, que é como leite se fundindo com leite ou mel com mel. **O Texto VII,2(2)** reúne uma série de discursos que especificam os "elementos" a partir dos quais as pessoas se unem, mencionando tanto as qualidades ruins quanto as boas qualidades que unem as pessoas. Em outro discurso não incluído aqui (SN 14:15), o Buda aponta como se reúnem em torno de Sāriputta monges inclinados à sabedoria; os monges inclinados a poderes psíquicos se reúnem em torno de Moggallāna; os interessados na disciplina monástica se reúnem em torno de Upāli; os dispostos às práticas austeras se reúnem em torno de Mahākassapa; e os com desejos malignos se reúnem em torno de Devadatta, o ambicioso primo do Buda.

Um conjunto de princípios para a construção de uma comunidade saudável consiste dos quatro *saṅgahavatthu*, um termo que pode ser traduzido como os "quatro meios de acolher os outros" ou os "quatro meios de atração e apoio". Esses foram inicialmente prescritos como métodos pelos quais um indivíduo poderia construir uma rede de amizades, mas também podem ser utilizados para criar e manter relações harmoniosas dentro de um grupo maior. Os quatro – esboçados no **Texto VII,2(3)** – são doação, fala cativante, conduta benéfica e imparcialidade, a última interpretada de maneira a significar o tratamento dos outros como iguais a si mesmo. Esse conjunto em particular, estranhamente, é mencionado apenas em algumas ocasiões nas escrituras do budismo mais antigo. Eles recebem muito mais atenção nos sūtras e tratados mahāyānas, onde são listados como um dos principais meios que um bodhisattva emprega para atrair outros e transformá-los em uma direção positiva.

Uma vez que uma comunidade intencional tomou forma, fundamental para seu sucesso é a questão da liderança. Durante a vida do Buda, seus seguidores sempre olharam para ele como o padrão de autoridade e, portanto, seu carisma pessoal foi o suficiente para que os discípulos aceitassem suas determinações como certas de serem seguidas. Mas antes de sua morte, o Buda se recusou a nomear um sucessor pessoal, em vez disso, instou seus discípulos a considerar o Dhamma e o Vinaya como professores e padrões de autoridade: "Pode ser, Ānanda, que você pense: 'O

1. Na seção do AN da qual essas passagens foram extraídas, são descritos dez pares de comunidades. Selecionei cinco deles como os mais pertinentes ao tema deste livro.

ensinamento perdeu seu professor. Não temos mais um professor. Você não deve pensar de tal forma. O Dhamma e o Vinaya ensinados e promulgados por mim serão seus professores depois que eu me for"[2]. O **Texto VII,3(1)** enuncia o mesmo princípio. O Venerável Ānanda é perguntado pelo brāhmaṇa Vassakāra, ministro-chefe de Magadha, como os bhikkhus permanecem coesos quando seu professor faleceu. Ānanda responde que, embora o Buda tenha partido, eles não estão sem um refúgio, pois eles ainda têm o Dhamma como seu refúgio.

Como legislador de sua comunidade, o Buda estabeleceu um conjunto detalhado de regras para os monges e monjas, que são minuciosamente descritas e definidas no Vinaya Piṭaka. As regras de treinamento também visavam promover a concórdia e a harmonia, tanto entre monásticos quanto entre os monásticos e a comunidade laica. Isso pode ser visto no **Texto VII,3(2)**, que enumera as dez razões pelas quais o Buda promulga uma regra de treinamento. Duas das dez razões mostram que as regras foram em parte estabelecidas para inspirar a fé naqueles chefes de família sem fé no ensinamento e para fortalecer a fé daqueles devotos laicos que já haviam aceitado o Dhamma.

O Vinaya Piṭaka contém não apenas explicações das regras monásticas individuais, mas também os regulamentos para a realização de atos comunitários. Esses regulamentos também trazem à tona a preocupação do Buda em salvaguardar a harmonia comum. Para que um procedimento comunitário seja válido para uma Sangha que vive em uma determinada localidade, todos os residentes (sejam permanentes ou visitantes) devem estar presentes ou, se não puderem participar diretamente (por exemplo, por doença), devem ter dado seu consentimento para que o procedimento ocorra em sua ausência. As transações são divididas em quatro categorias: aquelas que podem ser autorizadas apenas com base em um pronunciamento; aquelas que requerem uma moção; aquelas que requerem uma moção e uma única proclamação; e aquelas que requerem uma moção e três proclamações. Aqueles atos que requerem um procedimento mais complexo são considerados mais importantes do que aqueles que podem prosseguir com um procedimento mais simples. Assim, um ato de ordenação, pelo qual um novo candidato é admitido na Sangha, é considerado um procedimento importante que requer uma moção e três proclamações, enquanto nomear um monge como distribuidor de refeições requer apenas uma moção e uma proclamação. Durante o procedimento, os membros da comunidade dão seu consentimento permanecendo em silêncio. Todos os presentes são convidados a expressar qualquer objeção durante o processo, e se não houver objeções, a transação é declarada ter ocorrido[3].

Para manter a harmonia na comunidade monástica, o Buda estabeleceu um conjunto de diretrizes conhecidas como os seis princípios da cordialidade (*dhammā sāraṇīyā*), incluídos aqui como Texto **VII,3(3)**. Esses princípios são exaltados como

2. Cf. DN 16.6.1 (LDB 269-270).

3. Para detalhes, consulte Ṭhānissaro Bhikkhu, *O Código Monástico Budista II*, capítulo 12.

"levando ao afeto, respeito, concordância, harmonia, não disputa e unidade". Originalmente destinados à ordem monástica, com modificações adequadas podem ser adotadas por outras comunidades intencionais. Sua ênfase na bondade recíproca, boa conduta e compartilhamento de ganhos faz deles um forte antídoto para o individualismo e o egoísmo que podem dividir as comunidades e dilacerá-las. Em uma interpretação ampliada, onde o texto fala em compartilhar o conteúdo da tigela de alimento, pode-se entender implicitamente a partilha de recursos e a redistribuição social das receitas a fim de eliminar disparidades flagrantes de riqueza. Quando o texto fala de harmonia de opiniões, em uma sociedade pluralista, pode-se interpretar o respeito mútuo e a tolerância entre aqueles que têm opiniões diversas. Dez princípios adicionais de cordialidade, similarmente descritos, mas com um foco mais monástico, estão dispostos no **Texto VII,3(4).**

Como era comum na Índia durante seu tempo, o Buda foi ocasionalmente abordado por líderes da sociedade civil e consultado para conselhos sobre a promoção da coesão dentro de suas próprias comunidades. Em resposta, ele estabeleceu sete princípios destinados a promover a harmonia social. O *locus classicus* para isso é encontrado no **Texto VII,3(5)**, onde ele ensina "sete condições para o não declínio" aos vajjis, uma confederação de repúblicas aristocráticas centrada em torno da próspera cidade de Vesālī. As sete condições tinham por objetivo garantir que os vajjis pudessem suportar os desafios colocados pelas monarquias vizinhas, particularmente o estado de Magadha, cujo rei estava interessado em absorver seu território em seu reino. Por vezes, o Buda tomava diretrizes originalmente destinadas à sociedade civil e, em seguida, com alterações apropriadas, prescrevia-as à ordem monástica. Isso é feito com os sete princípios para o não declínio do **Texto VII,3(6)**, uma versão que se adequa à situação dos monges.

O próximo texto, **VII,3(7)**, trata de um aspecto específico da vida comum, do cuidado com os doentes. Aqui o Buda enumera cinco qualidades desejáveis de um cuidador e cinco qualidades desejáveis de um paciente. Embora pareça estar falando de cuidados com os doentes em um mosteiro, onde os cuidados profissionais de saúde geralmente não estão disponíveis, as mesmas qualidades podem servir como guias para o cuidado de um paciente na vida doméstica.

Como é sabido, a sociedade indiana durante o tempo de Buda era dividida em quatro castas ou *status* sociais, determinadas com base no nascimento. Havia os *khattiyas* (sânscrito *kshatriyas),* a casta aristocrática ou administrativa; os *brāhmaṇas,* a casta sacerdotal; as *vessas* (*vaishyas),* os comerciantes e agricultores; e os suddas (*śūdras*), os trabalhadores servis e outros trabalhadores. Fora do sistema de classe quádruplo havia aqueles sem *status* de casta, conhecidos como párias, pessoas que trabalhavam nas ocupações mais baixas, como coletores de lixo, limpadores de latrinas e atendentes no solo da cremação. Neste capítulo apresento a atitude do Buda em relação à casta dentro da ordem monástica; no último capítulo tratarei da visão budista do *status* de casta na sociedade secular. Dentro da ordem monástica, o Buda considerava o *status* de casta irrelevante. No **Texto VII,4(1)** ele diz que, assim como as águas dos grandes rios indianos, ao chegar ao oceano, abandonam os nomes de seus rios e se tornam conhecidas simplesmente como "água do oceano", assim também as pessoas das quatro castas quando se juntam à Sangha abandonam seu *status* de casta e se tornam conhecidas simplesmente como seguidores do sábio sakya. No **Texto VII,4(2)** ele declara que pessoas com origem em qualquer casta quando entram na vida sem lar podem desenvolver uma mente exaltada de amorosidade e, indo ainda mais longe, podem alcançar o objetivo final, a destruição de todas as impurezas. O **Texto VII,4(3)**, dirigido ao rei Pasenadi, afirma que qualquer um que abandone os cinco obstáculos mentais e atinja as cinco perfeições de um arahant é um campo supremo de mérito, independentemente de sua origem em termos de casta.

O **Texto VII,5** oferece um relato brilhante de um pequeno grupo de monges que viviam juntos em perfeita unidade, misturando-se como leite e água. O segredo do seu sucesso, dizem eles, é que cada um deixa de lado o que quer e considera o que os outros querem. De tal forma, embora sejam diferentes no corpo, eles são um em mente.

Em uma sociedade budista, a harmonia é essencial não apenas dentro da comunidade laica e da ordem monástica enquanto conduzem seus assuntos internos separados, mas também entre as duas comunidades em suas interações mútuas. Assim, a última seção deste capítulo é dedicada à colaboração entre as comunidades monástica e laica. O **Texto VII,6(1)** afirma categoricamente que o ensinamento floresce quando os dois ramos da comunidade budista reconhecem suas obrigações específicas uma com a outra e apoiam uma à outra em um espírito de apreciação compartilhada. Os três suttas seguintes, **Textos VII,6(2)-(4)**, ilustram isso de ambos os pontos de vista, mostrando o caminho adequado para os laicos tratarem os monásticos e monásticos tratarem os laicos. Deve-se ter em mente que os padrões de conduta estabelecidos aqui pressupõem a antiga cultura indiana da qual o budismo surgiu – uma época em que os laicos raramente tinham acesso aos ensinamentos superiores e geralmente estavam preocupados com práticas meritórias que levavam a um renascimento celestial. No mundo de hoje, quando os laicos podem estudar o Dhamma em profundidade e realizar períodos de prática intensiva, mudanças nessas relações específicas se seguirão naturalmente. No entanto, se a harmonia prevalecer entre as duas comunidades, o espírito de respeito e bondade que informa essas relações deve permanecer uma constante.

# VII
# A COMUNIDADE INTENCIONAL

## 1. TIPOS DE COMUNIDADES

### *(1) A rasa e a profunda*

"Monges, existem estes dois tipos de comunidades. Quais dois? A comunidade rasa e a comunidade profunda.

"E o que é a comunidade rasa? A comunidade em que os monges são inquietos, orgulhosos, vaidosos, falantes, divagantes em suas palestras, de vigilância confusa, carente de clara compreensão, desconcentrados, de mentes errantes, de faculdades dos sentidos dispersas: isso é chamado de comunidade rasa.

"E o que é a comunidade profunda? A comunidade em que os monges não são inquietos, orgulhosos, vaidosos, falantes e divagantes em suas palestras, mas estabelecem a vigilância, dispõem de clara compreensão, são concentrados, têm as mentes focadas e as faculdades dos sentidos controladas: isso é chamado de comunidade profunda.

"Esses são os dois tipos de comunidades. Desses dois tipos de comunidades, a comunidade profunda é a mais importante."

(AN 2:42, NDB 161)

### *(2) A dividida e a harmoniosa*

"Monges, existem estes dois tipos de comunidades. Quais dois? A comunidade dividida e a comunidade harmoniosa.

"E o que é a comunidade dividida? A comunidade em que os monges passam a discutir, brigar e se dedicar a disputas, estocando uns aos outros com palavras perfurantes: isso é chamado de comunidade dividida.

"E o que é a comunidade harmoniosa? A comunidade em que os monges habitam em concórdia, harmoniosamente, sem disputas, misturando-se como leite e água, vendo uns aos outros com olhos de afeição: isso é chamado de comunidade harmoniosa.

"Esses são os dois tipos de comunidades. Desses dois tipos de comunidades, a comunidade harmoniosa é a mais importante."

(AN 2:43, NDB 161)

### *(3) A inferior e a superior*

"Monges, existem estes dois tipos de comunidades. Quais dois? A comunidade do inferior e a comunidade do superior.

"E o que é a comunidade do inferior? Neste tipo de comunidade, os monges mais velhos são voltados ao luxo e à displicência, líderes no retrocesso, descartando o dever da solitude; eles não suscitam energia para o alcance do ainda não alcançado, para a realização do ainda não realizado, para a percepção do ainda não percebido. Os da geração que os sucede seguem seu exemplo. Eles também se tornam voltados ao luxo e à displicência, são líderes no retrocesso, descartando o dever da solitude; eles também não suscitam energia para o alcance do ainda não alcançado, para a realização do ainda não realizado, para a percepção do ainda não percebido. Isso é chamado de comunidade do inferior.

"E o que é a comunidade do superior? Aqui, neste tipo de comunidade, os monges mais velhos não são voltados ao luxo e à displicência, mas descartam o retrocesso e assumem a liderança na solitude; eles despertam energia para o alcance do ainda não alcançado, para a realização do ainda não realizado, para a percepção do ainda não percebido. Os da geração que os sucede seguem seu exemplo. Eles também não são voltados ao luxo e à displicência, mas descartam o retrocesso e assumem a liderança na solitude; eles também suscitam energia para o alcance do ainda não alcançado, para a realização do ainda não realizado, para a percepção do ainda não percebido. Isso é chamado de comunidade superior.

"Esses são os dois tipos de comunidades. Desses dois tipos de comunidades, a comunidade do superior é a mais importante."

(AN 2:44, NDB 161-162)

### *(4) A ignóbil e a nobre*

"Monges, existem estes dois tipos de comunidades. Quais dois? A comunidade do nobre e a comunidade do ignóbil.

"E o que é a comunidade do ignóbil? A comunidade em que os monges não entendem como realmente é: 'Isto é sofrimento; esta é a origem do sofrimento; esta é a cessação do sofrimento; este é o caminho que leva à cessação do sofrimento': isso é chamado de comunidade do ignóbil.

"E o que é a comunidade do nobre? A comunidade em que os monges entendem como realmente é: 'Isto é sofrimento; esta é a origem do sofrimento; esta é a cessação do sofrimento; este é o caminho que leva à cessação do sofrimento': isso é chamado de comunidade do nobre.

"Esses são os dois tipos de comunidades. Desses dois tipos de comunidades, a comunidade do nobre é a mais importante."

(AN 2:45, NDB 162-163)

### *(5) A injusta e a justa*

"Monges, existem estes dois tipos de comunidades. Quais dois? A comunidade injusta e a comunidade justa.

"E o que é a comunidade injusta? Aqui, nesta comunidade, atos disciplinares contrários ao Dhamma são decretados e atos disciplinares de acordo com o Dhamma não são decretados; atos disciplinares contrários à disciplina são decretados e atos disciplinares de acordo com a disciplina não são decretados. Atos disciplinares contrários ao Dhamma são apresentados e atos disciplinares de acordo com o Dhamma não são apresentados; atos disciplinares contrários à disciplina são apresentados e atos disciplinares de acordo com a disciplina não são apresentados. Isso é chamado de comunidade injusta. É porque é injusta que nesta comunidade atos disciplinares contrários ao Dhamma são decretados [...] e atos disciplinares de acordo com a disciplina não são apresentados.

"E o que é a comunidade justa? Aqui, nesta comunidade, atos disciplinares que estão de acordo com o Dhamma são decretados e atos disciplinares contrários ao Dhamma não são decretados; atos disciplinares que estejam de acordo com a disciplina são decretados e atos disciplinares contrários à disciplina não são decretados. Atos disciplinares que estão de acordo com o Dhamma são apresentados e atos disciplinares contrários ao Dhamma não são apresentados; atos disciplinares que estão de acordo com a disciplina são apresentados e atos disciplinares contrários à disciplina não são apresentados. Isso é chamado de comunidade justa. É porque é justa que nesta comunidade atos disciplinares que estão de acordo com o Dhamma são decretados [...] e atos disciplinares contrários à disciplina não são apresentados.

"Esses são os dois tipos de comunidades. Desses dois tipos de comunidades, a comunidade justa é a mais importante."

(AN 2:49, NDB 165-166)

## 2. A FORMAÇÃO DA COMUNIDADE

### *(1) Como os seres se encontram e se unem*

"Monges, é por meio de elementos que os seres se reúnem e se unem: aqueles de baixo temperamento se encontram e se unem com aqueles de baixo temperamento. No passado eles fizeram isso, no futuro eles irão fazê-lo, e agora no presente eles fazem isso também. Assim como o excremento se reúne e se une com excremento, urina com urina, cuspe com cuspe, pus com pus, e sangue com sangue, do mesmo modo é por meio de elementos que os seres se encontram e se unem: aqueles de baixo temperamento se reúnem e se unem com aqueles de baixo temperamento. No passado eles fizeram isso, no futuro eles irão fazê-lo, e agora no presente eles fazem isso também.

"Monges, é por meio de elementos que os seres se reúnem e se unem: aqueles de bom temperamento se encontram e se unem com aqueles de bom temperamento. No passado eles fizeram isso, no futuro eles irão fazê-lo, e agora no presente eles fazem isso também. Assim como o leite se reúne e se une com leite, óleo com óleo, ghee com ghee, mel com mel, e melaço com melaço, do mesmo modo, monges, é por meio de elementos que os seres se encontram e se unem: aqueles de bom temperamento se encontram e se unem com aqueles de bom temperamento. No passado eles fizeram isso, no futuro eles irão fazê-lo, e agora no presente eles fazem isso também."

(SN 14:16, CDB 640)

## *(2) Semelhante atrai semelhante*

"Monges, é por meio de elementos que os seres se reúnem e se unem. Aqueles que não têm fé se encontram e se unem com aqueles que não têm fé, os desavergonhados com os desavergonhados, aqueles sem medo da ação errônea com aqueles sem medo da ação errônea, os sem instrução com os sem instrução, os preguiçosos com os preguiçosos, os confusos com os confusos, os imprudentes com os imprudentes. No passado foi assim; no futuro será assim; e agora também no presente é assim.

"Monges, é por meio de elementos que os seres se encontram e se unem. Aqueles que têm fé se reúnem e se unem com aqueles que têm fé, aqueles que têm um senso de vergonha com aqueles que têm um senso de vergonha, aqueles que têm medo de agir erroneamente com aqueles que têm medo de agir erroneamente, os instruídos com os instruídos, os enérgicos com os enérgicos, os conscientes com os conscientes, os sábios com os sábios. No passado foi assim; no futuro será assim; e agora também no presente é assim.

"Aqueles que destroem a vida se encontram e se unem com aqueles que destroem a vida; aqueles que tomam o que não é dado [...] que se envolvem na má conduta sexual [...] que falam falsidades [...] que se entregam ao vinho, licor e intoxicantes se encontram e se unem com aqueles que se entregam aos intoxicantes.

"Aqueles que se abstêm da destruição da vida se reúnem e se unem com aqueles que se abstêm da destruição da vida; aqueles que se abstêm de tomar o que não é dado [...] da má conduta sexual... da fala falsa... de vinho, licor e intoxicantes se encontram e se unem com aqueles que se abstêm de intoxicantes."

"Aqueles de entendimento errôneo se reúnem e se unem com aqueles de entendimento errôneo; aqueles de intenção errônea... fala errônea... ação errônea... meios de subsistência errôneos... esforço errôneo... vigilância errônea... concentração errônea se encontram e se unem com aqueles de concentração errônea.

"Aqueles de entendimento correto se encontram e se unem com aqueles de entendimento correto; aqueles de intenção correta... fala correta... ação correta... meios de subsistência corretos... esforço correto... vigilância correta... concentração correta se encontram e se unem com aqueles de concentração correta."

(SN 14:17, 14:25, 14:28; CDB 641, 644, 645)

### *(3) Quatro meios de acolher os outros*

"Monges, há esses quatro meios de acolher os outros. Quais quatro? Doação, fala cativante, conduta beneficente e imparcialidade. Esses são os quatro meios de acolher os outros."

Doação, discurso cativante,
conduta beneficente e imparcialidade
sob diversas condições mundanas,
tal como é adequado para se encaixar em cada caso:
esses meios de acolher os outros
são como o eixo de uma carruagem que se move.

Se não houvesse tal meio de acolher os outros,
nem mãe nem pai
seriam capazes de obter estima
e veneração de seu filho.

Mas esses meios de acolher existem,
e, portanto, os sábios os respeitam;
assim eles alcançam a grandeza
e são grandemente elogiados.

(AN 4:32, NDB 419-420)

## 3. A COMUNIDADE SUSTENTÁVEL

### *(1) O padrão de autoridade*

O brāhmaṇa Vassakāra, ministro-chefe de Magadha, perguntou ao Venerável Ānanda: "Existe, Mestre Ānanda, qualquer monge específico que foi nomeado pelo Buda assim: 'Ele será seu refúgio quando eu me for', e a quem agora vocês recorrem?"[4]

---

4. Esta conversa obviamente ocorre após a morte de Buda. O brāhmaṇa Vassakāra foi o ministro-chefe do rei Ajātasattu de Magadha. Talvez ele tenha perguntado a Ānanda a respeito da administração da ordem monástica pois ele estava ciente da intensa violência que tinha lugar no caso do direito ao trono. Ajātasattu fez com que seu pai fosse executado a fim de alcançar a posição de rei, e ele, por sua vez, foi morto por seu próprio filho.

"Não há um monge específico que foi nomeado pelo Bem-Aventurado assim: 'Ele será seu refúgio quando eu me for', e a quem agora recorremos".

"Mas existe, Mestre Ānanda, qualquer monge específico que foi escolhido pela Sangha e nomeado por um número de monges mais velhos assim: 'Ele será nosso refúgio quando o Bem-Aventurado se for', e a quem agora vocês recorrem?"

"Não há um monge específico que tenha sido escolhido pela Sangha e nomeado por vários monges mais velhos assim: 'Ele será nosso refúgio depois que o Bem--Aventurado se foi', e a quem agora recorremos."

"Mas se vocês não têm refúgio, Mestre Ānanda, qual é a causa para sua concórdia?"

"Não estamos sem refúgio, brāhmaṇa. Temos um refúgio; temos o Dhamma como nosso refúgio."

"Você diz, Mestre Ānanda, que vocês têm o Dhamma como seu refúgio. Como isso deve ser entendido?"

"Brāhmaṇa, o Bem-Aventurado prescreveu o curso de treinamento para monges e estabeleceu o Pātimokkha. Nos dias de *uposatha*[5], como muitos de nós vivem na dependência de um único distrito do vilarejo, reunimo-nos em uníssono, e quando nos encontramos pedimos a quem conheça o Pātimokkha para recitá-lo. Se um monge se lembra de uma ofensa ou transgressão enquanto o Pātimokkha está sendo recitado, lidamos com ela de acordo com o Dhamma da maneira como fomos instruídos. Não são os valorosos que lidam conosco; é o Dhamma que lida conosco."

(MN 108, MLDB 892-895)

### *(2) As razões para as regras de treinamento*

O Venerável Upāli se aproximou do Bem-Aventurado, fez-lhe a devida reverência, sentou-se a um lado, e disse-lhe: "Bhante, baseado em quantos fundamentos o Tathāgata prescreveu as regras de treinamento para seus discípulos e recitou o Pātimokkha?"

"Upāli, com base em dez fundamentos que o Tathāgata prescreveu as regras de treinamento para seus discípulos e recitou o Pātimokkha. Quais dez? (1) Para o bem--estar da Sangha; (2) para o conforto da Sangha; (3) para refrear as pessoas inquietas e teimosas; (4) para que monges bem comportados possam viver confortavelmente; (5) para a contenção dos influxos relativos a esta vida presente; (6) para a dissipação dos influxos relativos às vidas futuras; (7) para que os sem fé possam ganhar fé; e (8) para aumentar a fé dos crentes; (9) para a continuação do bom Dhamma; e (10) para promover a disciplina. Foi com base nesses dez fundamentos que o Tathāgata prescreveu as regras de treinamento para seus discípulos e recitou o Pātimokkha."

(AN 20:31, NDB 1387)

5. O *uposatha*, os dias de lua cheia e de lua nova, quando monásticos se reúnem para recitar o Pātimokkha, o código monástico, e os laicos muitas vezes tomam preceitos extras.

### *(3) Seis princípios de cordialidade*

"Monges, existem estes seis princípios de cordialidade que criam afeição e respeito, e conduzem à coesão, não disputa, concórdia e unidade. Quais seis?

(1) "Aqui, um monge mantém atos corporais de amorosidade em relação aos seus companheiros monges, aberta e privadamente. Esse é um princípio de cordialidade que cria afeição e respeito, e conduz à coesão, à não disputa, à concórdia e à unidade.

(2) "Novamente, um monge mantém atos verbais de amorosidade em relação aos seus companheiros monges, aberta e privadamente. Esse, também, é um princípio de cordialidade que cria afeição e respeito [...]

(3) "Novamente, um monge mantém atos mentais de amorosidade em relação aos seus companheiros monges, aberta e privadamente. Esse, também, é um princípio de cordialidade que cria afeição e respeito [...]

(4) "Novamente, um monge compartilha sem reservas quaisquer ganhos justos que foram obtidos corretamente, incluindo até mesmo o conteúdo de sua tigela de alimento, e usa tais coisas em comum com seus virtuosos companheiros monges. Esse, também, é um princípio de cordialidade que cria afeição e respeito [...]

(5) "Novamente, um monge vive, aberta e privadamente, possuindo em comum com seus companheiros monges o comportamento virtuoso que é intacto, desprovido de falhas, impecável, sem manchas, libertador, elogiado pelo sábio, sem apego, levando à concentração. Esse, também, é um princípio de cordialidade que cria afeição e respeito [...]

(6) "Novamente, um monge vive, aberta e privadamente, possuindo em comum com seus companheiros monges um entendimento nobre e emancipador, que leva, para quem age a partir dele, à completa destruição do sofrimento. Esse, também, é um princípio de cordialidade que cria afeição e respeito [...]

"Esses, monges, são os seis princípios de cordialidade que criam afeição e respeito, e conduzem à coesão, não disputa, concórdia e unidade."

(AN 6:12, NDB 866-867; ver MN 48, MLDB 420-421)

### *(4) Dez princípios de cordialidade*

Em uma ocasião, vários monges se reuniram no salão da assembleia e estavam sentados juntos quando começaram a discutir e brigar, acabando em disputa e estocando uns aos outros com palavras perfurantes. Então, à noite, o Bem-Aventurado emergiu da reclusão e foi para o salão da assembleia, onde se sentou no assento preparado. O Bem-Aventurado, então, dirigiu-se aos monges: "Monges, em que discussão vocês estavam envolvidos agora enquanto estavam sentados juntos aqui? Qual foi a conversa que estava em andamento?"

"Aqui, Bhante, depois de nossa refeição, ao retornar de nossa ronda para pedir alimento, nos reunimos na sala de reuniões e estávamos sentados juntos quando começamos a discutir e brigar, acabando em disputa e estocando uns aos outros com palavras perfurantes."

"Monges, não é adequado para vocês, homens de clã, que saíram por causa da fé da vida no lar para a vida sem lar, discutir e brigar e acabar em disputa, estocando uns aos outros com palavras perfurantes.

"Existem, monges, estes dez princípios de cordialidade que criam afeição e respeito, e conduzem à coesão, não disputa, concórdia e unidade. Quais dez?

(1) "Aqui, um monge é virtuoso; ele vive contrito no Pātimokkha, dispõe de boa conduta no local apropriado, vendo perigo nas pequenas falhas. Tendo seguido as regras de treinamento, ele se treina nelas. Uma vez que um monge é virtuoso [...] esse é um princípio de cordialidade que cria afeição e respeito, e conduz à coesão, à não disputa, à concórdia e à unidade.

(2) "Novamente, um monge aprendeu muito, lembra-se do que aprendeu e acumula o que aprendeu. Aqueles ensinamentos que são bons no início, bons no meio e bons no fim, com o significado e a expressão corretos, que proclamam a vida espiritual perfeitamente completa e pura – ensinamentos como esses que ele aprendeu muito, conservou em mente, recitou verbalmente, investigou mentalmente e penetrou bem por força do entendimento. Uma vez que um monge aprendeu muito [...] esse é um princípio de cordialidade que cria afeição e respeito, e conduz à coesão, à não disputa, à concórdia e à unidade.

(3) "Novamente, um monge tem bons amigos, bons companheiros, bons camaradas. Uma vez que um monge tem bons amigos [...] esse é um princípio de cordialidade que cria afeição e respeito, e conduz à coesão, à não disputa, à concórdia e à unidade.

(4) "Novamente, um monge é fácil de corrigir e possui qualidades que o tornam fácil de corrigir; ele é paciente e recebe instruções respeitosamente. Uma vez que um monge é fácil de corrigir [...] esse é um princípio de cordialidade que cria afeição e respeito, e conduz à coesão, à não disputa, à concórdia e à unidade.

(5) "Novamente, um monge é hábil e diligente em cumprir com as diversas tarefas que devem ser feitas por seus companheiros monges; ele dispõe de investigação apropriada, e ele é capaz de realizar e organizar tudo corretamente. Uma vez que um monge é hábil e diligente [...] esse é um princípio de cordialidade que cria afeição e respeito, e conduz à coesão, não disputa, concórdia e unidade.

(6) "Novamente, um monge ama o Dhamma e é agradável em suas afirmações, cheio de uma alegria elevada relativa ao Dhamma e à disciplina. Uma vez que um monge ama o Dhamma [...] esse é um princípio de cordialidade que cria afeição e respeito, e conduz à coesão, não disputa, concórdia e unidade.

(7) "Novamente, um monge despertou energia para abandonar qualidades prejudiciais e adquirir qualidades saudáveis; ele é forte, firme no esforço, não rejeitando o dever de cultivar qualidades saudáveis. Uma vez que um monge despertou energia [...] esse é um princípio de cordialidade que cria afeição e respeito, e conduz à coesão, à não disputa, à concórdia e à unidade.

(8) "Novamente, um monge se contenta com qualquer tipo de manto, alimento recebido, hospedagem, medicamentos e provisões para os doentes. Uma vez que um monge se contenta com qualquer tipo de manto [...] esse é um princípio de cordialidade que cria afeição e respeito, e conduz à coesão, à não disputa, à concórdia e à unidade.

(9) "Novamente, um monge está vigilante, possuindo suprema vigilância e mente alerta, alguém que se lembra e recorda do que foi feito e dito há muito tempo. Uma vez que um monge está vigilante [...] esse é um princípio de cordialidade que cria afeição e respeito, e conduz à coesão, à não disputa, à concórdia e à unidade.

(10) "Novamente, um monge é sábio; ele dispõe da sabedoria que discerne o surgimento e o desaparecimento, que é nobre e penetrante, e leva à completa destruição do sofrimento. Uma vez que um monge é sábio [...] esse é um princípio de cordialidade que cria afeição e respeito, e conduz à coesão, à não disputa, à concórdia e à unidade.

"Esses, monges, são os dez princípios de cordialidade que criam afeição e respeito, e conduzem à coesão, à não disputa, à concórdia e à unidade."

(AN 10:50, NDB 1399-1401)

### *(5) Sete condições para a harmonia social*

Em uma ocasião, o Bem-Aventurado residia em Vesālī no Santuário Sārandada. Então, um número de licchavis se aproximou do Bem-Aventurado, fez-lhe a devida reverência, e sentou-se a um lado. O Bem-Aventurado lhes disse assim: "Vou ensiná-los, licchavis, sete princípios para o não declínio. Ouçam e prestem cuidadosa atenção. Eu falarei".

"Sim, Bhante", responderam os licchavis. O Bem-Aventurado disse o seguinte: "E quais, licchavis, são os sete princípios para o não declínio?

(1) "Licchavis, enquanto os vajjis se reunirem com frequência e realizarem assembleias frequentes, deles apenas o crescimento é esperado, não o declínio.

(2) "Enquanto os vajjis se reunirem em harmonia, adiarem em harmonia e conduzirem os negócios dos vajjis em harmonia, deles apenas o crescimento é esperado, não o declínio.

(3) "Enquanto os vajjis não decretarem nada que não tenha sido decretado ou abolirem qualquer coisa que já tenha sido decretada, mas empreenderem e seguirem os antigos princípios vajjis como foram decretados, deles apenas o crescimento é esperado, não o declínio.

(4) "Enquanto os vajjis honrarem, respeitarem, estimarem e venerarem os anciãos vajjis e considerarem que eles devem ser cuidados, deles apenas o crescimento é esperado, não o declínio.

(5) "Enquanto os vajjis não raptarem mulheres e meninas de suas famílias e as forçarem a viver com eles, deles apenas o crescimento é esperado, não o declínio.

(6) "Enquanto os vajjis honrarem, respeitarem, estimarem e venerarem seus santuários tradicionais, tanto aqueles localizados dentro da cidade quanto os localizados do lado de fora, e não negligenciarem as oblações justas tal como eram oferecidas e feitas no passado, deles apenas o crescimento é esperado, não o declínio.

(7) "Enquanto os vajjis fornecerem proteção justa, abrigo e guarda para os arahants, para que os arahants que ainda não vieram possam lá chegar, e aqueles arahants que já vieram possam lá ficar à vontade, deles apenas o crescimento é esperado, não o declínio.

"Licchavis, enquanto esses sete princípios para o não declínio permanecerem entre os vajjis, e os vajjis forem vistos orientados por eles, deles apenas o crescimento é esperado, não o declínio."

(AN 7:21, NDB 1009-1010)

## *(6) Sete condições para a harmonia monástica*

O Bem-Aventurado disse aos monges: "Monges, ensinarei a vocês sete princípios para o não declínio. Ouçam e prestem cuidadosa atenção. Eu falarei".

"Sim, Bhante", responderam os monges. O Bem-Aventurado disse o seguinte: "E quais, monges, são os sete princípios para o não declínio?

(1) "Enquanto os monges se reunirem com frequência e realizam assembleias frequentes, deles apenas o crescimento é esperado para eles, não o declínio.

(2) "Enquanto os monges se reunirem em harmonia, adiarem em harmonia e conduzirem os negócios da Sangha em harmonia, deles apenas o crescimento é esperado, não o declínio.

(3) "Enquanto os monges não decretarem nada que não tenha sido decretado ou abolirem qualquer coisa que já tenha sido decretada, mas empreenderem e seguirem as regras de treinamento como foram decretadas, deles apenas o crescimento é esperado, não o declínio.

(4) "Enquanto os monges honrarem, respeitarem, estimarem e venerarem aqueles monges que são anciãos, de longa data, que há muito tempo abandonaram a vida no lar, pais e guias da Sangha, e considerarem que eles devem ser cuidados, deles apenas o crescimento é esperado, não o declínio.

(5) "Enquanto os monges não estiverem sob o controle do desejo que leva à existência renovada, deles apenas o crescimento é esperado, não o declínio.

(6) "Enquanto os monges estiverem interessados nos alojamentos florestais, deles apenas o crescimento é esperado, não o declínio.

(7) "Enquanto os monges estabelecerem individualmente a vigilância para que os companheiros monges bem comportados que ainda não vieram possam chegar, e aqueles bem comportados companheiros monges que já vieram possam lá viver à vontade, deles o crescimento é esperado, não o declínio.

"Monges, enquanto esses sete princípios para o não declínio permanecerem entre os monges, e os monges forem vistos orientados por eles, deles apenas o crescimento é esperado, não o declínio."

(AN 7:23, NDB 1013-1014)

### *(7) Cuidado com os doentes*

"Monges, possuindo cinco qualidades, um acompanhante é qualificado para cuidar de um paciente. Quais cinco? (1) Ele é capaz de preparar o medicamento. (2) Ele sabe o que é benéfico e prejudicial, de modo que ele retém o que é prejudicial e oferece o que é benéfico. (3) Ele cuida do paciente com uma mente de amorosidade, não por uma questão de recompensas materiais. (4) Ele não se sente enojado por ter de remover fezes, urina, vômito ou saliva. (5) Ele é capaz de instruir, incentivar, inspirar e alegrar o paciente com uma palestra de Dhamma. Possuindo essas cinco qualidades, um acompanhante é qualificado para cuidar de um paciente.

"Possuindo outras cinco qualidades, um paciente torna-se fácil de ser cuidado. Quais cinco? (1) Ele faz o que é benéfico. (2) Ele observa a moderação no que é benéfico. (3) Ele toma o remédio. (4) Ele revela com precisão seus sintomas para seu acompanhante bondoso; ele relata, como necessário ao caso, se sua condição está piorando, melhorando ou permanecendo a mesma. (5) Ele pode suportar pacientemente sensações corporais dolorosas, sofridas, afiadas, penetrantes, angustiantes, desagradáveis, capazes de drenar a vitalidade de alguém. Possuindo essas cinco qualidades, um paciente torna-se fácil de ser cuidado."

(AN 5:123-124 combinado, NDB 741-742)

## 4. A CASTA É IRRELEVANTE

### *(1) Fundindo-se como os rios no oceano*

"Assim como quando os grandes rios – o Ganges, o Yamunā, o Aciravatī, o Sarabhū e o Mahī – alcançam o grande oceano, abandonam seus antigos nomes e designações e são simplesmente chamados de grande oceano, do mesmo modo quando membros das quatro castas – khattiyas, brāhmaṇas, vessas e suddas –[6] seguem da vida no lar para vida sem lar no Dhamma e na disciplina proclamada pelo Tathāgata, eles abandonam seus antigos nomes e clãs e são simplesmente chamados de ascetas seguindo o filho dos sakyas."

(do AN 8:19, NDB 1144; Ud 5.5)

6. Mais conhecidos pelos termos sânscritos *kshatriya*, *brāhmaṇa*, *vaishya* e *śūdra*.

## *(2) Todos podem realizar o objetivo mais alto*

"Suponham que houvesse uma lagoa com águas claras, agradáveis e refrescantes, que fosse transparente, com margens suaves e deliciosas. Se um homem, queimado e exausto pelo tempo quente, cansado, seco e sedento, viesse do leste, do oeste, do norte, do sul, ou de onde vocês quisessem, tendo chegado ao lago ele saciaria sua sede e sua insolação. Do mesmo modo, lhes digo, se qualquer um de um clã de khattiyas seguir da vida no lar para a vida sem lar, ou de um clã de brāhmaṇas, ou de um clã de vessas, ou de um clã de suddas, e depois de encontrar o Dhamma e a disciplina proclamados pelos Tathāgata, ele desenvolver a amorosidade, a compaixão, a alegria altruística e a equanimidade, e assim obtiver a paz interna, então por causa dessa paz interna ele praticará o caminho adequado para o asceta.

"Monges, se alguém de um clã de khattiyas seguir da vida no lar para a vida sem lar, ou de um clã de brāhmaṇas, ou de um clã de vessas, ou de um clã de suddas, e por meio da própria compreensão, com conhecimento direto, ele aqui e agora entrar e viver na libertação da mente, libertação pela sabedoria, que é livre de influxos por meio da destruição dos influxos, e então ele é um asceta por causa da destruição dos influxos."

(do MN 40, MLDB 374-75)

## *(3) Os critérios do valor espiritual*

[O Buda está questionando o rei Pasenadi:] "O que você acha, grande rei? Suponha que você estivesse em guerra, uma batalha estivesse prestes a acontecer, e um jovem khattiya se aproximasse, uma pessoa sem treinamento, sem habilidades, sem prática, inexperiente, tímida, petrificada, assustada, pronta para fugir. Você convocaria esse homem?" – "Certamente que não, Bhante".

"Então digamos que um jovem brāhmaṇa se aproximasse [...] um jovem vessa [...] um jovem sudda [...] sem treinamento [...] pronta para fugir. Você convocaria esse homem, ele lhe seria de alguma serventia?" – "Certamente que não, venerável senhor".

"O que você acha, grande rei? Suponha que você estivesse em guerra, uma batalha estivesse prestes a acontecer, e um jovem khattiya se aproximasse, uma pessoa treinada, habilidosa, com prática, experiente, aguerrida, corajosa, ousada, pronta para manter sua posição. Você convocaria esse homem?" – "Sim, Bhante".

"Então digamos que um jovem brāhmaṇa se aproximasse [...] um jovem vessa [...] um jovem sudda [...] treinado [...] pronto para manter sua posição. Você convocaria esse homem?" – "Sim, Bhante".

"Do mesmo modo, grande rei, quando uma pessoa deixou a vida no lar pela vida sem lar, não importando de que clã, se ele abandonou cinco fatores e possui cinco fatores, então o que lhe é dado é de grande fruto. Que cinco fatores foram abandonados? Desejo sensorial, má vontade, torpor e sonolência, inquietação e remorso, e dúvida. Que cinco fatores ele possui? Ele possui o agregado da virtude para além do treinamento, o agregado da concentração para além do treinamento, o agregado da sabedoria para além do treinamento, o agregado da libertação para além do treinamento, o agregado do conhecimento e visão da libertação para além do treinamento. Assim, o que é dado a quem abandonou cinco fatores e que possui cinco fatores é de grande fruto.

Como um rei com a intenção de travar uma guerra
Empregaria um jovem qualificado com o arco,
Alguém dotado de força e vigor,
Mas não o covarde, por causa de seu nascimento –
Então, mesmo que ele seja de baixo nascimento,
Deve-se honrar a pessoa de conduta nobre,
O homem sábio em que estão estabelecidas
As virtudes da paciência e da gentileza.

(do SN 3:24; CDB 190-191)

## 5. Um modelo de harmonia monástica

Em uma ocasião em que os Veneráveis Anuruddha, Nandiya e Kimbila viviam na Floresta de Gosinga de árvores sāla, o Bem-Aventurado foi visitá-los. Quando souberam que ele tinha chegado, os três foram encontrar o Bem-Aventurado. Um pegou sua tigela e o manto externo, outro preparou um assento, e o terceiro colocou água para lavar os pés. O Bem-Aventurado sentou-se no assento preparado e lavou os pés. Então aqueles três veneráveis fizeram a devida reverência ao Bem-Aventurado e sentaram-se a um lado. Quando se encontravam sentados, o Bem-Aventurado lhes disse: "Espero que todos estejam se mantendo bem, Anuruddha. Espero que todos vocês estejam confortáveis e não tenham problemas em receber o alimento".

"Estamos nos mantendo bem, Bem-Aventurado, estamos confortáveis, e não estamos tendo problemas em receber o alimento".

"Espero, Anuruddha, que todos estejam vivendo em concórdia, com apreciação mútua, sem disputas, misturando-se como leite e água, vendo uns aos outros com olhos gentis".

"Certamente, Bhante, estamos vivendo em concórdia, com apreciação mútua, sem disputas, misturando-nos como leite e água, vendo uns aos outros com olhos gentis".

"Mas, Anuruddha, como vocês vivem assim?"

"Bhante, quanto a isso, penso: 'É um ganho para mim, é um grande ganho para mim, que eu esteja vivendo com tais companheiros na vida santa'. Eu mantenho atos corporais de amorosidade para com aqueles veneráveis tanto aberta quanto privadamente; eu mantenho atos verbais de amorosidade para com eles tanto aberta quanto privadamente; eu mantenho atos mentais de amorosidade para com eles tanto aberta quanto privadamente. Eu reflito: 'Por que eu não deveria deixar de lado o que eu desejo fazer e fazer o que eles querem fazer?' Então eu deixo de lado o que eu desejo fazer e faço o que eles querem fazer. Somos diferentes no corpo, mas um em mente. É desse modo, Bhante, que vivemos em concórdia, com apreciação mútua, sem disputas, misturando-nos como leite e água, vendo uns aos outros com olhos gentis".

"Bom, bom! Espero que todos vocês se conservem diligentes, ardentes e resolutos."

"Certamente, Bhante, nós nos conservamos diligentes, ardentes e resolutos."

"Mas, Anuruddha, como vocês se conservam assim?"

"Bhante, quanto a isso, qualquer um de nós que retorna primeiro do vilarejo com o alimento prepara os assentos, prepara a água para beber e para lavar e coloca o balde de refugos em seu lugar. Quem dentre nós retornar por último come o alimento restante, se ele quiser; caso contrário, ele o dispensa onde não há vegetação ou joga em água onde não há vida. Ele guarda os assentos e a água de beber e de lavar. Ele guarda o balde de refugos depois de lavá-lo e ele varre o refeitório. Quem nota que as jarras de água de beber ou lavar ou a latrina estão baixos ou vazios cuida deles. Se ele sente que estão muito pesados, ele chama outra pessoa com um aceno e eles os movem unindo forças, mas por causa disso nós não quebramos o silêncio. A cada cinco dias sentamos juntos a noite toda e discutimos o Dhamma. É assim que nos conservamos diligentes, ardentes e resolutos.

(do MN 31, MLDB 301-302)

## 6. Monásticos e laicos

### *(1) Apoio mútuo*

"Monges, chefes de família são muito úteis para vocês. Eles lhes fornecem os requisitos de mantos, alimento, alojamentos e medicamentos em tempo de doença. E vocês, monges, são muito úteis para os chefes de família, à medida que vocês ensinam a eles o Dhamma que é bom no início, no meio e no fim, com o significado e a expressão corretos, e vocês proclamam a vida espiritual em sua realização e pureza completa. Assim, monges, esta vida espiritual é vivida com apoio mútuo com o propósito de atravessar a inundação e dar um fim completo no sofrimento."

(It §107)

### *(2) Um visitante de famílias*

"Monges, possuindo cinco qualidades, um monge que é um visitante de famílias é incômodo e desagradável para elas e não é respeitado nem estimado por elas. Quais cinco? (1) Ele presume intimidade a partir de mero contato; (2) ele distribui coisas que não possui; (3) ele se associa para a criação de divisões; (4) ele sussurra no ouvido; e (5) ele faz pedidos excessivos. Possuindo essas cinco qualidades, um monge que é um visitante de famílias é incômodo e desagradável para elas e não é respeitado nem estimado por elas.

"Monges, possuindo cinco outras qualidades, um monge que é um visitante de famílias é aprazível e agradável para elas e é respeitado e estimado por elas. Quais cinco? (1) Ele não presume intimidade a partir de mero contato; (2) ele não distribui coisas que não possui; (3) ele não se associa para a criação de divisões; (4) ele não sussurra no ouvido; e (5) ele não faz pedidos excessivos. Possuindo essas cinco qualidades, um monge que é um visitante de famílias é aprazível e agradável para elas e é respeitado e estimado por elas."

(AN 5:111, NDB 736)

### *(3) Mostrando compaixão aos laicos*

"Monges, possuindo cinco qualidades, um monge residente mostra compaixão aos laicos. Quais cinco? (1) Ele os incentiva em relação ao comportamento virtuoso. (2) Ele os pacifica no entendimento do Dhamma. (3) Quando estão doentes, ele se aproxima deles e os lembra de estabelecer a vigilância em relação aos arahants. (4) Quando uma grande companhia de monges chega, incluindo monges de várias regiões, ele se aproxima dos laicos e os informa: 'Amigos, uma grande companhia de monges chegou, incluindo monges de várias regiões. Adquiram mérito. É uma ocasião para adquirir mérito'. (5) Ele próprio come qualquer alimento que lhe dão, seja grosseiro ou excelente; ele não desperdiça o que foi dado por fé. Possuindo essas cinco qualidades, um monge residente mostra compaixão aos laicos."

(AN 5:235, NDB 832)

### *(4) Famílias das quais vale a pena se aproximar*

"Monges, possuindo nove fatores, uma família da qual vocês ainda não se aproximaram não vale a aproximação, ou uma família que foi abordada não vale sentar-se com ela. Quais nove? (1) Essas famílias não se levantam de forma agradável. (2) Essas famílias não fazem a devida reverência de forma agradável. (3) Essas famílias não oferecem um lugar onde se sentar de forma agradável. (4) Essas famílias escondem o que têm. (5) Mesmo quando essas famílias têm muito, elas dão pouco. (6) Mesmo quando essas famílias têm coisas excelentes, elas doam coisas grosseiras. (7) Essas famílias doam sem respeito, não respeitosamente. (8) Essas famílias não se sentam próximas para ouvir o Dhamma. (9) Elas não saboreiam o sabor das palavras. Possuindo esses nove fatores, uma família da qual vocês ainda não se aproximaram não vale a aproximação, ou uma família que foi abordada não vale sentar-se com ela.

"Monges, possuindo nove fatores, uma família da qual vocês ainda não se aproximaram vale a aproximação, ou uma família que foi abordada vale sentar-se com ela. Quais nove? (1) Essas famílias se levantam de forma agradável. (2) Essas famílias fazem a devida reverência de forma agradável. (3) Essas famílias oferecem um assento de forma agradável. (4) Essas famílias não escondem o que têm. (5) Quando essas famílias têm muito, elas dão muito. (6) Quando essas famílias têm coisas excelentes, elas dão coisas excelentes. (7) Essas famílias doam respeitosamente, não sem respeito. (8) Essas famílias se sentam perto para ouvir o Dhamma. (9) Essas famílias saboreiam o sabor das palavras. Possuindo esses nove fatores, uma família da qual vocês ainda não se aproximaram vale a aproximação, ou uma família que foi abordada vale sentar-se com ela."

(A 9:17, NDB 1270-1271)

# VIII
# Disputas

# Introdução

Uma vez que as comunidades, grandes ou pequenas, são compostas por seres humanos, elas estão inevitavelmente expostas a tensões causadas pelas fragilidades humanas. A propensão inata para o autoengrandecimento, o desejo sedento por benefícios pessoais, a arrogância e o apego às opiniões pessoais podem levar ao sectarismo e às disputas, e até mesmo à fragmentação da comunidade. Tais disputas são objeto da Parte VIII, e a resolução de disputas é objeto da Parte IX.

As passagens incluídas na Parte VIII tratam de disputas entre monásticos e laicos, que são semelhantes em alguns aspectos, mas diferentes em outros. O **Texto VIII,1** define o tema do capítulo. Vemos Sakka, governante das deidades, vir ao Buda e apresentar-lhe um enigma: "Se todos os seres desejam viver em paz, por que estão perpetuamente envolvidos em conflitos?" A resposta do Buda inicia um diálogo que vai em busca das origens do conflito até níveis cada vez mais sutis.

No **Texto VIII,2** o monge mais velho Mahākaccāna afirma que os laicos brigam uns com os outros por causa de seu apego aos prazeres sensoriais, enquanto os ascetas brigam uns com os outros por causa de seu apego aos pontos de vista. Os **Textos VIII,3-6** ilustram seu ponto: os dois primeiros textos deste grupo tratam de disputas entre chefes de família e os dois últimos com disputas entre ascetas. Embora a tese de Mahākaccāna possa ter validade parcial, o curso da história realmente mostra que a situação é mais complexa. Houve guerras entre nações e blocos regionais com relação a ideologias rivais – veja a Guerra Fria que colocou o capitalismo corporativo contra o comunismo, e as hostilidades atuais entre muçulmanos sunitas e xiitas. Por outro lado, por causa de seus requisitos materiais, concessões de terra, apoio de chefes de família, bem como fama e louvor, os ascetas se envolveram em conflitos amargos entre si e até iniciaram ações judiciais por ganho material.

Uma vez que o Buda colocou a Sangha – a ordem dos monges e monjas – no centro da comunidade espiritual, ele reconheceu que a longevidade do Dhamma dependia da capacidade de seus discípulos ordenados para conter disputas fomentadas em suas fileiras e restabelecer a unidade. Os conflitos realmente surgiram, sendo a mais famosa a disputa que dividiu os monges de Kosambī juntamente com seus seguidores laicos em duas facções hostis cuja animosidade mútua foi tão forte que até rejeitaram os esforços do Buda para interceder, como visto no **Texto VIII,7**[1].

---

1. O relato completo da disputa em Kosambī é contado no Mahāvagga do Vinaya Piṭaka, capítulo X; cf. BD 4:483 –513. Cf. também em relação a isso o MN 48.

Para evitar que as disputas surgissem na ordem monástica, o Buda dedicou vários discursos às suas causas e aos meios de resolvê-las uma vez que elas tivessem surgido. No **Texto VIII,8**, ele aponta "seis raízes das disputas" (*vivādamūla*); uma vez que as cinco primeiras ocorrem em pares correspondentes, quando são contadas separadamente as raízes das disputas elevam-se, na verdade, a onze. Prevenir disputas requer que os mosteiros removam as raízes das disputas que poderiam surgir em seu meio antes que elas se deteriorem em divisões em grande escala.

Se os conflitos se tornam sérios, eles representam o perigo adicional do cisma, a divisão da ordem monástica em duas facções rivais que se recusam a reconhecer a validade dos atos umas das outras. O Buda considerou um cisma na Sangha como uma das mais graves ameaças ao sucesso de sua missão. Por isso, encerro esta parte com o **Texto VIII,9**, que une vários suttas curtos sobre as condições que levam ao cisma na Sangha e as consequências, respectivamente, para aqueles que fomentam o cisma e para aqueles que unem uma Sangha dividida.

# VIII
# Disputas

## 1. Por que os seres vivem em ódio?

Sakka, governante das deidades, perguntou ao Bem-Aventurado: “Os seres desejam viver sem ódio, hostilidade ou inimizade; desejam viver em paz. No entanto, eles vivem em ódio, ferindo uns aos outros, hostis, e como inimigos. Por quais grilhões eles estão ligados, senhor, para que vivam de tal maneira?”

[O Bem-Aventurado disse:] “Governante das deidades, são os laços da inveja e da avareza que amarram os seres de modo que, embora desejem viver sem ódio, hostilidade ou inimizade, e viver em paz, eles vivam em ódio, ferindo uns aos outros, hostis e como inimigos”.

Sakka, encantado, exclamou: “Assim é, Bem-Aventurado, assim é, Aquele que Seguiu pelo Bom Caminho! Por meio da resposta do Bem-Aventurado, superei a minha dúvida e livrei-me da incerteza”. Então Sakka, tendo expressado seu apreço, fez outra pergunta: “Mas, senhor, o que dá origem à inveja e à avareza, qual é a sua origem, como nascem, como surgem? O que deve estar presente para que surjam, e o que deve estar ausente, para que não surjam?”

“A inveja e a avareza surgem do gostar e do não gostar; esta é a sua origem, é assim que nascem, é assim que surgem. Quando estes estão presentes, elas surgem, quando estes estão ausentes, elas não surgem.”

“Mas, senhor, o que dá origem ao gostar e ao não gostar”. – “Eles surgem do desejo...”. – “E o que dá origem ao desejo..?” – “Ele surge do pensamento. Quando a mente pensa em alguma coisa, surge o desejo; quando a mente em nada pensa, o desejo não surge”. – “Mas, senhor, o que dá origem ao pensamento...?”

“O pensamento, governante das deidades, surge de percepções e noções elaboradas[2]. Quando percepções e noções elaboradas estão presentes, surge o pensamento. Quando percepções e noções elaboradas estão ausentes, o pensamento não surge.”

(do DN 21, LDB 328-329)

---

2. *Papañcasaññāsaṅkhā*. Esse termo denso, não definido nos *nikāyas*, parece se referir a percepções e ideias que se tornaram “infectadas” por vieses subjetivos, “elaboradas” pelas tendências do desejo sedento, da presunção e de visões distorcidas. De acordo com os comentários, desejo sedento, presunção e pontos de vista são os três fatores responsáveis pela elaboração conceitual (*papañca*).

## 2. Disputas entre laicos, disputas entre ascetas

Um brāhmaṇa se aproximou do Venerável Mahākaccāna e perguntou-lhe: "Por que, Mestre Kaccāna, khattiyas lutam contra khattiyas, brāhmaṇas contra brāhmaṇas e chefes de família contra chefes de família?"

"É por causa da aderência à paixão por prazeres sensoriais, brāhmaṇa, da escravidão a prazeres sensoriais, que khattiyas lutam contra khattiyas, brāhmaṇas contra brāhmaṇas e chefes de família contra chefes de família."

"Por que, Mestre Kaccāna, ascetas lutam contra ascetas?" "É por causa da aderência à paixão por pontos de vista, brāhmaṇa, que ascetas lutam contra ascetas."

"Há então alguém no mundo que tenha superado essa aderência à paixão por prazeres sensoriais e essa aderência à paixão por pontos de vista?"

"Há."

"E quem é esse?"

"Na cidade ao leste chamada Sāvatthī, o Bem-Aventurado, o Arahant, o Perfeitamente Iluminado habita. O Bem-Aventurado superou essa aderência à paixão por prazeres sensoriais e essa aderência à paixão por pontos de vista."

Quando isso foi dito, o brāhmaṇa se levantou de seu assento, arrumou seu manto superior sobre um ombro, abaixou seu joelho direito no chão, reverentemente fez uma saudação na direção do Bem-Aventurado, e proferiu esta frase inspirada três vezes: "Reverenciemos o Bem-Aventurado, o Arahant, o Perfeitamente Iluminado! Reverenciemos o Bem-Aventurado, o Arahant, o Perfeitamente Iluminado! Reverenciemos o Bem-Aventurado, o Arahant, o Perfeitamente Iluminado! De fato, tal Bem-Aventurado superou essa aderência à paixão por prazeres sensoriais e essa aderência à paixão por pontos de vista".

(AN 2:37, NDB 157-158)

## 3. Conflitos devido aos prazeres sensoriais

"Pois bem: com prazeres sensoriais como causa, prazeres sensoriais como fonte, prazeres sensoriais como base, sendo a causa simplesmente os prazeres sensoriais, reis brigam com reis, nobres com nobres, brāhmaṇas com brāhmaṇas, chefes de família com chefes de família; mãe briga com filho, filho com mãe, pai com filho, filho com pai; irmão briga com irmão, irmão com irmã, irmã com irmão, amigo com amigo. E aqui, em suas desavenças, brigas e disputas, atacam-se uns aos outros com punhos, torrões de terra, paus ou facas, causando morte ou sofrimento mortal. Agora, também isso é um perigo no caso dos prazeres sensoriais, uma massa de sofrimento aqui e agora, sendo a causa simplesmente os prazeres sensoriais.

"Ademais, com prazeres sensoriais como causa, os homens pegam espadas e escudos e se armam com arcos e aljavas, e eles entram em batalha em conjunto com flechas e lanças voando e espadas reluzindo; e lá eles são feridos por flechas e lanças, e suas cabeças são decepadas por espadas, causando morte ou sofrimento mortal. Agora, também isso é um perigo no caso dos prazeres sensoriais, uma massa de sofrimento aqui e agora, sendo a causa simplesmente os prazeres sensoriais.

"Ademais, com prazeres sensoriais como causa, os homens pegam espadas e escudos e se armam com arcos e aljavas, e se lançam contra bastiões escorregadios, com flechas e lanças voando e espadas reluzindo; e lá eles são feridos por flechas e lanças e encharcados com líquidos ferventes e esmagados sob pesos pesados, e suas cabeças são decepadas por espadas, causando morte ou sofrimento mortal. Agora, também isso é um perigo no caso dos prazeres sensoriais, uma massa de sofrimento aqui e agora, sendo a causa simplesmente os prazeres sensoriais."

(do MN 13, MLDB 181-182)

## 4. Enraizada no desejo sedento

"Vou ensinar a vocês, monges, nove coisas enraizadas no desejo sedento. Ouçam e prestem cuidadosa atenção. Eu falarei." – "Sim, Bhante", responderam aqueles monges. O Bem-Aventurado disse isto:

"E quais são as nove coisas enraizadas no desejo sedento? (1) Na dependência do desejo sedento há busca. (2) Na dependência da busca há ganho. (3) Na dependência do ganho há julgamento. (4) Na dependência do julgamento há desejo e paixão. (5) Na dependência do desejo e da paixão há apego. (6) Na dependência do apego há possessividade. (7) Na dependência da possessividade há avareza. (8) Na dependência da avareza há autoproteção. (9) Com a autoproteção como fundamento se originam o pegar em varas e armas, as brigas, as contendas e as disputas, as acusações, o discurso divisivo e a fala falsa, e muitas outras coisas ruins e prejudiciais. Essas são as nove coisas enraizadas no desejo sedento"[3].

(AN 9:23, NDB 1280)

## 5. Os cegos e o elefante

Em certa ocasião, o Bem-Aventurado vivia em Sāvatthī, no Bosque de Jeta, no Parque de Anāthapiṇḍika. Naquela época, vários ascetas e brāhmaṇas, andarilhos de outras seitas, viviam ao redor de Sāvatthī. Eles tinham vários pontos de vista, crenças e opiniões, e propagavam vários pontos de vista. E eles brigavam, travavam

---

3. Os nove termos enraizados no desejo sedento, com explicações do comentário entre parênteses, são: (1) *pariyesanā* (buscar objetos tais como formas); (2) *lābha* (obter objetos tais como formas); (3) *vinicchaya* (decidir o que é desejável e indesejável, belo e ordinário, quanto manter e quanto dar, quanto usar e quanto poupar etc.); (4) *chandarāga* (paixão fraca e paixão forte, respectivamente); (5) *ajjhosāna* (a forte convicção em um "eu" e "meu"); (6) *pariggaha* (tomar posse por meio do desejo sedento e de opiniões); (7) *macchariya* (relutância em compartilhar com os outros); (8) *ārakkha* (guardar cuidadosamente); (9) *daṇḍādāna* etc. (o pegar em armas para afastar os outros).

disputas, entravam em conflito e feriam uns aos outros com dardos verbais, dizendo: "O Dhamma é assim, o Dhamma não é assim! O Dhamma não é assim, o Dhamma é assim!"

Então, vários monges entraram em Sāvatthī para pedir o alimento. Tendo voltado, após a refeição, aproximaram-se do Bem-Aventurado, fizeram-lhe a devida reverência, sentaram-se a um lado e contaram-lhe o que tinham visto. O Bem-Aventurado disse: "Monges, andarilhos de outras seitas são cegos e sem visão. Eles não sabem o que é benéfico e o que é prejudicial. Eles não sabem o que é o Dhamma e o que não é o Dhamma, e por isso eles são tão briguentos e dados a disputas.

"Anteriormente, monges, havia um rei em Sāvatthī que pediu a seu servo para reunir todas as pessoas da cidade que eram cegas desde o nascimento. Quando o homem o fez, o rei pediu ao servo para mostrar aos cegos um elefante. Para alguns cegos ele apresentou a cabeça do elefante, a alguns a orelha, a outros uma presa, a tromba, o corpo, um pé, o traseiro, a cauda, ou o tufo no final da cauda. E a cada um disse: 'Isto é um elefante'.

"Quando ele relatou ao rei o que tinha feito, o rei foi ter com os cegos e perguntou-lhes: 'Como é um elefante?'

"Aqueles para os quais tinham sido mostrados a cabeça, responderam: 'Um elefante, Sua Majestade, é como um pote de água'. Aqueles para os quais tinham sido mostrados a orelha, responderam: 'Um elefante é como uma cesta de galhos'. Aqueles para os quais tinham sido mostrados a presa, responderam: 'Um elefante é como uma relha'. Aqueles para os quais tinham sido mostrados a tromba, responderam: 'Um elefante é como um pau de arado'. Aqueles para os quais tinham sido mostrados o corpo, responderam: 'Um elefante é como um armazém'. E cada um dos outros também descreveu o elefante em relação à parte mostrada a eles.

"Então, dizendo: 'Um elefante é assim, um elefante não é assim! Um elefante não é assim, um elefante é assim!', eles lutaram entre si com seus punhos. E o rei ficou encantado. Da mesma maneira, monges, são os andarilhos de outras seitas, cegos e sem visão, e por isso eles se tornam pessoas que brigam, travam disputas, entram em conflito e ferem uns aos outros com dardos verbais".

(Ud 6.4)

### 6. Discussões entre monges

"Monges, onde quer que os monges discutam e briguem e travem disputas, estocando uns aos outros com palavras perfurantes, sinto-me desconfortável até mesmo em dirigir minha atenção a esse lugar, que dirá em ir até lá. Concluo a respeito deles: 'Certamente, aqueles veneráveis abandonaram três coisas e cultivaram outras três coisas'.

"Quais são as três coisas que abandonaram? Pensamentos de renúncia, pensamentos de benevolência e pensamentos de não causar dano: essas são as três coisas que abandonaram. Quais são as três coisas que cultivaram? Pensamentos de prazer sensorial, pensamentos de má vontade e pensamentos de dano: essas são as três coisas que cultivaram. Onde quer que os monges discutam e briguem, e caiam em uma disputa, concluo: "Certamente, aqueles veneráveis abandonaram essas três coisas e cultivaram essas outras três coisas".

"Monges, onde quer que os monges estejam morando em concórdia, harmoniosamente, sem disputas, misturando-se como leite e água, vendo uns aos outros com olhos de afeto, sinto-me à vontade de ir a esse lugar, e ainda mais em dirigir minha atenção a ele. Concluo: 'Certamente, aqueles veneráveis abandonaram três coisas e cultivaram outras três coisas'.

"Quais são as três coisas que abandonaram? Pensamentos de prazer sensorial, pensamentos de má vontade e pensamentos de dano: essas são as três coisas que abandonaram. Quais são as três coisas que cultivaram? Pensamentos de renúncia, pensamentos de benevolência e pensamentos de não causar dano. Essas são as três coisas que cultivaram. Onde quer que os monges estejam habitando em concórdia, concluo: 'Certamente, aqueles veneráveis abandonaram essas três coisas e cultivaram essas outras três coisas'."

(AN 3:124, NDB 354-355)

### 7. A disputa em Kosambī

Agora, naquela ocasião, os monges de Kosambī começaram a discutir e brigar e se puseram a travar uma disputa, estocando uns aos outros com palavras perfurantes. Então, um certo monge foi até o Bem-Aventurado, e depois de fazer-lhe a devida reverência, ficou a um lado e disse: "Bhante, os monges aqui em Kosambī começaram a discutir e brigar e se puseram a travar uma disputa, estocando uns aos outros com palavras perfurantes. Seria bom, Bhante, se o Bem-Aventurado fosse ter com aqueles monges por compaixão". O Bem-Aventurado consentiu em silêncio.

Então, o Bem-Aventurado foi ter com aqueles monges e disse-lhes: "Basta, monges, que não haja discussão, brigas e disputas". Quando isso foi dito, um certo monge disse ao Bem-Aventurado: "Espere, Bhante! Que o Bem-Aventurado, o Senhor do Dhamma, viva à vontade dedicado a uma agradável estadia aqui e agora. Nós é quem seremos os responsáveis por esta disputa."

Pela segunda vez... Pela terceira vez, o Bem-Aventurado disse: "Basta, monges, que não haja discussão, brigas e disputas". Pela terceira vez, aquele monge disse ao Bem--Aventurado: "Espere, Bhante!... Nós é quem seremos os responsáveis por esta disputa".

Então, quando era de manhã, o Bem-Aventurado se vestiu, e pegando sua tigela e manto exterior, entrou em Kosambī para receber o alimento. Quando vagou para receber o alimento em Kosambī e voltou de sua ronda, depois de sua refeição, ele pôs em ordem seu lugar de descanso, tomou sua tigela e manto exterior, e enquanto ainda estava de pé pronunciou estes versos:

"Quando muitas vozes gritam de uma só vez
ninguém se considera um tolo;
embora a Sangha esteja sendo dividida,
ninguém se acha culpado.

"Eles se esqueceram da fala refletida,
proferindo obcecados por palavras apenas.
Com bocas desgovernadas, gritam à vontade;
ninguém sabe o que os leva a agir assim.

"'Ele me ofendeu, ele me bateu,
ele me derrotou, ele me roubou' –
naqueles que têm esses tipos de pensamentos
a inimizade nunca será dissipada.

"Pois neste mundo a inimizade nunca
é dissipada pela inimizade.
Ela é dissipada pelo não ódio:
tal é a lei fixa e atemporal.

"Aqueles outros não reconhecem
que aqui devemos nos conter.
Mas aqueles sábios que percebem isso
de uma vez acabam com toda sua inimizade.

"Quebradores de ossos e assassinos,
aqueles que roubam gado, cavalos, riqueza,
aqueles que pilham todo o reino –
quando mesmo esses conseguem agir juntos,
por que vocês não podem fazer assim também?

"Se uma pessoa pode encontrar um amigo digno,
um companheiro virtuoso e firme,
então supere todas as ameaças de perigo
e caminhe com ele contente e vigilante.

"Mas se alguém não encontrar um amigo digno,
nenhum companheiro virtuoso e firme,
então, como um rei deixa seu reino conquistado,
caminhe como um elefante sozinho na floresta.

"Melhor é andar sozinho;
não há companheirismo com tolos.
Caminhe sozinho e não faça o mal,
tranquilamente como um elefante na floresta."

(do MN 128, MLDB 1008-1010)

## 8. Raízes das disputas

"Monges, existem estas seis raízes das disputas. Quais seis?

(1) "Neste caso, um monge está zangado e hostil. Quando um monge está zangado e hostil, ele habita sem respeito e deferência para com o Professor, o Dhamma e a Sangha, e ele não cumpre o treinamento. Tal monge cria uma disputa na Sangha, que leva ao dano de muitas pessoas, à infelicidade de muitas pessoas, à ruína, ao dano e ao sofrimento de deidades e humanos. Se, monges, vocês perceberem tal raiz da disputa em si mesmos ou em outros, devem se esforçar para abandonar essa raiz maligna da disputa. E se não perceberem tal raiz da disputa em si mesmos ou em outros, devem praticar para que esta raiz maligna da disputa não surja no futuro. Dessa forma, essa raiz maligna da disputa é abandonada e não surge no futuro.

(2) "Ademais, um monge é um difamador e insolente [...] (3) [...] invejoso e avarento [...] (4) [...] ardiloso e hipócrita [...] (5) [...] uma pessoa de maus desejos e visão errônea [...] (6) [...] uma pessoa que se aferra a seus próprios pontos de vista, aferra-se a eles com tenacidade e cede com dificuldade. Um tal monge vive sem respeito e deferência para com o Mestre, o Dhamma e a Sangha, e ele não cumpre o treinamento. Ele cria uma disputa na Sangha que leva ao dano de muitas pessoas, à infelicidade de muitas pessoas, à ruína, ao dano e ao sofrimento de deidades e humanos. Se vocês, monges, perceberem tal raiz da disputa em vocês mesmos ou em outros, vocês devem se esforçar para abandonar essa raiz maligna da disputa. E se não perceberem tal raiz da disputa em si mesmos ou em outros, devem praticar para que essa raiz maligna da disputa não surja no futuro. Dessa forma, essa raiz maligna da disputa é abandonada e não surge no futuro.

"Essas, monges, são as seis raízes da disputa."

(AN 6:36, NDB 898-899; MN 104, MLDB 854-855)

## 9. Cisma na sangha

O Venerável Upāli se aproximou do Bem-Aventurado, fez-lhe a devida reverência, sentou-se ao seu lado e disse-lhe: "Bhante, é dito: 'Cisma na Sangha, cisma na Sangha'. Como, Bhante, há cisma na Sangha?"

"Aqui, Upāli, (1) os monges explicam o não Dhamma como Dhamma, (2) e o Dhamma como não Dhamma. (3) Eles explicam a não disciplina como disciplina e (4) a disciplina como não disciplina. (5) Eles explicam o que não foi declarado e pronunciado pelo Tathāgata como tendo sido declarado e pronunciado por ele, e (6) o que foi declarado e pronunciado pelo Tathāgata como não tendo sido declarado e pronunciado por ele. (7) Eles explicam o que não foi praticado pelo Tathāgata como tendo sido praticado por ele e (8) o que foi praticado pelo Tathāgata como não tendo sido praticado por ele. (9) Eles explicam o que não foi prescrito pelo Tathāgata como tendo sido prescrito por ele, e (10) o que foi prescrito pelo Tathāgata como não tendo sido prescrito por ele. Por esses dez motivos, eles se afastam e se separam. Eles executam atos legais separadamente e recitam o Pātimokkha separadamente. É assim, Upāli, que há cisma no Sangha".

"Bhante, é dito: 'Concórdia na Sangha, concórdia na Sangha'. Como há concórdia na Sangha?"

"Aqui, Upāli, (1) os monges explicam o não Dhamma como não Dhamma, e (2) o Dhamma como Dhamma. (3) Eles explicam a não disciplina como não disciplina e (4) a disciplina como disciplina. (5) Eles explicam o que não foi declarado e pronunciado pelo Tathāgata como não tendo sido declarado e pronunciado por ele, e (6) o que foi declarado e pronunciado pelo Tathāgata como tendo sido declarado e pronunciado por ele. (7) Eles explicam o que não foi praticado pelo Tathāgata como não tendo sido praticado por ele, e (8) o que foi praticado pelo Tathāgata como tendo sido praticado por ele. (9) Eles explicam o que não foi prescrito pelo Tathāgata como não tendo sido prescrito por ele, e (10) o que foi prescrito pelo Tathāgata como tendo sido prescrito por ele. Por esses dez motivos, eles não se afastam e não se separam. Eles não executam atos legais separadamente ou recitam o Pātimokkha separadamente. É assim, Upāli, que há concórdia no Sangha".

Em outra ocasião, o Venerável Ānanda aproximou-se do Bem-Aventurado, fez--lhe a devida reverência, sentou-se a um lado e disse-lhe: "Bhante, quando alguém causa cisma em uma sangha harmoniosa, o que se gera?" – "Alguém gera o mal duradouro por um éon.." – "Mas, Bhante, o que é esse mal duradouro por um éon?" "Uma pessoa é atormentada no inferno por um éon."

Aquele que causa cisma na Sangha está destinado à miséria,
destinado ao inferno, para lá permanecer por um éon.
Deleitando-se em facções, assentado no não Dhamma,
ele se afasta da segurança em relação à escravidão.
Tendo causado cisma em uma Sangha harmoniosa,
ele é atormentado no inferno por um éon.

Então, o Venerável Ānanda perguntou: "Bhante, quando uma pessoa reconcilia uma Sangha dividida, o que se gera?" – "Essa pessoa gera mérito divino, Ānanda." – "Mas, Bhante, o que é mérito divino?" – "Alguém que se alegra no céu por um éon, Ānanda".

Agradável é a concórdia na Sangha,
e a ajuda mútua daqueles que vivem em concórdia.
Deleitando-se na concórdia, estabelecido no Dhamma,
ele não se afasta da segurança em relação à escravidão.
Tendo trazido concórdia à Sangha,
ele se regozija no céu por um éon.

(AN 10:37-40 combinados, NDB 1389-1391)

# IX
# Resolvendo disputas

# INTRODUÇÃO

Enquanto o capítulo anterior foi dedicado à origem das disputas, a Parte IX é consagrada à resolução das disputas. O tipo mais fácil de resolver é o de duas pessoas de boas intenções. Na vida monástica, tais disputas geralmente giram em torno das regras de disciplina. Assim, o **Texto IX,1** mostra que tal disputa pode ser cortada pela raiz quando a parte em erro reconhece sua transgressão como tal, e o acusador aceita suas desculpas e a perdoa.

A seguir vem um par de suttas aparentemente falados pelo Buda em sua velhice, talvez no final de sua vida. No **Texto IX,2**, ele estabelece diretrizes para resolver as diferenças de opinião sobre a interpretação do Dhamma. É significativo que ele aqui enfatize o significado da doutrina acima da letra, que ele chama de "insignificante". No mesmo discurso, ele também oferece conselhos sobre como lidar com um transgressor. Ele insiste que, mesmo que o monge que censura possa achar problemático corrigir o infrator, e embora o infrator possa se sentir ferido pela crítica, uma vez que se tenha alguma chance de mudar a conduta do infrator e ajudá-lo a "emergir do prejudicial e estabelecer-se no benéfico", deve-se falar com ele. Mas, diz o Buda, quando não há chance de mudar os caminhos do infrator, e tentar corrigi-lo puder apenas piorar a situação, "não se deve subestimar a equanimidade em relação a tal pessoa".

O **Texto IX,3**, de acordo com seu preâmbulo, teve origem logo após a morte de Mahāvīra, o líder da comunidade jainista, conhecida no Cânone Pāli como Nātaputta. Após sua morte, seus seguidores se dividiram em dois campos que atacaram duramente uns aos outros. O discurso aqui foi falado pelo Buda para evitar que um destino semelhante recaísse sobre sua própria comunidade. O Buda define como a principal ameaça para o sucesso de seu ensinamento os desentendimentos acerca dos trinta e sete apoios para a iluminação. Discordâncias a respeito da subsistência e das regras de treinamento, diz ele, são de importância secundária. Nesse mesmo discurso ele explica como resolver disputas sobre o Dhamma e o Vinaya. Os dois primeiros métodos são resolver o desacordo entre as partes em disputa e trazer o desacordo para uma comunidade maior e respeitar a decisão da maioria. O último método, a ser usado quando os outros falharam, é um procedimento chamado "encobrir com relva". Isso permite que um monge representativo de cada lado do conflito confesse transgressões em nome de todo o grupo – com exceção feita para grandes violações – sem se debruçar sobre os detalhes. Esse método, que permite que o passado seja passado, contorna a necessidade de rever todo o contexto do conflito, o que pode acabar por reacender ressentimentos antigos.

O **Texto IX,4(1)** sublinha que, para evitar que problemas disciplinares despertem e gerem divisões, os monges envolvidos – tanto aquele que cometeu a transgressão quanto aquele que o repreende – devem refletir sobre si mesmos, conter seu antagonismo um em relação ao outro, e alcançar a reconciliação. O **Texto IX,4(2)** insiste que as questões disciplinares devem primeiro ser "resolvidas internamente", dentro do próprio círculo de seguidores, para que a dissensão não se espalhe para fora e envolva outros.

O Buda frisou muitas vezes que, para a Sangha florescer, os monges e as monjas devem repetidamente corrigir, admoestar e encorajar uns aos outros. A atitude ideal, de acordo com o **Texto IX,5**, é tripla: estar aberto a receber correção dos outros; estar disposto a corrigir os que ofenderam, mesmo que sejam anciãos, quando surgir a necessidade; e estar pronto para corrigir as ofensas. Receber críticas de outros, no entanto, pode ferir o ego, provocando resistência e ressentimento. Para abordar o problema, no "Discurso sobre a Inferência" – incluído aqui como **Texto IX,6** – o Venerável Moggallāna enumera as qualidades que tornam um monge resistente à correção e chama a atenção para a necessidade de autoexame para remover essas qualidades.

Ocasionalmente, surgiram conflitos entre membros da comunidade laica e a ordem monástica. Em alguns casos, o Buda reconheceu que o comportamento de um laico exigia uma expressão de desaprovação vinda da Sangha; ele assim permitiu que os monges "virassem a tigela de alimento", isto é, se recusassem a aceitar oferendas de um seguidor laico ofensivo[1]. As condições em que tal ação é permitida constam do **Texto IX,7(1)**. Também foi reconhecido que os seguidores laicos poderiam ter justificadas reclamações contra um monge que não estivesse vivendo de acordo com os padrões de disciplina esperados dele. Em resposta, os laicos podem proclamar oficialmente uma "perda de confiança" naquele monge, cujas condições são explicadas no **Texto IX,7(2)**. Para facilitar a reconciliação entre o monge e o discípulo laico, o Sangha poderia decidir que um monge rebelde se aproximasse do laico ofendido e pedir desculpas por seu mau comportamento, como mostra o **Texto IX,7(3)**.

Quatro regras para os monges estabelecidas no Pātimokkha são chamadas de Pārājika, "ofensas de expulsão". Estas são relações sexuais; roubo (de um item acima de um determinado valor); a retirada da vida humana; e a apresentação de falsas reivindicações de ter alcançado um "estado sobre-humano", um poder psíquico ou estado de realização superior. Um monge que as transgride já não está em comunhão

---

1. Os procedimentos para virar a tigela de alimento doado e colocá-la na vertical são autorizados no Vin II 124-27. Cf. Thānissaro, *O Código Monástico Budista* II, p. 411–12. O comentário explica que os monges não viram de fato a tigela de alimento doado de cabeça para baixo diante do seguidor laico, mas aprovam uma moção para não aceitar doações dele. Da mesma forma, eles podem abolir esse ato aprovando uma moção para receber suas doações novamente. O procedimento de virar a tigela de alimento foi usado em Mianmar no final de 2007, quando os monges impuseram tal penalidade à junta militar. Para expressar desaprovação aos generais, eles caminharam pelas ruas com suas tigelas viradas de cabeça para baixo.

com os monges e deve ser expulso da Sangha[2]. Usualmente, monges ou monjas que incorrem em tais ofensas confessarão sua transgressão e voluntariamente abandonarão a ordem monástica. Mas há casos em que o infrator esconde a transgressão e tenta se passar como um membro legítimo da ordem. Nesses casos, o Buda não hesita em instruir os monges a expulsar os ofensores.

**Textos IX,8(1)-(2)** tratam apenas de tal situação. No primeiro, o Buda estabelece o princípio geral de que o ofensor que se passa por um monge comum deva ser expulso. Ele é como palha no meio da cevada. O segundo descreve um incidente quando o Buda se recusou a recitar o Pātimokkha porque um ofensor, "interiormente apodrecido, corrupto, depravado", encontrava-se sentado no meio da assembleia. Moggallāna, descobrindo o malfeitor com seu olho divino, expulsou-o energeticamente do salão e fechou a porta atrás de si.

---

2. Para as monjas, oito ofensas merecedoras de expulsão foram estabelecidas.

# IX
# Resolvendo disputas

## 1. Confissão e perdão

Uma vez dois monges brigaram, e um monge cometeu uma transgressão em relação ao outro. O primeiro monge, então, confessou sua transgressão ao outro monge, mas este último não o perdoou. Em seguida, vários monges se aproximaram do Bem-Aventurado e relataram o que havia acontecido. [O Bem-Aventurado disse:] "Monges, há dois tipos de tolos: o que não vê uma transgressão como uma transgressão; e o que, quando outro confessa uma transgressão, não o perdoa. Esses são os dois tipos de tolos. Há dois tipos de sábios: o que vê a transgressão como uma transgressão; e o que, quando outro confessa uma transgressão, o perdoa. Esses são os dois tipos de pessoas sábias."

(SN 11:24, CDB 339)

## 2. Resolvendo diferenças de opinião

"Enquanto estiverem treinando na concórdia, com apreciação mútua, sem disputas, dois monges podem fazer afirmações diferentes sobre o Dhamma[3].

"Agora, se vocês pensassem assim: 'Ambos os veneráveis diferem tanto sobre o significado quanto sobre a expressão', então qualquer monge que vocês julguem o mais razoável deveria ser abordado da seguinte maneira: 'Os veneráveis diferem tanto sobre o significado quanto sobre a expressão. Os veneráveis devem saber que é por essa razão que há diferença sobre o significado e diferença sobre a expressão; que eles não entrem em disputa'. Então, qualquer monge que vocês julgarem ser o mais razoável dentre aqueles que se reunirem no campo oposto deve ser abordado da seguinte maneira: 'Os veneráveis diferem sobre o significado e a expressão. Os veneráveis de-

3. Tomo *abhidhamme* aqui em referência não à coleção de tratados que constituem o Abhidhamma Piṭaka ou sua filosofia, mas ao próprio Dhamma, com o prefixo *abhi-* servindo a uma função puramente referencial, no sentido de "sobre, concernente, pertinente".

vem saber que é por essa razão que há diferença sobre o significado e diferença sobre a expressão; que eles não entrem em disputa'. Portanto, o que foi erroneamente apreendido deve ser tido em mente como erroneamente apreendido. Tendo em conta o que foi erroneamente apreendido como erroneamente apreendido, devem ser explicados o que é o Dhamma e o que é a disciplina.

"Agora, se vocês pensassem assim: 'Estes veneráveis diferem sobre o significado, mas concordam sobre a expressão', então qualquer monge que vocês julgarem ser o mais razoável deve ser abordado da seguinte maneira: 'Os veneráveis diferem sobre o significado, mas concordam com a expressão. Os veneráveis devem saber que é por essa razão que há divergência sobre o significado, mas acordo sobre a expressão; que eles não entrem em disputa'. Então, qualquer monge que vocês julgarem ser o mais razoável dentre aqueles que se reúnem no campo oposto deve ser abordado da seguinte maneira: 'Os veneráveis diferem sobre o significado, mas concordam com a expressão. Os veneráveis devem saber que é por essa razão que há diferença sobre o significado, mas acordo sobre a expressão; que eles não entrem em disputa'. Portanto, o que foi erroneamente apreendido deve ser tido em mente como erroneamente apreendido e o que foi corretamente apreendido deve ser tido em mente como corretamente apreendido. Tendo em conta o que foi erroneamente apreendido como erroneamente apreendido, e tendo em conta o que foi corretamente apreendido como corretamente apreendido, o que é Dhamma e o que é disciplina devem ser explicados.

"Agora, se vocês pensarem assim: 'Estes veneráveis concordam sobre o significado, mas diferem sobre a expressão', então qualquer monge que vocês julgarem ser o mais razoável deve ser abordado da seguinte maneira: 'Os veneráveis concordam sobre o significado, mas diferem sobre a expressão. Os veneráveis devem saber que é por essa razão que há concordância sobre o significado, mas diferença sobre a expressão. Mas a expressão é de pouca importância. Que os veneráveis não caiam em descrédito por uma ninharia'. Então, qualquer monge que vocês julgarem ser o mais razoável dentre aqueles que se reúnem no campo oposto deve ser abordado da seguinte maneira: 'Os veneráveis concordam sobre o significado, mas diferem sobre a expressão. Os veneráveis devem saber que é por essa razão que há concordância sobre o significado, mas diferença sobre a expressão. Mas a expressão é de pouca importância. Que os veneráveis não caiam numa disputa por uma ninharia'. Portanto, o que foi corretamente apreendido deve ser tido em mente como corretamente apreendido e o que foi erroneamente apreendido deve ser tido em mente como erroneamente apreendido. Tendo em conta o que foi corretamente apreendido como corretamente apreendido, e tendo em mente o que foi erroneamente apreendido como erroneamente apreendido, o que é Dhamma e o que é disciplina devem ser explicados.

"Agora, se vocês pensarem assim: 'Estes veneráveis concordam tanto sobre o significado quanto sobre a expressão', então qualquer monge que vocês julgarem ser o mais razoável deve ser abordado da seguinte maneira: 'Os veneráveis concordam tanto sobre o significado quanto sobre a expressão. Os veneráveis devem saber que é por essa razão que há acordo sobre o significado e a expressão; que os veneráveis não entrem em disputa'. Então, qualquer monge que vocês julgarem ser o mais razoável dentre aqueles que se reúnem no campo oposto deve ser abordado da seguinte maneira: 'Os veneráveis concordam tanto sobre o significado quanto sobre a expressão. Os veneráveis devem saber que é por essa razão que há acordo sobre o significado e a expressão; que os veneráveis não entrem em disputa'. Portanto, o que foi corretamente apreendido deve ser tido em mente como corretamente apreendido. Tendo em conta o que foi corretamente apreendido como corretamente apreendido, o que é Dhamma e o que é disciplina devem ser explicados.

"Enquanto estiverem treinando na concórdia, com apreciação mútua, sem disputas, algum monge pode cometer uma ofensa ou uma transgressão. Agora, monges, vocês não devem se apressar em reprová-lo; ao contrário, a pessoa deve ser examinada da seguinte maneira: 'Eu não ficarei incomodado e a outra pessoa não se sentirá ferida; pois a outra pessoa não é dada à raiva e ao ressentimento, ela não está firmemente apegada ao seu ponto de vista e cede facilmente, e eu posso fazer com que essa pessoa se afaste do prejudicial e se estabeleça no benéfico'. Se isso acontecer a vocês, monges, é apropriado falar.

"Então, pode ocorrer a vocês, monges: 'Eu não ficarei incomodado, mas a outra pessoa se sentirá ferida, pois a outra pessoa é dada à raiva e ao ressentimento. No entanto, ela não está firmemente apegada ao seu ponto de vista e cede facilmente, e eu posso fazer com que essa pessoa se afaste do prejudicial e se estabeleça no benéfico. É uma ninharia que a outra pessoa se sinta ferida, mas é coisa muito maior fazer com que essa pessoa se afaste do prejudicial e se estabeleça no benéfico'. Se isso acontecer a vocês, monges, é apropriado falar.

"Então, pode ocorrer a vocês, monges: 'Eu ficarei incomodado, mas a outra pessoa não se sentirá ferida; pois a outra pessoa não é dada à raiva e ao ressentimento, embora esteja firmemente apegada ao seu ponto de vista e ceda com dificuldade; no entanto, eu posso fazer com que essa pessoa se afaste do prejudicial e se estabeleça no benéfico. É uma ninharia que eu fique incomodado, mas é uma coisa muito maior fazer com que essa pessoa se afaste do prejudicial e se acomode no benéfico'. Se isso acontecer a vocês, monges, é apropriado falar.

"Então, pode ocorrer a vocês, monges: 'Eu ficarei incomodado e a outra pessoa se sentirá ferida; porque a outra pessoa é dada à raiva e ao ressentimento, e ela está firmemente apegada ao seu ponto de vista e cede com dificuldade; no entanto, posso fazer com que essa pessoa se afaste do prejudicial e se estabeleça no benéfico. É uma ninharia que eu fique incomodado e a outra pessoa se sinta ferida, mas é uma coisa muito maior fazer com que essa pessoa se afaste do prejudicial e se estabeleça no benéfico'. Se isso acontecer a vocês, monges, é apropriado falar.

"Então, pode ocorrer a vocês, monges: 'Eu ficarei incomodado e a outra pessoa se sentirá ferida; porque a outra pessoa é dada à raiva e ao ressentimento, e ela está firmemente apegada ao seu ponto de vista e cede com dificuldade; e não posso fazer com que essa pessoa se afaste do prejudicial e se estabeleça no benéfico'. Não se deve subestimar a ponderação em relação a tal pessoa.

"Enquanto estiverem treinando na concórdia, com apreciação mútua, sem disputas, pode surgir fricção verbal mútua, insolência nos pontos de vista, aborrecimento mental, amargura e desânimo. Então qualquer monge que vocês julgarem ser o mais razoável dentre aqueles que se reúnem em um dos campos deve ser abordado da seguinte maneira: 'Enquanto estávamos treinando na concórdia, amigo, com apreciação mútua, sem disputas, surgiu fricção verbal mútua, insolência nos pontos de vista, aborrecimento mental, amargura e desânimo. Se o Mestre soubesse, ele censuraria isso?' Respondendo corretamente, o monge responderia assim: 'Se o Mestre soubesse, ele censuraria isso'.

"'Mas, amigo, sem abandonar essa coisa, é possível perceber nibbāna?' Respondendo corretamente, o monge responderia assim: 'Amigo, sem abandonar essa coisa não se pode perceber nibbāna'.

"Então, qualquer monge que vocês julgarem ser o mais razoável dentre aqueles que se reúnem no campo oposto deve ser abordado da seguinte maneira: 'Enquanto estávamos treinando na concórdia, amigo, com apreciação mútua, sem disputas, surgiu fricção verbal mútua, insolência nos pontos de vista, aborrecimento mental, amargura e desânimo. Se o Mestre soubesse, ele censuraria isso?' Respondendo corretamente, o monge responderia assim: 'Se o Mestre soubesse, ele censuraria isso'.

"'Mas, amigo, sem abandonar essa coisa, é possível perceber nibbāna?' Respondendo corretamente, o monge responderia assim: 'Amigo, sem abandonar essa coisa, não se pode perceber nibbāna'.

"Se outros perguntassem a esse monge assim: 'Foi o venerável que fez com que esses monges se afastassem do prejudicial e se estabelecessem no benéfico?', respondendo corretamente, o monge diria: 'Aqui, amigos, fui ao Bem-Aventurado. O Bem-Aventurado me ensinou o Dhamma. Depois de ouvir esse Dhamma, falei com aqueles monges. Os monges ouviram o Dhamma, e se afastaram do prejudicial e se estabeleceram no benéfico. Respondendo assim, o monge não elogia a si mesmo nem menospreza os outros; ele responde segundo o Dhamma de tal forma que nada que forneça um terreno para a censura possa ser legitimamente deduzido de sua afirmação".

Isso foi o que o Bem-Aventurado disse. Os monges ficaram satisfeitos e se deleitaram com as palavras do Bem-Aventurado.

(do MN 103, MLDB 848-852)

## 3. Resolvendo disputas na Sangha

O Venerável Ānanda e o noviço Cunda foram juntos até o Bem-Aventurado. Depois de fazer-lhe a devida reverência, eles se sentaram a um lado, e o Venerável Ānanda disse ao Bem-Aventurado: 'Este noviço Cunda, Bhante, diz que o professor jainista Nātaputta acabou de morrer[4]. Depois de sua morte, os jainistas estão dividi-

4. Nātaputta, também conhecido como Mahāvīra, era o chefe da comunidade jainista na época e é muitas vezes considerado o fundador histórico do jainismo, embora seja provável que ele continuasse uma linhagem de professores que havia começado muito antes.

dos, separados em dois, deixados sem refúgio. Pensei: 'Que a disputa não surja na Sangha quando o Bem-Aventurado se for. Pois tal disputa significaria o prejuízo e a infelicidade de muitos, a perda, o dano e o sofrimento de deidades e humanos'".

"O que você acha, Ānanda? Essas coisas que lhes ensinei depois de conhecê--las diretamente – isto é, os quatro estabelecimentos de vigilância, os quatro tipos corretos de esforço, as quatro bases do poder espiritual, as cinco faculdades, os cinco poderes, os sete fatores da iluminação, o nobre caminho óctuplo – você encontra até mesmo dois monges que façam afirmações diferentes sobre estas coisas, Ānanda?"

"Não, Bhante, não vejo nem mesmo dois monges que façam afirmações diferentes sobre essas coisas. Mas, Bhante, há pessoas que, respeitosas em relação ao Bem-Aventurado, podem, quando ele se for, criar uma disputa na Sangha em relação ao modo de vida e ao Pātimokkha. Tal disputa significaria o prejuízo e a infelicidade de muitos, a perda, o dano e o sofrimento de deidades e humanos."

"Uma disputa em relação ao modo de vida e ao Pātimokkha seria insignificante, Ānanda. Mas se surgir uma disputa na Sangha sobre a via ou o caminho, tal disputa significaria o prejuízo e a infelicidade de muitos, a perda, o dano e o sofrimento de deidades e humanos.

"Existem, Ānanda, essas seis raízes das disputas. Quais seis? Aqui, Ānanda, um monge está zangado e hostil [...] [cf. texto VIII,8] [...] é uma pessoa que adere a seus próprios pontos de vista, agarra-se a eles com tenacidade e cede com dificuldade. Tal monge vive sem respeito e deferência para com o Mestre, o Dhamma e a Sangha, e não cumpre o treinamento. Ele cria uma disputa na Sangha que leva ao dano de muitas pessoas, à infelicidade de muitas pessoas, à ruína, ao dano e ao sofrimento de deidades e humanos. Se vocês, monges, perceberem uma tal raiz de disputa em vocês mesmos ou em outros, vocês devem se esforçar para abandonar essa raiz maligna de disputa. E se não perceberem uma tal raiz da disputa em si mesmos ou em outros, devem praticar para que essa raiz maligna de disputa não surja no futuro. De tal modo que essa raiz maligna de disputa seja abandonada e não surge no futuro.[...]

"E como há remoção [de uma questão disciplinar] pela presença? Aqui os monges estão discutindo: "É o Dhamma", ou "Não é o Dhamma", ou "É disciplina", ou "Não é disciplina". Os monges devem se reunir em concórdia. Então, tendo se reunido, a regra geral do Dhamma deve ser extraída. Uma vez extraída a regra geral do Dhamma, essa questão disciplinar deve ser resolvida de uma forma que se mostre de acordo com ele. Tal é a remoção de uma questão disciplinar pela presença. E assim ocorre a resolução de algumas questões disciplinares por meio da remoção pela presença[5].

5. Há quatro tipos de questões disciplinares, envolvendo (1) uma disputa (*vivādādhikaraṇa*), (2) uma acusação (*anuvādādhikaraṇa*), (3) uma ofensa (āpattādhikaraṇa) e (4) um procedimento (*kiccādhikaraṇa*). Eles são tratados em detalhe no Vin II 88–92. Resumidamente, uma questão envolvendo uma disputa surge quando monges ou monjas discutem sobre o Dhamma e o Vinaya; uma questão envolvendo uma acusação surge quando alguém acusa outro membro de cometer uma transgressão; uma questão envolvendo uma ofensa surge quando um monge ou uma monja que cometeu uma transgressão busca

"E como existe a opinião de uma maioria? Se esses monges não conseguirem resolver uma questão disciplinar em determinada morada, eles devem ir a um lugar onde haja maior número de monges. Lá eles devem se reunir em concórdia. Então, tendo se reunido, a regra geral do Dhamma deve ser extraída[6]. Uma vez que a regra geral do Dhamma tenha sido extraída, essa questão disciplinar deve ser resolvida de uma forma que esteja de acordo com ele. Tal é a opinião de uma maioria. E assim surge a resolução de algumas questões disciplinares pela opinião de uma maioria. [...]

"E como é que há cobertura com relva? Aqui, quando os monges começam a brigar e gritar e se aprofundam em disputas, eles podem acabar por dizer e fazer muitas coisas impróprias para um asceta. Os monges devem se reunir em concórdia. Quando estiverem reunidos, um monge sábio entre os monges reunidos de uma parte deve se levantar de seu assento, e depois de arrumar o manto em um ombro, deve erguer as mãos, as palmas unidas, e pedir uma promulgação da Sangha assim: 'Que a venerável Sangha possa me ouvir. Quando começamos a brigar e gritar e nos aprofundamos nas disputas, dissemos e fizemos muitas coisas impróprias para um asceta. Caso seja aprovado pela Sangha, então, para o bem destes veneráveis e para o meu próprio bem, no meio da Sangha, confessarei, pelo método chamado "encobrir com relva", quaisquer ofensas destes veneráveis e quaisquer ofensas minhas, com exceção das que exigem uma censura séria e das relacionadas aos seguidores laicos'.

"Então um monge sábio entre os monges reunidos da outra parte deve se levantar de seu assento, e depois de arrumar o manto em um ombro, deve erguer as mãos, as palmas unidas, e pedir uma promulgação da Sangha assim: 'Que a venerável Sangha possa me ouvir. Quando começamos a brigar e gritar e nos aprofundamos nas disputas, dissemos e fizemos muitas coisas impróprias para um asceta. Caso seja aprovado pela Sangha, então, para o bem destes veneráveis e para o meu próprio bem, no meio da Sangha, confessarei, pelo método chamado "encobrir com relva", quaisquer ofensas destes veneráveis e quaisquer ofensas minhas, com exceção das que exigem uma censura séria e das relacionadas aos seguidores laicos'. Assim é o encobrir com relva. E assim se dá a resolução de algumas questões disciplinares pelo encobrir com relva."

(MN 104, MLDB 855-859)

## 4. Enfrentamentos acerca da disciplina

### *(1) A necessidade de autorreflexão*

"Monges, no que diz respeito a uma questão disciplinar particular, se o monge que cometeu uma ofensa e o monge que o repreende não refletirem de maneira cuida-

---

reabilitação; e uma questão envolvendo um procedimento trata dos procedimentos coletivos da Sangha. A passagem citada aqui trata dos métodos de resolver disputas.

6. *Dhammanetti samanumajjitabbā*. O comentário fornece várias explicações sobre como aplicar a regra geral do Dhamma, do ponto de vista tanto dos suttas quanto do Vinaya.

dosa sobre si mesmos, pode-se esperar que essa questão disciplinar leve ao rancor e à animosidade por um longo tempo e os monges não viverão em paz. Mas se o monge que cometeu uma ofensa e o monge que o repreende refletirem de maneira cuidadosa sobre si mesmos, pode-se esperar que essa questão disciplinar não leve ao rancor e à animosidade por um longo tempo e os monges viverão em paz.

"E como o monge que cometeu uma ofensa reflete de maneira cuidadosa sobre si mesmo? Aqui, o monge que cometeu uma ofensa reflete assim: 'Eu cometi um erro prejudicial específico com o corpo. Aquele monge me viu enquanto o cometia. Se eu não tivesse cometido um erro prejudicial específico com o corpo, ele não teria me visto enquanto o cometia. Mas como cometi uma ação errônea prejudicial particular com o corpo, ele me viu enquanto o cometia. Ao me ver enquanto cometia um erro prejudicial específico com o corpo, ele ficou descontente. Estando descontente, ele expressou a mim seu descontentamento. Ao ter expressado a mim seu descontentamento eu fiquei descontente. Estando descontente, comuniquei-o aos outros. Assim, neste caso, fui eu quem incorreu numa transgressão, assim como o viajante que esconde os impostos alfandegários sobre os seus bens'. É assim que o monge que cometeu uma ofensa reflete de maneira cuidadosa sobre si mesmo.

"E como o monge que o repreendeu reflete de maneira cuidadosa sobre si mesmo? Aqui, o monge que o repreendeu reflete assim: 'Este monge cometeu um um erro prejudicial específico com o corpo. Eu o vi enquanto o cometia. Se este monge não tivesse cometido um erro prejudicial específico com o corpo, eu não o teria visto enquanto o cometia. Mas como ele cometeu um erro prejudicial específico com o corpo, eu o vi enquanto o cometia. Ao vê-lo enquanto cometia um erro prejudicial específico com o corpo, fiquei descontente. Estando descontente, expressei o meu descontentamento a ele. Ao ter expressado a ele meu descontentamento, ele ficou descontente. Estando descontente, ele comunicou-o aos outros. Assim, neste caso, fui eu quem incorreu numa transgressão, assim como o viajante que esconde os impostos alfandegários sobre os seus bens'. É assim que o monge que o repreendeu reflete de maneira cuidadosa sobre si mesmo.

"Se, monges, no que diz respeito a uma questão disciplinar particular, o monge que cometeu uma ofensa e o monge que o repreende não refletirem de maneira cuidadosa sobre si mesmos, pode-se esperar que essa questão disciplinar conduza ao rancor e à animosidade por um longo tempo e os monges não conviverão em paz. Mas se o monge que cometeu uma ofensa e o monge que o repreende refletirem de maneira cuidadosa sobre si mesmos, pode-se esperar que essa questão disciplinar não leve ao rancor e à animosidade por um longo tempo e os monges viverão em paz."

(AN 2:15, NDB 145-47)

### *(2) Evitando a animosidade*

"Monges, quando, em relação a uma questão disciplinar, não se resolvem internamente a troca de palavras entre ambas as partes, a insolência acerca dos pontos de vista e o ressentimento, a amargura e a exasperação[7], pode-se esperar que essa questão disciplinar leve à animosidade e ao rancor por um longo tempo, e os monges não viverão em paz.

"Monges, quando, em relação a uma questão disciplinar, resolvem-se internamente bem a troca de palavras entre ambas as partes, a insolência acerca de pontos de vista, e o ressentimento, a amargura e a exasperação, pode-se esperar que a questão disciplinar não leve à animosidade e ao rancor por um longo tempo, e os monges viverão em paz."

(AN 2:63, NDB 170)

## 5. Correção mútua

"Monges, ensinarei a vocês sobre a co-residência entre os maus e sobre a corresidência entre os bons. Ouçam e prestem cuidadosa atenção. Eu falarei."

"Sim, Bhante", responderam os monges. O Bem-Aventurado disse isto:

"E como ocorre a co-residência entre os maus, e como os maus vivem juntos? Aqui, ocorre a um monge mais velho: 'Um ancião – ou alguém de *status* médio ou um iniciante – não deve me corrigir. Eu não devo corrigir um ancião, ou alguém de posição intermediária ou um iniciante. Se um ancião me corrigir, talvez ele o faça sem empatia, não com empatia. Eu diria, então: "Não!" a ele e isso o incomodaria, e mesmo reconhecendo [a minha ofensa], eu não faria reparações em relação a ela. Se alguém de posição intermediária me corrigir [...] Se um iniciante me corrigir, talvez ele o faça sem empatia, não com empatia. Eu diria, então: "Não!" a ele, e isso o incomodaria, e mesmo vendo [a minha ofensa] eu não faria reparações em relação a ela.

"Ocorre, também, a alguém de posição intermediária [...] a um iniciante: 'Um ancião – ou alguém de posição intermediária ou um iniciante – não deveria me corrigir. Eu não deveria corrigir um ancião [...] e, mesmo vendo [a minha ofensa], eu não faria reparações em relação a ela.' É assim como ocorre a co-residência entre os maus, e é assim que os maus vivem juntos.

"E como, monges, ocorre a corresidência entre os bons, e como os bons vivem juntos? Aqui, ocorre a um monge mais velho: 'Um ancião – e alguém de posição intermediária ou um iniciante – deve me corrigir. Eu deveria corrigir um ancião, alguém de posição intermediária e um iniciante. Se um ancião me corrigir, ele poderá fazê-lo com empatia, não sem empatia. Eu direi, então: "Bom!" a ele e isso não o incomodaria, e vendo [a minha ofensa] eu faria reparações em relação a ela. Se alguém de posição intermediária me corrigir [...] Se um iniciante me corrigir, ele poderá fazê-lo com empatia, não sem empatia. Eu direi, então: "Bom!" e isso não o incomodaria, e vendo [a minha ofensa] eu faria reparações em relação a ela'.

---

7. O comentário explica a expressão "não resolvidos internamente" (*ajjhattaṁ avūpasantaṁ*) deste modo: "Não resolveu na própria mente e no próprio círculo de alunos e estudantes".

"Ocorre, também, a alguém de posição intermediária [...] a um iniciante: 'Um ancião – e alguém de posição intermediária e um iniciante – deve me corrigir. Eu devo corrigir um ancião [...] e vendo [a minha ofensa] eu faria reparações em relação a ela'. É assim que ocorre a corresidência entre os bons, e é assim como os bons vivem juntos."

(AN 2:62, NDB 168-170)

## 6. Aceitando a correção de outros

[O venerável Mahāmoggallāna dirige-se aos monges:] "Amigos, embora um monge pergunte assim: 'Que os veneráveis me corrijam, eu preciso ser corrigido pelos veneráveis' e, no entanto, ele seja difícil de ser corrigido e possua qualidades que o tornam difícil de ser corrigido, se ele é impaciente e não aceita instrução corretamente, então seus companheiros monges pensam que ele não deve ser corrigido ou instruído, e eles pensam nele como uma pessoa em que não se deve confiar.

"Que qualidades o tornam difícil de ser corrigido? (1) Aqui, um monge tem desejos maléficos e é dominado por maus desejos; essa é uma qualidade que o torna difícil de ser corrigido. (2) Novamente, um monge louva a si mesmo e despreza os outros; essa é uma qualidade que o torna difícil de ser corrigido. (3) Novamente, um monge é raivoso e tomado pela raiva... (4)... é raivoso e ressentido por causa da raiva... (5)... raivoso e teimoso por causa da raiva... (6) ... raivoso e diz palavras próximas da raiva ... (7) Novamente, quando reprovado, ele resiste a quem o reprovou ... (8)... quando reprovado, ele difama quem o reprovou... (9)... quando reprovado, ele repreende de volta quem o reprovou... (10)... quando reprovado, ele fala de forma evasiva, muda de assunto, e mostra raiva, ódio e rancor... (11)... quando reprovado, ele não é capaz de justificar sua conduta... (12) Novamente, um monge é desrespeitoso e insolente... (13)... invejoso e avarento... (14)... fraudulento e enganoso... (15)... teimoso e arrogante... (16) Novamente, um monge aferra-se a seus próprios pontos de vista, apega-se a eles com tenacidade e abandona-os com dificuldade; essa é uma qualidade que o torna difícil de ser corrigido. Essas são as ditas qualidades que o tornam difícil de ser corrigido.

"Amigos, embora um monge não pergunte assim: 'Que os veneráveis me corrijam, eu preciso ser corrigido pelos veneráveis' e, no entanto, ele seja dócil ao ser corrigido e possua qualidades que o tornam dócil ao ser corrigido, se ele é paciente e aceita instruções corretamente, então seus companheiros monges pensam que ele é passível de ser corrigido e instruído, e eles pensam nele como uma pessoa em que se pode confiar.

"Que qualidades o tornam dócil ao ser corrigido? (1) Aqui, um monge não tem desejos maléficos e não é dominado por maus desejos; essa é uma qualidade que o torna dócil ao ser corrigido. (2) Novamente, um monge não louva a si mesmo ou despreza os outros; essa é uma qualidade [...] (3) Novamente, um monge não é raivoso e tomado pela raiva [...](4) [...] não é raivoso e ressentido por causa da raiva [...] (5) [...] não é teimoso por causa da raiva [...] (6) [...] não é raivoso e diz palavras próximas da raiva [...] (7) Novamente, quando reprovado, ele não resiste a quem o reprovou [...] (8) [...] quando reprovado, ele não difama quem o reprovou [...] (9) [...] quando reprovado, ele não repreende de volta quem o reprovou [...] (10) [...] quando reprovado, ele não fala de forma evasiva, não muda de assunto, nem mostra raiva, ódio e rancor [...] (11) [...] quando reprovado, ele é capaz de justificar sua conduta [...] (12) Novamente, um monge não é desrespeitoso e insolente [...] (13) [...] invejoso e avarento [...] (14) [...] fraudulento e enganoso [...] (15) [...] teimoso e arrogante [...] (16) Novamente, um monge não se aferra a seus próprios pontos de vista, não se apega a eles com tenacidade e os abandona com facilidade; essa é uma qualidade que o torna dócil ao ser corrigido. Essas são as ditas qualidades que o tornam dócil ao ser corrigido.

"Agora, amigos, um monge deve inferir sobre si mesmo da seguinte maneira: (1) 'Uma pessoa com maus desejos e dominada por maus desejos é desprazível e desagradável para mim. Se eu tivesse desejos maléficos e fosse dominado por maus desejos, eu seria desprazível e desagradável para os outros'. Um monge que sabe disso deveria erguer sua mente assim: 'Eu não terei maus desejos nem serei dominado por maus desejos'.

(2) "Uma pessoa que louva a si mesmo e despreza os outros... (16) 'Uma pessoa que se aferra aos seus próprios pontos de vista, aferra-se a eles com tenacidade, e os abandona com dificuldade é desprazível e desagradável para mim. Se eu me aferrasse aos meus próprios pontos de vista, aferrando-me a eles com tenacidade e abandonando-os com dificuldade, eu seria desprazível e desagradável para os outros'. Um monge que sabe disso deveria elevar sua mente assim: 'Eu não me aferrarei aos meus próprios pontos de vista, não me aferrarei a eles com tenacidade, mas irei abandoná-los com facilidade'.

"Agora, amigos, um monge deveria examinar a si mesmo assim: (1) 'Tenho desejos maléficos e sou dominado por maus desejos?' Se, quando ele se examina, ele sabe: 'Tenho desejos maléficos, sou dominado por maus desejos', então ele deveria fazer um esforço para abandonar essas qualidades maléficas nocivas. Mas se, quando ele se examina, ele sabe: 'Eu não tenho desejos maléficos, não sou dominado por maus desejos', então ele pode permanecer feliz e contente, treinando dia e noite nas qualidades benéficas.

(2) "Novamente, um monge deveria examinar a si mesmo assim: 'Eu louvo a mim mesmo e desprezo os outros?' [...] (16) 'Tenho aderência às minhas próprias opiniões, aferro-me a elas com tenacidade e abandono-as com dificuldade?' Se, quando ele se examina, ele sabe: 'Tenho aderência às minhas próprias opiniões...', então ele deveria fazer um esforço para abandonar essas qualidades maléficas nocivas. Mas se, quando ele se examina, ele sabe: 'Não tenho aderência às minhas próprias opiniões [...]', então ele pode permanecer feliz e contente, treinando dia e noite nas qualidades benéficas.

"Amigos, quando um monge se examina assim, se ele vê que essas qualidades maléficas nocivas não foram todas abandonadas por ele, então ele deve fazer um esforço para as abandonar todas. Mas se, quando ele se examina assim, e vê que todas elas foram abandonadas por ele, então ele pode ficar feliz e contente, treinando dia e noite as qualidades benéficas. Assim como quando uma jovem que gosta de ornamentos, ao examinar a imagem de seu próprio rosto num espelho claro e brilhante ou numa bacia de água límpida, encontra uma mancha ou uma sujeira nela e faz um esforço para removê-la e, então, ao não ver nenhuma mancha ou sujeira nela, alegra-se assim: 'É um ganho para mim que ela esteja limpa'; do mesmo modo ocorre quando um monge se examina assim. Então ele pode ficar feliz e contente, treinando dia e noite as qualidades benéficas."

(MN 15, MLDB 190-193)

## 7. Resolvendo disputas entre seguidores laicos e a Sangha

### *(1) Virando a tigela de alimento*

"Monges, quando um seguidor laico possui oito qualidades, a Sangha, se assim o desejar, pode virar para baixo a tigela de alimento em relação a ele. Quais oito? (1) Ele tenta impedir que os monges adquiram ganhos; (2) Ele tenta causar prejuízo aos monges; (3) ele tenta impedir que os monges residam [nas proximidades]; (4) ele insulta e xinga os monges; (5) ele divide os monges entre si; (6) ele emite críticas ao Buda; (7) ele emite críticas ao Dhamma; (8) ele emite críticas à Sangha. Quando um seguidor laico possui essas oito qualidades, a Sangha, se assim o desejar, pode virar para baixo a tigela de alimento em relação a ele.

"Monges, quando um seguidor laico possui oito qualidades, a Sangha, se assim o desejar, pode virar para cima a tigela de alimento em relação a ele. Quais oito? (1) Ele não tenta impedir que os monges adquiram ganhos; (2) ele não tenta causar prejuízo aos monges; (3) ele não tenta impedir que os monges residam [nas proximidades]; (4) ele não insulta e xinga os monges; (5) ele não divide os monges entre si; (6) ele fala em louvor ao Buda; (7) ele fala em louvor ao Dhamma; (8) ele fala em louvor à Sangha. Quando um seguidor laico possui essas oito qualidades, a Sangha, se assim o desejar, pode virar para cima a tigela de alimento em relação a ele."

(AN 8:87, NDB 1235)

### *(2) Perda de confiança*

"Monges, quando um monge possui oito qualidades, os seguidores laicos, se quiserem, podem proclamar a perda de confiança nele[8]. Quais oito? (1) Ele tenta impedir que os laicos adquiram ganhos; (2) ele tenta causar prejuízo aos laicos; (3) ele insulta e xinga os laicos; (4) ele divide os laicos entre si; (5) ele emite críticas ao Buda; (6) ele emite críticas ao Dhamma; (7) ele emite críticas à Sangha; (8) os laicos o veem em um local inapropriado. Quando um monge possui essas

---

8. *Appasāda.* Quando isso tiver sido proclamado, não precisam se levantar de seu assento por ele, nem lhe fazer a devida reverência, nem sair ao encontro dele, nem lhe fazer doações.

oito qualidades, os seguidores laicos, se quiserem, podem proclamar a perda de confiança nele.

"Monges, quando um monge possui oito qualidades, os seguidores laicos, se quiserem, podem restaurar a confiança nele. Quais oito? (1) Ele não tenta impedir que os laicos adquiram ganhos; (2) ele não tenta causar prejuízo aos laicos; (3) ele não insulta e xinga os laicos; (4) ele não divide os laicos entre si; (5) ele fala em louvor ao Buda; (6) ele fala em louvor ao Dhamma; (7) ele fala em louvor à Sangha; (8) os laicos o veem em um local [apropriado]. Quando um monge possui essas oito qualidades, os seguidores laicos, se quiserem, podem restaurar a confiança nele."

(AN 8:88, NDB 1236)

### *(3) Reconciliação*

"Monges, quando um monge possui oito qualidades, a Sangha, se desejar, pode proibir um ato de reconciliação em relação a ele[9]. Quais oito? (1) Ele tenta impedir que os laicos adquiram ganhos; (2) ele tenta causar prejuízo aos laicos; (3) ele insulta e xinga os laicos; (4) ele divide os laicos entre si; (5) ele emite críticas ao Buda; (6) ele emite críticas ao Dhamma; (7) ele emite críticas à Sangha; (8) ele não cumpre uma promessa legítima aos laicos. Quando um monge possui essas oito qualidades, a Sangha, se desejar, pode proibir um ato de reconciliação em relação a ele.

"Monges, quando um monge possui oito qualidades, a Sangha, se assim o desejar, pode revogar um ato de reconciliação [anteriormente imposto a ele]. Quais oito? (1) Ele não tenta impedir que os laicos adquiram ganhos; (2) ele não tenta causar danos aos laicos; (3) ele não insulta e xinga os laicos; (4) Ele não divide os laicos entre si; (5) ele fala em louvor ao Buda; (6) ele fala em louvor ao Dhamma; (7) ele fala em louvor à Sangha; (8) ele cumpre uma promessa legítima aos laicos. Quando um monge possui essas oito qualidades, a Sangha, se desejar, pode revogar um ato de reconciliação [anteriormente imposto a ele]."

(AN 8:89, NDB 1236-1237)

## 8. Expulsar malfeitores

### *(1) Varrer o joio para longe!*

Em certa ocasião, o Bem-Aventurado residia em Campā, em uma margem do Lago de Lótus de Gaggārā. Naquela ocasião, os monges reprovaram um monge por uma ofensa. Quando foi reprovado, aquele monge respondeu evasivamente, desviou

9. *Paṭisāraṇiyakamma.* Quando isso é imposto, o monge deve ir ao chefe de família, acompanhado por outro monge, e pedir-lhe desculpas. Se ele não conseguir o perdão do chefe de família, seu companheiro deve tentar reconciliá-los. A história de fundo está em Vin 15-18, com as estipulações legais em Vin II 18-21. Para obter detalhes, consulte Thānissaro Bhikkhu, *O Código Monástico Budista II*, p. 407–11.

a discussão para um assunto irrelevante, e mostrou raiva, ódio e ressentimento. Então, o Bem-Aventurado dirigiu-se aos monges: "Monges, mandem embora essa pessoa! Monges, mandem embora essa pessoa! Esta pessoa deve ser banida. Por que o filho de outro deveria irritá-los?[10]

"Aqui, monges, tanto quanto os monges não veem a ofensa dela, certa pessoa tem o mesmo comportamento que os bons monges. Quando, no entanto, eles veem nele a ofensa, eles a reconhecem como uma corrupção entre os ascetas, apenas joio e escória entre os ascetas. Então eles a expulsam. Por que motivo? Para que ela não corrompa os bons monges.

"Suponha que, em um campo de cevada que está crescendo, aparecesse uma cevada manchada, apenas joio e escória entre a cevada. Enquanto ela não abrir, suas raízes são como a da cevada boa; o caule igual ao da cevada boa; suas folhas como as da cevada boa. Quando, no entanto, ela se abre, eles a reconhecem como cevada manchada, apenas joio e escória entre a cevada. Então eles a arrancam pela raiz e a jogam fora do campo de cevada. Por que motivo? Para que não estrague a cevada boa.

"Do mesmo modo, enquanto os monges não virem a ofensa dela, certa pessoa tem o mesmo comportamento que os bons monges. Quando, no entanto, eles veem sua ofensa, eles a reconhecem como corrupção entre os ascetas, apenas joio e escória entre os ascetas. Então eles a expulsam. Por que motivo? Para que ele não corrompa os bons monges."

Ao viver junto dele, reconheça-o como
uma pessoa irritada com desejos maus;
um difamador, teimoso, insolente,
invejoso, avarento e enganador.

Ele fala às pessoas como um asceta,
[dirigindo-se a elas] com uma voz calma;
mas, secretamente, realiza más ações,
mantém pontos de vista perniciosos, e carece de respeito.

Embora seja desonesto, um proferidor de mentiras,
vocês devem reconhecê-lo como ele realmente é;
então todos vocês devem se reunir em harmonia
e afastá-lo firmemente.

Livrem-se da escória!
Removam os companheiros depravados!
Varram a palha, os não ascetas
que se acham ascetas!

Tendo banido aqueles de maus desejos,
de má conduta e comportamento,

10. O comentário não oferece uma explicação para a expressão, mas a implicação parece ser que o monge problemático, por seu comportamento, não é um verdadeiro discípulo do Buda e, portanto, pode ser considerado um "filho" (isto é, um discípulo) de outro professor.

habitem em comunhão, sempre vigilantes,
os puros com os puros;
então, em harmonia e alertas,
deem um fim no sofrimento.

(AN 8:10, NDB 1122-1124)

### *(2) Expulsão forçada*

Em certa ocasião, o Bem-Aventurado residia em Sāvatthī, na Mansão de Migāramātā, no Parque Oriental. Agora, naquela ocasião, no dia da *uposatha*, o Bem-Aventurado estava sentado cercado pela Sangha dos monges. Então, à medida que a noite avançava, quando a primeira vigília terminou, o Venerável Ānanda se levantou de seu assento, arrumou o manto superior sobre um ombro, saudou o Bem-Aventurado com reverência e disse-lhe: "Bhante, a noite avançou; a primeira vigília terminou; a Sangha está sentada há muito tempo. Que o Bem-Aventurado recite o Pātimokkha aos monges". Quando isso foi dito, o Bem-Aventurado ficou em silêncio.

À medida que a noite avançava [ainda mais], quando a vigília do meio terminou, o Venerável Ānanda se levantou de seu assento uma segunda vez, arrumou seu manto superior sobre um ombro, saudou o Bem-Aventurado com reverência e disse-lhe: "Bhante, a noite avançou [ainda mais]; a vigília do meio terminou; a Sangha está sentada há muito tempo. Bhante, que o Bem-Aventurado recite o Pātimokkha aos monges". Uma segunda vez, o Bem-Aventurado ficou em silêncio.

À medida que a noite avançava [ainda mais], quando a última vigília terminou, quando o amanhecer chegou e uma tonalidade rosada apareceu no horizonte, o Venerável Ānanda se levantou de seu assento pela terceira vez, arrumou seu manto superior sobre um ombro, saudou o Bem-Aventurado com reverência e disse-lhe: "Bhante, a noite avançou [ainda mais]; a última vigília terminou; o amanhecer chegou e uma tonalidade rosada apareceu no horizonte; a Sangha está sentada há muito tempo. Que o Bem-Aventurado recite o Pātimokkha aos monges".

"Esta assembleia, Ānanda, está impura."

Então ocorreu ao Venerável Mahāmoggallāna: "A que pessoa o Bem-Aventurado se referia quando disse: 'Esta assembleia está impura'?" Então, o Venerável Mahāmoggallāna fixou sua atenção em toda a Sangha dos monges, alcançando suas mentes com sua própria mente. Ele então viu a pessoa sentada no meio da Sangha: a pessoa sem moral, de mau caráter, impura, de comportamento suspeito, furtiva em suas ações, não um asceta, embora afirmando ser um, não um celibatário, embora afirmando ser um, interiormente podre, corrupta, depravada. Tendo-a visto, ele se levantou de seu assento, foi até a pessoa, e disse-lhe: "Levante-se, amigo. O Bem-Aventurado viu você. Você não pode viver em comunhão com os monges". Quando isso foi dito, a pessoa permaneceu em silêncio.

Uma segunda vez [...] Uma terceira vez, o Venerável Mahāmoggallāna disse a essa pessoa: "Levante-se, amigo. O Bem-Aventurado viu você. Você não pode viver em comunhão com os monges". Uma terceira vez essa pessoa permaneceu em silêncio.

Então, o Venerável Mahāmoggallāna agarrou aquela pessoa pelo braço, expulsou-a através da porta externa e fechou a porta. Então ele voltou ao Bem-Aventurado e disse-lhe: "Eu expulsei aquela pessoa, Bhante. A assembleia está pura. Que o Bem--Aventurado recite o Pātimokkha aos monges".

"É surpreendente e espantoso, Moggallāna, como aquele homem oco esperou até ser agarrado pelo braço." Então, o Bem-Aventurado dirigiu-se aos monges: "Agora, monges, vocês mesmos devem conduzir o *uposatha* e recitar a Pātimokkha. A partir de hoje, não o farei mais. É impossível e inconcebível que o Tathāgata possa conduzir o *uposatha* e recitar o Pātimokkha em uma assembleia impura".

(do AN 8:20, NDB 1145-1146; Ud 5.5)

# X
# ESTABELECENDO UMA SOCIEDADE JUSTA

# Introdução

Na última parte desta antologia, passamos da comunidade intencional para a comunidade natural, procedendo da família para a sociedade maior e depois para o estado. Os textos aqui incluídos revelam a astúcia pragmática da sabedoria do Buda, sua capacidade de abordar questões práticas com discernimento e franqueza. Embora ele tivesse adotado a vida de um *samaṇa*, um renunciante que se situava fora de todas as instituições sociais, à distância ele observou as instituições sociais de seu tempo e sugeriu ideais e arranjos para promover o bem-estar espiritual, psicológico e físico das pessoas ainda imersas nos limites do mundo. Ele aparentemente viu a chave para uma sociedade saudável como baseada no cumprimento das responsabilidades de uma pessoa para com as outras. Ele considerou a ordem social como uma tapeçaria de relacionamentos sobrepostos que se cruzavam, cada um dos quais impondo às pessoas deveres em relação àqueles situados no outro polo de cada relação em que participavam.

Esse ponto se torna bem saliente no **Texto X,1**, um trecho de um discurso dirigido a um jovem chamado Sīgalaka. O Buda aqui trata como a sociedade é constituída por seis relacionamentos emparelhados: pais e filhos, maridos e esposas, amigos entre si, empregadores e funcionários, professores e estudantes, e professores religiosos e apoiadores laicos. Para cada um, o Buda propõe cinco (ou em um caso seis) deveres que cada um deveria cumprir para com os outros. Ele vê o indivíduo – cada indivíduo – situado em um ponto onde as "seis direções" convergem e, portanto, obrigado a honrar essas direções desempenhando os deveres inerentes ao relacionamento.

O Buda considerava a família a unidade básica de integração social e aculturação. É especialmente a relação íntima e amorosa entre pais e filhos que nutre as virtudes e o sentido da responsabilidade humana, essenciais a uma ordem social coesa. Dentro da família, esses valores são transmitidos de uma geração para outra e, portanto, uma sociedade harmoniosa é altamente dependente de relações cordiais e respeitosas entre pais e filhos. No **Texto X,2(1)** ele explica como os pais são de grande benefício para seus filhos, e em **X,2(2)** ele diz que seus pais nunca podem ser adequadamente recompensados mediante a concessão de benefícios materiais a eles, mas apenas os estabelecendo na fé, na conduta virtuosa, na generosidade e na sabedoria. As relações saudáveis entre pais e filhos dependem, por sua vez, do afeto mútuo e respeito do marido e da esposa. O discurso selecionado para o **Texto X,3** oferece diretrizes para relacionamentos adequados entre casais, sustentando que o casamento ideal é aquele em que tanto marido quanto esposa compartilham um compromisso com a conduta virtuosa, a generosidade e os valores espirituais.

Na seção seguinte, coligi textos que lidam com o comportamento social do chefe de família. Os dois primeiros, **Textos X,4(1)-(2)**, afirmam que o chefe de família devoto se ergue em favor do bem-estar de muitos e conduz seus familiares no desenvolvimento da fé, virtude, aprendizagem, generosidade e sabedoria. O **Texto X,4(3)** discute as formas adequadas de busca da riqueza, que devem ocorrer dentro das restrições dos meios de vida corretos. A dimensão espiritual entra afirmando que o chefe de família usa a riqueza "sem estar atado a ela, apaixonado por ela e cegamente absorvido nela". O **Texto X,4(4)** fala de cinco negociações que são proibidas para o discípulo laico sincero, proibidas porque envolvem danos, reais ou potenciais, para outros seres vivos. O **Texto X,4(5)** explica então cinco maneiras apropriadas de usar a riqueza. A explicação mostra que a riqueza justamente conquistada deve ser usada tanto para o autobenefício quanto para o benefício dos outros; depois que alguém garantiu o bem-estar de si mesmo e da família, deve-se usar a riqueza principalmente para a realização de ações meritórias que são para o serviço aos outros.

A próxima seção nos traz de volta à questão da casta, tocada a partir de uma perspectiva monástica na Parte VII. Contrariamente a uma crença comum, o Buda não defendia abertamente a abolição do sistema de castas, que em seu tempo ainda não havia adquirido a complexidade e a rigidez que adquiriu nos séculos posteriores, principalmente como formulado nos livros das leis hindus. Talvez ele tenha visto que as divisões sociais e as diferentes responsabilidades que elas implicavam eram inevitáveis. Mas ele rejeitou reivindicações sobre a santidade do sistema de castas por vários motivos, teológicos, morais e espirituais. Teologicamente, ele repudiou a afirmação brāhmaṇica de que as castas foram criadas por Brahmā, o deus criador; em vez disso, ele considerou o sistema como uma mera instituição social de origem puramente humana. Moralmente, ele rejeitou a crença de que o *status* de casta era indicativo de valor moral, com aqueles nas castas superiores herdando um *status* moral superior. Em vez disso, ele considerou que eram as ações que determinavam o valor moral de alguém, e que qualquer pessoa de qualquer classe social que se envolvesse em ações prejudiciais diminuiria seu *status* moral e qualquer um que se envolvesse em ações benéficas elevaria seu *status* moral. E espiritualmente, como vimos anteriormente, ele considerou que qualquer um de qualquer casta poderia praticar o Dhamma e atingir o objetivo final.

Esses argumentos são apresentados aqui nos **Textos X,5(1)-(4)**. As conversas registradas nesses discursos – em que a estrutura de casta é tratada como um modelo que os brāhmaṇas procuravam impor à sociedade – sugerem que no nordeste da Índia, onde o budismo surgiu, a estratificação das castas não atingiu o grau de rigidez e autoridade que pode ter atingido na Índia central e ocidental. Também é interessante notar que, ao listar as castas em sequência, onde os brāhmaṇas se colocam acima e os khattiyas abaixo deles, o Buda coloca os khattiyas no topo e os brāhmaṇas em segundo lugar. A esse respeito, ele pode ter seguido a convenção que prevaleceu nos estados do nordeste do subcontinente.

Em **X,5(1)** o Buda argumenta contra a afirmação brāhmaṇica, apresentada pelo brāhmaṇa Esukārī, de que a sociedade deve ser ordenada de acordo com uma hierarquia fixa de serviço, de tal forma que todos nas castas inferiores devem servir os brāhmaṇas, enquanto os suddas, no fundo da escala de castas, devem servir a todos os outros. O Buda, em contraste, defende que o serviço deve se basear nas oportunidades oferecidas para o avanço moral de alguém. O brāhmaṇa Esukārī também sustenta que aqueles em cada casta têm seu próprio dever fixo que decorre de seu *status* de casta; isso parece ser um precursor da teoria do *svadharma* que se tornou proeminente nos livros das leis hindus, a ideia de que cada casta tem seus próprios deveres que devem ser cumpridos caso se queira colher um melhor renascimento e progresso rumo à libertação final. Novamente, o Buda rejeita essa visão, sustentando que o "Dhamma supramundano" é a riqueza natural de cada pessoa. Quem observa os princípios da boa conduta, independentemente da casta em que nasceu, está cultivando "o Dhamma que é benéfico".

No **Texto X,5(2)**, o monge Mahākaccāna, que era ele próprio de estoque brāhmaṇico, argumenta contra a afirmação brāhmaṇica de que o sistema de castas é de origem divina e que só os brāhmaṇas são "os filhos de Brahmā, a descendência de Brahmā". Ele sustenta, em vez disso, que "este é apenas um dito mundano". O sistema de castas é puramente convencional, e aqueles de qualquer casta podem se provar moralmente dignos ou moralmente deficientes. Em **X,5(3)-(4)** o Buda novamente rejeita a ideia de que o *status* de casta é determinado pelo nascimento e propõe redefinições dos conceitos de brāhmaṇa e pária, respectivamente, em que eles são definidos não pelo nascimento, mas pelo próprio caráter moral de uma pessoa.

A próxima seção analisa brevemente a visão política do Buda. Em seu tempo, o subcontinente indiano era dividido em dezesseis estados, que eram de dois tipos: repúblicas tribais e monarquias. Já vimos um exemplo do conselho do Buda aos líderes republicanos no **Texto VII,3(4)**, sobre as sete condições de não declínio que ele ensinou aos vajjis. No entanto, a região norte da Índia passava rapidamente por uma transição tectônica que estava derrubando a ordem política prevalecente. As realezas de vários estados estavam se expandindo e engolindo os reinos mais fracos e as pequenas repúblicas, cujos dias pareciam contados. As reivindicações concorrentes por território e riqueza levaram a um aumento no militarismo e nos confrontos violentos. A região estava rapidamente se dirigindo a uma era de lutas implacáveis pelo poder e guerras viciosas de agressão contundente representadas no seguinte verso (SN 1:28, CDB 103):

> Aqueles de grande riqueza e propriedade,
> mesmo khattiyas que governam o país,
> olham um para o outro com olhos gananciosos,
> insaciáveis nos prazeres sensoriais.

Como o triunfo do tipo monárquico de governo parecia inevitável, o Buda procurou a salvaguarda contra abusos de poder, propondo um modelo de realeza que subordinaria o rei a uma autoridade superior, um padrão objetivo de bondade que poderia conter o exercício arbitrário do poder. Ele percebeu que, em um sistema político monárquico, toda a sociedade segue o exemplo estabelecido por seu governante, seja para o bem ou para o mal. Assim, no **Texto X,6(1)** ele descreve o papel do rei, atribuindo uma potência quase mística à influência da conduta do governante em seu reino. Em uma era de lutas militares por território, ele condenou o recurso à guerra como meio de resolver conflitos. O **Texto X,6(2)** afirma que a vitória só gera inimizade e mantém o ciclo de retaliação. Os Jātakas, as histórias das vidas passadas do Buda, resumem ainda mais as qualidades esperadas de um governante justo com um esquema de dez virtudes reais: doação, conduta moral, renúncia, honestidade, gentileza, austeridade pessoal, não se enraivecer, não ferir, paciência e não se opor à vontade do povo[1]. O Kukka Jātaka, por exemplo, descreve o rei virtuoso como aquele que "seguindo essas dez virtudes reais, governando de acordo com o Dhamma, traz prosperidade e progresso para si e para os outros sem incomodar ninguém" (Jātakas III 320).

Para garantir que os reis tivessem um padrão exemplar de governança para emular, o Buda estabeleceu o ideal do "monarca que gira a roda" (*rājā cakkavattī*), o rei justo que governa em conformidade com o Dhamma, a lei impessoal de justiça. O monarca que gira a roda é a contraparte secular do Buda; para ambos, a roda é o símbolo de sua autoridade. Como mostra o **Texto X,6(3)**, o Dhamma que o monarca que gira a roda obedece é a justificativa ética para seu governo. Ele estende proteção a todos em seu reino, às pessoas de cada rumo de vida e até aos pássaros e animais. Simbolizada pelo sagrado tesouro da roda, a lei da justiça permite ao rei conquistar pacificamente o mundo e estabelecer um reino universal de paz baseado na observância dos cinco preceitos e dos dez cursos de ação benéfica, conforme descrito no **Texto X,6(4)**.

Entre os deveres do monarca está impedir que o crime prolifere em seu reino, e para manter o reino a salvo do crime, ele deve doar riqueza aos necessitados. No budismo antigo, a pobreza é considerada como o terreno fértil da criminalidade e o alívio da pobreza torna-se assim um dos deveres reais. Esse dever é mencionado entre as obrigações de um monarca que gira a roda no **Texto X,6(5)**, que mostra como, do fracasso em aliviar a pobreza, surgem todas as formas de depravações morais: roubo, assassinato, mentira e outras transgressões. A obrigação do rei de aliviar a pobreza é elaborada em **X,6(6)**. Aqui, em uma história que supostamente se refere ao passado distante, um capelão sábio – que não é outro senão o Buda em um nascimento anterior – aconselha o rei que a maneira adequada de acabar com o roubo e a bandidagem que atormentam seu reino não é impor punições mais severas e a aplicação da lei mais rigorosa, mas dar aos cidadãos os meios de que eles precisam para ganhar uma vida decente. Uma vez que as pessoas desfrutem de um padrão de vida satisfatório, elas perdem todo o interesse em prejudicar os outros e o país goza de paz e tranquilidade.

1. *Dānaṃ sīlaṃ pariccāgaṃ, ajjavaṃ maddavaṃ tapaṃ; akkodhaṃ avihiṃsañca, khantiñca avirodhanaṃ.*

# X
# Estabelecendo uma sociedade justa

## 1. Responsabilidades recíprocas

[O Buda está falando com um jovem chamado Sīgalaka:] "E como, jovem, o nobre discípulo protege as seis direções? Estas seis coisas devem ser consideradas como as seis direções. O leste denota mãe e pai. O sul denota professores. O oeste denota esposa e filhos. O norte denota amigos e companheiros. O nadir denota empregados, trabalhadores e ajudantes. O zênite denota ascetas e brāhmaṇas.

"Há cinco maneiras pelas quais um filho deve cuidar de sua mãe e de seu pai como a direção oriental. [Ele deve pensar:] 'Tendo sido apoiado por eles, eu os apoiarei. Cumprirei os seus deveres para eles. Manterei a tradição da família. Serei digno de minha herança. Depois da morte dos meus pais, distribuirei presentes em nome deles'. E há cinco maneiras pelas quais os pais, assim cuidados por seu filho como a direção oriental, lhe retribuirão: eles o refrearão do mal, o sustentarão em fazer o bem, ensinarão alguma habilidade, encontrarão uma esposa adequada e, a devido tempo, entregarão a ele a sua herança. Dessa forma, a direção oriental é coberta, tornando-a segura e livre de perigo.

"Há cinco maneiras pelas quais os alunos devem cuidar de seus professores como a direção sul: levantando-se para cumprimentá-los, zelando por eles, permanecendo atentos, servindo-os, dominando as habilidades que ensinam. E há cinco maneiras pelas quais seus professores, assim cuidados por seus alunos como a direção sul, lhe retribuirão: eles darão instruções completas, se certificarão de que compreenderam o que deveriam ter devidamente compreendido, lhes darão uma base completa em todas as habilidades, lhes recomendarão aos seus amigos e colegas, e lhes fornecerão segurança em todas as direções. Dessa forma, a direção sul é coberta, tornando-a segura e livre de perigo.

"Há cinco maneiras pelas quais um marido deve cuidar de sua esposa como a direção ocidental: honrando-a, não a menosprezando, não sendo infiel a ela, dando-lhe autoridade, dando-lhe adornos. E há cinco maneiras pelas quais uma esposa, assim cuidada por seu marido como a direção ocidental, lhe retribuirá: organizando adequadamente seu trabalho, sendo gentil com os empregados, não sendo infiel, protegendo as dispensas, e sendo hábil e diligente em tudo o que ela tem de fazer. Dessa forma, a direção ocidental é coberta, tornando-a segura e livre de perigo.

"Há cinco maneiras pelas quais um homem deve cuidar de seus amigos e companheiros como a direção do norte: por presentes, por palavras gentis, cuidando de seu bem-estar, tratando-os como a si próprio, e mantendo sua palavra. E há cinco maneiras pelas quais amigos e companheiros, assim cuidados por um homem como a direção do norte, lhe retribuirão: cuidando dele quando estiver desatento, cuidando de sua propriedade quando estiver desatento, sendo refúgio quando ele tiver medo, não o abandonando quando estiver em apuros, e mostrando preocupação para com seus filhos. Dessa forma, a direção norte é coberta, tornando-a segura e livre de perigo.

"Há cinco maneiras pelas quais um mestre deve cuidar de seus empregados e trabalhadores como o nadir: organizando seu trabalho de acordo com suas forças, suprindo-os com alimentos e salários, cuidando deles quando estiverem doentes, compartilhando iguarias especiais com eles e deixando-os sair do trabalho no tempo correto. E há cinco maneiras pelas quais os empregados e trabalhadores, assim cuidados por seu senhor como o nadir, retribuirão: despertando antes dele, deitando-se depois dele, tomando somente o que lhes é dado, realizando adequadamente suas tarefas, e sendo portadores de seu louvor e de sua boa reputação. Dessa forma, o nadir é coberto, tornando-o seguro e livre de perigo.

"Há cinco maneiras pelas quais um homem deve cuidar dos ascetas e brāhmaṇas como o zênite: por bondade em ações corporais, ações verbais e ações mentais, conservando a casa aberta para eles e suprindo suas necessidades corporais. E os ascetas e brāhmaṇas, assim cuidados por ele como o zênite, lhe retribuirão de seis maneiras: eles o refrearão de fazer o mal, o estimularão a fazer o bem, serão benevolentemente compassivos com ele, lhe ensinarão o que ele não aprendeu, esclarecerão o que aprendeu e lhe apontarão o caminho para o céu. Dessa forma, o zênite é coberto, tornando-o seguro e livre de perigo."

(do DN 31, LDB 466-468)

## 2. Pais e filhos

### *(1) Os pais são de grande ajuda*

"Monges, estas famílias habitam com Brahmā, onde em casa os pais são respeitados por seus filhos. Estas famílias habitam com os professores de antigamente, onde em casa os pais são respeitados por seus filhos. Estas famílias habitam com as divindades antigas, onde em casa os pais são respeitados por seus filhos. Estas famílias habitam com os santos, onde em casa os pais são respeitados por seus filhos.

"'Brahmā', monges, é um termo para pai e mãe. 'Professores de antigamente' é um termo para pai e mãe. "Divindades antigas' é um termo para pai e mãe. 'Santos' é um termo para pai e mãe. E por quê? Os pais são de grande ajuda para seus filhos; eles os educam, os alimentam e lhes mostram o mundo".

(AN 4:63, NDB 453)

### *(2) Retribuir aos pais*

"Monges, declaro que há duas pessoas que não são fáceis de se retribuir. Quais duas? A mãe e o pai. Mesmo que uma pessoa carregasse a mãe em um ombro e o pai em outro, e ao fazê-lo vivesse cem anos, atingisse a idade de cem anos; e se cuidasse deles untando-os com bálsamos, massageando, banhando e esfregando seus membros, e mesmo ajudando a se livrar de seus excrementos – mesmo assim ela não faria o suficiente para os pais, nem se conseguiria retribuir a eles. Ainda que uma pessoa estabelecesse seus pais como senhores e governantes supremos sobre esta terra tão rica nos sete tesouros, não faria o suficiente por eles, nem conseguiria retribuir a eles. Por que motivo? Os pais são de grande ajuda para seus filhos; eles os educam, os alimentam e lhes mostram o mundo. Mas aquele que incentiva os seus pais incrédulos, iniciando-os e estabelecendo-os na fé; que encoraja os seus pais imorais, iniciando-os e estabelecendo-os na virtude moral; que incentiva os seus pais miseráveis, iniciando-os e estabelecendo-os na generosidade; que incentiva os seus pais ignorantes, iniciando-os e estabelecendo-os na sabedoria – tal pessoa faz o suficiente por seus pais; ela retribui a eles e mais do que retribui pelo que fizeram".

(AN 2:33, NDB 153-154)

## 3. Maridos e mulheres

Em certa ocasião, o Bem-Aventurado viajava pela estrada entre Madhurā e Verañjā, e vários chefes de família e suas esposas viajavam pela mesma estrada. Então, o Bem-Aventurado deixou a estrada e sentou-se em um banco ao pé de uma árvore. Os chefes de família e suas mulheres viram o Bem-Aventurado ali sentado e se aproximaram dele. Tendo feito-lhe a devida reverência, eles se sentaram a um lado, e o Bem-Aventurado lhes disse:

"Chefes de família, existem quatro tipos de casamento. Quais quatro? Um homem miserável vive junto de uma mulher miserável; um miserável vive junto de uma deusa; um deus vive junto de uma miserável; um deus vive junto de uma deusa.

"E como um miserável vive junto de uma miserável? Neste caso, chefes de família, o marido é aquele que destrói a vida, que toma o que não é dado, que se envolve em má conduta sexual, que fala com falsidade e se entrega a vinhos, bebidas alcoólicas e intoxicantes, a base para a negligência; ele é imoral e de mau caráter; ele vive em casa com um coração dominado pela mancha da avareza; ele insulta e humilha ascetas e brāhmaṇas. E sua esposa é exatamente igual em todos os aspectos. Assim é que um miserável vive junto de uma miserável.

"E como é que um miserável vive junto de uma deusa? Neste caso, chefes de família, o marido é aquele que destrói a vida, que insulta e humilha ascetas e brāhmaṇas. Sua esposa, porém, é aquela que se abstém da destruição da vida [...] de vinhos, bebidas alcoólicas e intoxicantes; ela é virtuosa, de bom caráter; ela vive em casa com um coração livre da mancha da avareza; ela não insulta, nem humilha ascetas e brāhmaṇas. Assim é que um miserável vive junto de uma deusa.

"E como um deus vive junto de uma miserável? Neste caso, chefes de família, o marido é aquele que se abstém da destruição da vida [...] que não insulta, nem humilha ascetas e brāhmaṇas. Mas sua esposa é aquela que destrói a vida [...] que insulta e humilha ascetas e brāhmaṇas. Assim é que um deus vive junto de uma miserável.

"E como um deus vive junto de uma deusa? Neste caso, chefes de família, o marido é aquele que se abstém da destruição da vida [...] de vinhos, bebidas alcoólicas e intoxicantes; ele é virtuoso, de bom caráter; ele vive em casa com um coração livre da mancha da avareza; ele não insulta, nem humilha ascetas e brāhmaṇas. E sua esposa é exatamente igual em todos os aspectos. Assim é que um deus vive junto de uma deusa.

"Estes, chefes de família, são os quatro tipos de casamentos."

(AN 4:53, NDB 443-444)

## 4. O Núcleo Familiar

### *(1) Para o bem-estar de muitos*

"Monges, quando uma boa pessoa nasce em uma família, é para o bem, para o bem-estar e a felicidade de muitas pessoas. É para o bem, para o bem-estar e felicidade de (1) sua mãe e pai, (2) sua esposa e filhos, (3) seus empregados, trabalhadores e ajudantes, (4) seus amigos e companheiros, e (5) ascetas e brāhmaṇas. Assim como uma grande nuvem de chuva, alimentando todas as áreas cultivadas, aparece para o bem, para o bem-estar e a felicidade de muitas pessoas, do mesmo modo, quando uma boa pessoa nasce em uma família, é para o bem, para o bem-estar e a felicidade de muitas pessoas. É para o bem, para o bem-estar e a felicidade de sua mãe e pai ... ascetas e brāhmaṇas."

(AN 5:42, NDB 667)

### *(2) Como o Himalaia*

"Monges, baseadas no Himalaia, o rei das montanhas, as grandes árvores sāla crescem de cinco maneiras. Quais cinco? (1) Crescem em ramos, folhas e folhagem; (2) crescem em casca; (3) crescem em brotos; (4) crescem em madeira macia; e (5) crescem em cerne. Baseadas no Himalaia, o rei das montanhas, as grandes árvores sāla crescem dessas cinco maneiras. Do mesmo modo, quando o chefe da família é dotado de fé, as pessoas da família que dele dependem crescem de cinco maneiras. Quais cinco? (1) Crescem na fé; (2) crescem no comportamento virtuoso; (3) crescem na aprendizagem; (4) crescem na generosidade; e (5) crescem na sabedoria. Quando o chefe de uma família é dotado de fé, as pessoas na família que dependem dele crescem nessas cinco maneiras".

(AN 5:40, NDB 664)

### *(3) Formas de buscar riqueza*

"O chefe de família que busca a riqueza com justiça, sem violência, e se faz feliz e satisfeito, compartilha e realiza ações meritórias, e usa essa riqueza sem estar amarrado a ela, obcecado e cegamente absorvido por ela, vendo o perigo nela e compreendendo a fuga – ele pode ser elogiado em quatro níveis. O primeiro nível em que ele pode ser elogiado é o de ele buscar riqueza com justiça, sem violência. O segundo nível em que ele pode ser elogiado é o de ele se fazer feliz e satisfeito. O terceiro nível em que ele pode ser elogiado é o de ele compartilhar a riqueza e realizar ações meritórias. O quarto nível em que ele pode ser elogiado é o de ele usar dessa riqueza sem estar amarrado a ela, obcecado e cegamente absorvido por ela, vendo o perigo nela e compreendendo a fuga. Esse chefe de família pode ser elogiado nesses quatro níveis.

"Assim como de uma vaca vem o leite, do leite vem a coalhada, da coalhada vem a manteiga, da manteiga vem o ghee, e do ghee vem o creme de ghee, que dentre todos é considerado o principal, do mesmo modo dentre todos os chefes de família, o mais importante, o melhor, o preeminente, o supremo e o requintado é o que busca riqueza com justiça, sem violência; e tendo feito isso, se faz feliz e satisfeito; e compartilha a riqueza e realiza ações meritórias; e usa essa riqueza sem estar amarrado a ela, obcecado e cegamente absorvido por ela, reconhecendo nela o perigo e compreendendo a fuga".

(do AN 10:91, NDB 1461; cf. tb. SN 42:12, CDB 1356)

### *(4) Evitando meios de subsistência errôneos*

"Monges, um seguidor laico não deveria se envolver nestes cinco tipos de comércios. Quais cinco? Negociação de armas, comércio de seres vivos, comércio de carne, comércio de intoxicantes e comércio de venenos. Um seguidor laico não deveria se envolver nesses cinco tipos de comércios."

(AN 5:177, NDB 790)

### *(5) O uso apropriado da riqueza*

"O Bem-Aventurado, então, disse ao chefe de família Anāthapiṇḍika: "Chefe de família, existem estes cinco usos de riqueza. Quais cinco?

(1) "Neste caso, chefe de família, com a riqueza adquirida pelo esforço enérgico, acumulada pela força dos braços, conquistada pelo suor da testa, justa riqueza com justiça conquistada, o nobre discípulo faz-se feliz e satisfeito, e conserva-se feliz tal como convém; faz com que os pais sejam felizes e satisfeitos e os conserva felizes tal como convém; faz com que esposa e filhos, criados, trabalhadores e ajudantes sejam felizes e satisfeitos e e os conserva felizes tal como convém. Esse é o primeiro uso da riqueza.

(2) "Em outro, com a riqueza adquirida pelo esforço enérgico [...] com justiça conquistada, o nobre discípulo faz seus amigos e companheiros felizes e satisfeitos, e e os conserva felizes tal como convém. Esse é o segundo uso da riqueza.

(3) "Em outro, com a riqueza adquirida pelo esforço enérgico [...] com justiça conquistada, o nobre discípulo faz provisões de sua riqueza contra perdas que possam surgir em decorrência do fogo ou de inundações, de reis, foras-da-lei ou herdeiros não amados; ele se faz seguro contra eles. Esse é o terceiro uso da riqueza.

(4) "Em outro, com a riqueza adquirida pelo esforço enérgico [...] com justiça conquistada, o nobre discípulo faz as cinco oblações: aos parentes, aos convidados, aos antepassados, ao rei e às divindades. Esse é o quarto uso da riqueza.

(5) "Em outro, com a riqueza adquirida pelo esforço enérgico [...] com justiça conquistada, o nobre discípulo determina uma oferta edificante de oferendas – um oferecimento celestial, que resulta em felicidade e conduz ao céu – destinada aos ascetas e brāhmaṇas que se abstêm de embriaguez e desleixo, apaziguam-se na paciência e na moderação, que se domam, se acalmam e se treinam para o nibbāna. Esse é o quinto uso da riqueza."

(AN 5:41, NDB 665-666)

## 5. Status social

### *(1) Nenhuma hierarquia fixa de privilégios*

Então, o brāhmaṇa Esukārī foi ao Bem-Aventurado e disse-lhe: "Mestre Gotama, os brāhmaṇas prescrevem quatro níveis de serviço. Eles prescrevem o nível de serviço para um brāhmaṇa, o nível de serviço para um khattiya, o nível de serviço para um vessa e o nível de serviço para um sudda. Os brāhmaṇas prescrevem isto como o nível de serviço para um brāhmaṇa: um brāhmaṇa pode servir um brāhmaṇa, um khattiya pode servir um brāhmaṇa, um vessa pode servir um brāhmaṇa, um sudda pode servir um brāhmaṇa. Eles prescrevem isto como o nível de serviço para um khattiya: um khattiya pode servir um khattiya, um vessa pode servir um khattiya, e um sudda pode servir um khattiya. Eles prescrevem isto como o nível de serviço para um vessa: um vessa pode servir um vessa e um sudda pode servir um vessa. Eles prescrevem isto como o nível de serviço para um sudda: apenas um sudda pode servir um sudda; pois quem mais poderia servir um sudda? O que o Mestre Gotama diz sobre isso?"

"Bem, brāhmaṇa, o mundo inteiro autorizou os brāhmaṇas a prescrever esses quatro níveis de serviço?" – "Não, Mestre Gotama." – "Suponha, brāhmaṇa, que impusessem uma peça de carne a um homem pobre, sem um tostão e absolutamente destituído, e lhe dissessem: 'Bom homem, você deve comer esta carne e pagar por ela'; do mesmo modo, sem o consentimento desses [outros] ascetas e brāhmaṇas, os brāhmaṇas prescrevem esses quatro níveis de serviço.

"Brāhmaṇa, não digo que todos devem ser servidos, nem digo que ninguém deve ser servido. Porque se, ao servir alguém, uma pessoa se torna pior e não melhor por causa desse serviço, então digo que ele não deve ser servido. E se, ao servir alguém, uma pessoa se torna melhor e não pior por causa desse serviço, então digo que ele deve ser servido. [...]

"Eu não digo, brāhmaṇa, que uma pessoa é melhor porque vem de uma família aristocrática, nem digo que é pior porque vem de uma família aristocrática. Não digo que uma pessoa é melhor em razão de uma grande beleza, nem digo que é pior em razão de uma grande beleza. Não digo que uma pessoa é melhor porque detém grande riqueza, nem digo que é pior em razão de deter grande riqueza. Pois uma pessoa de família aristocrática pode destruir a vida, tomar o que não lhe é dado, envolver-se em má conduta sexual, falar com falsamente, falar divisivamente, falar duramente, fofocar, ser cobiçosa, ter uma mente de má vontade e ter uma visão errada. Não digo, portanto, que uma pessoa é melhor porque vem de uma família aristocrática. Mas também alguém de uma família aristocrática pode abster-se de destruir a vida, de tomar o que não lhe é dado, de má conduta sexual, de falar falsamente, de falar divisivamente, de falar duramente, de fofocar e de ter cobiça, e dispor de mente benevolente e manter a visão correta. Portanto, eu não digo que alguém é pior porque vem de uma família aristocrática.

"Brāhmaṇa, eu não digo que todos devem ser servidos, nem digo que ninguém deve ser servido. Porque se, ao servir alguém, a fé, a virtude, o aprendizado, a generosidade e a sabedoria aumentam em seu serviço, então eu digo que ele deve ser servido".

O brāhmaṇa Esukārī disse ao Bem-Aventurado: "Mestre Gotama, os brāhmaṇas prescrevem quatro tipos de riqueza: a riqueza de um brāhmaṇa, a riqueza de um khattiya, a riqueza de um vessa e a riqueza de um sudda. Os brāhmaṇas prescrevem o vagar por esmolas como a riqueza de um brāhmaṇa; um brāhmaṇa que rejeita o vagar por esmolas investe contra seu dever como um guarda que toma o que não lhe foi dado. Eles prescrevem o arco e a aljava como a riqueza de um khattiya; um khattiya que rejeita o arco e aljava investe contra seu dever como um guarda que toma o que não lhe foi dado. Eles prescrevem a agricultura e a criação de gado como a riqueza de um vessa; um vessa que rejeita a agricultura e a criação de gado investe contra seu dever como um guarda que toma o que não lhe foi dado. Eles prescrevem a foice e o pau de transporte como a riqueza de um sudda; um sudda que rejeita a foice e o pau de transporte investe contra seu dever como um guarda que toma o que não lhe foi dado. O que o Mestre Gotama diz sobre isso?"

"Bem, brāhmaṇa, o mundo inteiro autorizou os brāhmaṇas a prescrever esses quatro níveis de serviço?" – "Não, Mestre Gotama." – "Suponha, brāhmaṇa, que impusessem uma peça de carne a um homem pobre, sem um tostão e absolutamente destituído, e lhe dissessem: 'Bom homem, você deve comer esta carne e pagar por ela'; do mesmo modo, sem o consentimento desses [outros] ascetas e brāhmaṇas, os brāhmaṇas prescrevem esses quatro tipos de riqueza.

"Brāhmaṇa, declaro o nobre Dhamma supramundano como a riqueza de uma pessoa. Mas, recuperando sua antiga linhagem materna e paterna, ela será compreendida segundo o lugar em que renasça. Se ela renascer em um clã de khattiyas, será considerada uma khattiya; se renascer em um clã de brāhmaṇas, será considerada uma brāhmaṇa; se renascer em um clã de vessas, será considerada uma vessa; se renascer em um clã de suddas, será considerada uma sudda. Assim como o fogo é compreendido segundo a condição particular daquilo sobre o qual ele queima – quando o fogo queima sobre a madeira, ele é considerado um fogo de madeira; quando o fogo queima sobre gravetos, ele é considerado um fogo de gravetos; quando o fogo queima sobre a relva, ele é considerado um fogo de relva; quando o fogo queima sobre esterco de vaca, é considerado um fogo de esterco de vaca, do mesmo modo, brāhmaṇa, declaro o nobre Dhamma supramundano como a própria riqueza de uma pessoa. Mas recuperando sua antiga linhagem materna e paterna, ele é compreendido segundo onde quer que renasça."

(do MN 96, MLDB 786-789)

### *(2) A casta é mera convenção*

O rei Avantiputta de Madhurā perguntou ao Venerável Mahākaccāna: "Mestre Kaccāna, os brāhmaṇas dizem assim: 'Os brāhmaṇas são a casta mais alta, os de qualquer outra casta são inferiores; os brāhmaṇas são a casta mais clara, os de qualquer outra casta são de cor escura; apenas os brāhmaṇas são purificados, não o que não são brāhmaṇas; somente os brāhmaṇas são os filhos de Brahmā, os descendentes de Brahmā, nascidos de sua boca, nascidos de Brahmā, criados por Brahmā, herdeiros de Brahmā'. O que o Mestre Kaccāna diz sobre isso?"

"Esse é apenas um dito mundano, grande rei. E há uma maneira por meio da qual se pode compreender que essa declaração dos brāhmaṇas é apenas um dito mundano. O que você acha, grande rei? Se um khattiya prosperar, haverá khattiyas que se erguerão diante dele e se retirarão em sua esteira, ansiosos para servi-lo, procurando agradá-lo e dirigindo-lhe palavras doces, e haverá também brāhmaṇas, vessas e suddas dispostos ao mesmo?" – "Haverá, Mestre Kaccāna."

"O que você acha, grande rei? Se um brāhmaṇa prosperar, haverá brāhmaṇas que se erguerão diante dele e se retirarão em sua esteira, ansiosos para servi-lo, procurando agradá-lo e dirigindo-lhe palavras doces, e também haverá vessas, suddas e khattiyas dispostos ao mesmo?" – "Haverá, Mestre Kaccāna."

"O que você acha, grande rei? Se um vessa prosperar, haverá vessas que se erguerão diante dele e se retirarão em sua esteira, ansiosos para servi-lo, procurando agradá-lo e dirigindo-lhe palavras doces, e também haverá suddas, khattiyas e brāhmaṇas dispostos ao mesmo?" – "Haverá, Mestre Kaccāna."

"O que você acha, grande rei? Se um sudda prosperar, haverá suddas que se erguerão diante dele e se retirarão em sua esteira, ansiosos para servi-lo, procurando agradá-lo e dirigindo-lhe palavras doces, e também haverá khattiyas, brāhmaṇas e vessas dispostos ao mesmo?" – "Haverá, Mestre Kaccāna."

"O que você acha, grande rei? Se assim é, então essas quatro castas são todas iguais, ou não são, ou como lhe parece nesse caso?"

"Se assim é, Mestre Kaccāna, decerto então que essas quatro castas são todas iguais: não há diferença entre elas em tudo o que vejo."

"Essa é uma maneira, grande rei, pela qual se pode entender que essa declaração dos brāhmaṇas é apenas um dito mundano.

"O que você acha, grande rei? Suponha que um khattiya destrua a vida, tome o que não é dado, envolva-se em má conduta sexual, fale falsamente, fale divisivamente, fale duramente, fofoque, seja cobiçoso, tenha uma mente de má vontade e uma visão errônea. Na dissolução do corpo, após a morte, ele renascerá em um estado de miséria, em um destino ruim, em um mundo inferior, no inferno? Ou não? Ou como lhe parece nesse caso?"

"Renascerá, Mestre Kaccāna. É assim que me parece nesse caso, e assim ouvi dos arahants."

"Bom, bom, grande rei! O que você pensa é bom, grande rei, e o que você ouviu dos arahants é bom. O que você acha, grande rei? Suponha que um brāhmaṇa [...] um vessa [...] um sudda agisse da mesma maneira?"

"Se um brāhmaṇa [...] um vessa [...] um sudda agisse assim, Mestre Kaccāna, ele renascerá em um estado de miséria, em um destino ruim, em um mundo inferior, no inferno. Assim me parece nesse caso, e assim ouvi dos arahants."

"Bom, bom, grande rei! O que você pensa é bom, grande rei, e o que você ouviu dos arahants é bom. O que você acha, grande rei? Se assim é, serão essas quatro castas, então, todas iguais? Ou não? Ou como lhe parece nesse caso?"

"Se assim é, Mestre Kaccāna, decerto então que essas quatro castas são todas iguais: não há diferença entre elas em tudo o que vejo."

"Essa é também uma maneira, grande rei, pela qual se pode entender que essa declaração dos brāhmaṇas é apenas um dito mundano.

"O que você acha, grande rei? Suponha que um khattiya se abstenha da destruição da vida, de tomar o que não é dado, de má conduta sexual, da fala falsa, da fala divisiva, da fala dura, de fofocas e da cobiça e tenha uma mente benevolente e conserve a visão correta. Na dissolução do corpo, após a morte, renascerá ele em um bom destino, no mundo celestial? Ou não? Ou como lhe parece nesse caso?"

"Renascerá, Mestre Kaccāna. Assim me parece nesse caso, e assim ouvi dos arahants."

"Bom, bom, grande rei! O que você pensa é bom, grande rei, e o que você ouviu dos arahants é bom. O que você acha, grande rei? Suponha que um brāhmaṇa [...] um vessa [...] um sudda se abstenha da destruição da vida. Na dissolução do corpo, após a morte, renascerá ele em um bom destino, no mundo celestial? Ou não? Ou como lhe parece nesse caso?"

"Renascerá, Mestre Kaccāna. Assim me parece nesse caso, e assim ouvi dos arahants."

"Bom, bom, grande rei! O que você pensa é bom, grande rei, e o que você ouviu dos arahants é bom. O que você acha, grande rei? Se assim é, serão essas quatro castas, então, todas iguais? Ou não? Ou como lhe parece nesse caso?"

"Se assim é, Mestre Kaccāna, decerto então que essas quatro castas são todas iguais: não há diferença entre elas em tudo o que vejo."

"Essa é também uma maneira, grande rei, pela qual se pode entender que essa declaração dos brāhmaṇas é apenas um dito mundano.

"O que você acha, grande rei? Suponha que um khattiya invada casas, saqueie riqueza, assalte, embosque nas estradas ou seduza a esposa de outro. Caso seus homens o prendessem e o apresentassem, dizendo: 'Senhor, este é o culpado; ordene qual punição deseja', como você o trataria?"

"Nós o executaríamos, Mestre Kaccāna, ou o teríamos multado, ou o exilaríamos, ou faríamos com ele o que merecesse. Por que é isso? Porque ele perdeu seu antigo *status* de khattiya e tornou-se meramente um ladrão."

"O que você acha, grande rei? Suponha que um brāhmaṇa faça o mesmo [...] um vessa [...] um sudda faça o mesmo. Caso seus homens o prendessem e o apresentassem, dizendo: 'Senhor, este é o culpado; ordene qual punição deseja', como você o trataria?"

"Nós o executaríamos, Mestre Kaccāna, ou o teríamos multado, ou o exilaríamos, ou faríamos com ele o que merecesse. Por que é isso? Porque ele perdeu seu antigo *status* de brāhmaṇa [...] de vessa [...] de sudda e tornou-se meramente um ladrão."

O que você acha, grande rei? Se assim é, serão essas quatro castas, então, todas iguais? Ou não? Ou como lhe parece nesse caso?"

"Se assim é, Mestre Kaccāna, decerto então que essas quatro castas são todas iguais: não há diferença entre elas em tudo o que vejo."

"Essa é também uma maneira, grande rei, pela qual se pode entender que essa declaração dos brāhmaṇas é apenas um dito mundano.

"O que você acha, grande rei? Suponha que um khattiya, tendo raspado o cabelo e a barba, coloque o manto laranja, e saia da vida no lar para a vida sem lar, se abstenha da destruição da vida, de tomar o que não é dado, e da fala falsa. Abstendo-se de comer à noite, ele comerá apenas em um período do dia, e será celibatário, virtuoso, de bom caráter. Como você o tratará?"

"Nós lhe faremos a devida reverência, Mestre Kaccāna, ou nos levantaremos diante dele, ou o convidaremos a sentar-se; ou o convidaremos a aceitar vestes, alimento, alojamento e medicamentos imprescindíveis; ou lhe providenciaremos proteção, defesa e proteção legais. Por que é isso? Porque ele perdeu seu antigo *status* de khattiya e tornou-se meramente um asceta."

"O que você acha, grande rei? Suponha que um brāhmaṇa [...] um vessa [...] um sudda faça o mesmo. Como você o tratará?"

"Nós lhe faremos a devida reverência, Mestre Kaccāna, ou nos levantaremos diante dele, ou o convidaremos a se sentar; ou o convidaremos a aceitar vestes, alimento, alojamento e medicamentos imprescindíveis; ou lhe providenciaremos proteção, defesa e proteção legais. Por que é isso? Porque ele perdeu seu antigo *status* de brāhmaṇa [...] de vessa [...] de sudda e tornou-se meramente um asceta."

O que você acha, grande rei? Se assim é, serão essas quatro castas, então, todas iguais? Ou não? Ou como lhe parece nesse caso?"

"Se assim é, Mestre Kaccāna, decerto então que essas quatro castas são todas iguais: não há diferença entre elas em tudo o que vejo."

"Essa é também uma maneira, grande rei, pela qual se pode entender que essa declaração dos brāhmaṇas é apenas um dito mundano."

(do MN 84, MLDB 698-702)

### *(3) O* status *é determinado pelas ações*

[O Buda conversa com o jovem brāhmaṇa Vāseṭṭha:]

"Enquanto entre os muitos tipos de seres,
as marcas distintivas são determinadas pelo nascimento,
entre os seres humanos não há marcas distintivas
produzidas pelo nascimento particular.

"Não pelos cabelos ou pela cabeça,
não pelas orelhas ou pelos olhos;
não pela boca ou pelo nariz,
não pelos lábios ou pelas sobrancelhas;

"não pelo pescoço ou pelos ombros,
nem pela barriga ou pelas costas;
não pelas nádegas ou pelos seios,
nem pelo ânus ou pelos órgãos genitais;

"não pelas mãos ou pelos pés,
nem pelos dedos ou unhas;
não pelos joelhos ou pelas coxas,
nem por cor ou voz:
o nascimento não traz uma marca distintiva
como o faz para os outros tipos de seres.

"Nos seres humanos com seus corpos,
nada distintivo é encontrado.
A classificação entre seres humanos
é dita ser por designação.

"Aquele dentre os humanos
que vive do campo,
você deveria saber, Vāseṭṭha:
ele é um fazendeiro, não um brāhmaṇa.

"Aquele dentre os humanos
que ganha a vida por vários ofícios,
você deveria saber, Vāseṭṭha:
ele é um artesão, não um brāhmaṇa.

"Aquele dentre os humanos
que vive do comércio,
você deveria saber, Vāseṭṭha:
ele é um comerciante, não um brāhmaṇa.

"Aquele dentre os humanos
que vive servindo aos outros,
você deveria saber, Vāseṭṭha:
ele é um criado, não um brāhmaṇa.

"Aquele dentre os humanos
que vive pelo roubo,
você deveria saber, Vāseṭṭha:
ele é um ladrão, não um brāhmaṇa.

"Aquele dentre os humanos
que ganha a vida com arco e flecha,
você deveria saber, Vāseṭṭha:
ele é um guerreiro, não um brāhmaṇa.

"Aquele dentre os humanos
que vive pelo serviço sacerdotal,
você deveria saber, Vāseṭṭha:
ele é um sacerdote, não um brāhmaṇa.

"Aquele dentre os humanos
que governa a aldeia e o reino,
você deveria saber, Vāseṭṭha:
ele é um rei, não um brāhmaṇa.

"Eu não chamo alguém de brāhmaṇa
baseado na genealogia e na origem materna.
Ele é apenas um orador pomposo
se ele é impedido pelas coisas.
Aquele que nada possui, que nada leva:
ele é quem eu chamo de brāhmaṇa

"Aquele que cortou todos os grilhões,
que realmente não é perturbado,
que superou todos os laços, desapegado:
ele é quem eu chamo de brāhmaṇa.

"Aquele que conhece suas moradas passadas,
que vê o céu e o plano da miséria,
que chegou à destruição do nascimento;
ele é quem eu chamo de brāhmaṇa.

"Pois o nome e o clã atribuídos a alguém
são uma designação no mundo.
Tendo sido originada por convenção,
são atribuídas aqui e ali.

"Para aqueles que não sabem disso,
a visão errônea tem sido a sua tendência.
Sem saber, eles dizem:
'Este é brāhmaṇa por nascimento'.

"Ninguém é um brāhmaṇa por nascimento,
Ninguém é um não brāhmaṇa por nascimento.
É pela ação que uma pessoa se torna um brāhmaṇa,
é pela ação uma pessoa se torna um não brāhmaṇa.

"Uma pessoa se torna um agricultor pela ação,
pela ação uma pessoa se torna um artesão.
Uma pessoa se torna um comerciante pela ação,
pela ação uma pessoa se torna um criado.

"Uma pessoa se torna um ladrão pela ação,
pela ação uma pessoa se torna um soldado.
Uma pessoa se torna sacerdote pela ação,
pela ação uma pessoa se torna rei.

"Então é assim que os sábios
veem a ação como realmente ela é
– observadores da origem dependente,
habilidosos na ação e em seu resultado.

"Pela ação, o mundo gira,
pela ação a população circula.
Os seres sencientes estão presos pela ação
como o cravo da roda de uma carruagem em movimento.

"Pela austeridade, pela vida espiritual,
pelo autocontrole, pelo domínio interior de si –
É em razão disso que alguém é um brāhmaṇa;
Esse é o supremo estado de brāhmaṇa."

(do MN 98, MLDB 800-807; Sn 3:9)

### *(4) As ações tornam uma pessoa um pária*

O Bem-Aventurado disse ao brāhmaṇa Aggibhāradvāja: "Você sabe, brāhmaṇa, o que é um pária ou as qualidades que tornam alguém um pária?"

"Não sei, Mestre Gotama, o que é um pária ou as qualidades que tornam alguém um pária. Por favor, que o Mestre Gotama me ensine o Dhamma de tal forma que eu possa vir a conhecer o que é um pária e as qualidades que tornam alguém um pária."

"Nesse caso, brāhmaṇa, ouça e preste atenção. Eu falarei." – Sim, senhor – respondeu o brāhmaṇa Aggibhāradvāja. O Bem-Aventurado disse isto:

"Um homem que é zangado e hostil,
um difamador malvado,
deficiente em visão, um hipócrita:
Como um pária você deveria conhecê-lo.

"Aquele que fere um ser vivo,
Nascido uma ou duas vezes, não importa –
que não tem bondade para com os seres vivos:
Como um pária você deveria conhecê-lo.

"Aquele que elogia a si mesmo
e despreza os outros,
inferior por causa de sua própria presunção:
Como um pária você deveria conhecê-lo.

"Um crítico raivoso, mesquinho,
de maus desejos, avarento, um enganador,
alguém sem vergonha moral ou medo moral:
Como um pária você deveria conhecê-lo.

"Aquele que insulta o Buda
ou seu discípulo,
um andarilho ou um chefe de família:
Como um pária você deveria conhecê-lo.

"Não se é um pária por nascimento,
nem por nascimento alguém é um brāhmaṇa.
Pela ação, alguém se torna um pária,
pela ação alguém se torna um brāhmaṇa."

(do Sn 1:7)

## 6. O Estado

### *(1) Quando os reis são injustos*

"Quando os reis são injustos, os vassalos reais se tornam injustos. Quando os vassalos reais são injustos, brāhmaṇas e chefes de família se tornam injustos. Quando brāhmaṇas e chefes de família são injustos, os povos das cidades e do campo se tornam e injustos. Quando os povos das cidades e do campo são injustos, o sol e a lua saem do curso. Quando o sol e a lua saem do curso, as constelações e as estrelas saem do curso. Quando as constelações e as estrelas saem do curso, dia e noite saem do curso [...] os meses e as quinzenas saem do curso [...] as estações e os anos saem do curso. Quando as estações e os anos saem do curso, os ventos sopram de maneira anormal e aleatoriamente. Quando os ventos sopram de maneira anormal e aleatoriamente, as divindades ficam perturbadas. Quando as divindades ficam perturbadas, chuva suficiente não cai. Quando chuva suficiente não cai, as colheitas amadurecem de forma irregular. Quando as pessoas comem colheitas que amadurecem de forma irregular, suas vidas têm curta duração, e elas se tornam feias, fracas e doentes.

"Mas quando os reis são justos, os vassalos reais se tornam justos. Quando os vassalos reais são justos, brāhmaṇas e chefes de família se tornam justos. Quando brāhmaṇas e chefes de família são justos, os povos das cidades e do campo se tornam justos. Quando os povos das cidades e do campo são justos, o sol e a lua seguem em seu curso. Quando o sol e a lua seguem em seu curso, as constelações e as estrelas seguem em seu curso. Quando as constelações e as estrelas seguem em seu curso, dia e noite seguem em seu curso [...] Os meses e as quinzenas prosseguem em seu curso [...] As estações e os anos prosseguem em seu curso. Quando as estações e os anos seguem em seu curso, os ventos sopram de maneira normal e confiável. Quando os ventos sopram de maneira normal e confiável, as divindades não ficam perturbadas. Quando as divindades não ficam perturbadas, cai chuva suficiente. Quando cai chuva suficiente, as colheitas amadurecem na estação. Quando as pessoas comem colheitas que amadurecem na estação, suas vidas têm longa duração, e elas se tornam bonitas, fortes e saudáveis."

Quando o gado atravessa [um vau],
se o touro principal segue de maneira errática,
todos os outros seguem de maneira errática
porque o líder deles seguiu de maneira errática.
Assim também, entre os seres humanos,
quando aquele considerado o chefe
se porta com injustiça,
outras pessoas também o fazem.
Todo o reino se abate
se o rei é injusto.

Quando o gado atravessa [um vau]
Se o touro principal atravessa em linha reta,
todos os outros atravessam em linha reta
porque seu líder atravessou em linha reta.
Assim também, entre os seres humanos,
quando aquele considerado o chefe
se porta com justiça,
outras pessoas também o fazem.
Todo o reino se alegra
se o rei é justo.

(AN 4:70, NDB 458-459)

*(2) A guerra gera inimizade*

O rei Ajātasattu de Magadha mobilizou um exército de quatro divisões e marchou na direção de Kāsi contra o rei Pasenadi de Kosala. O rei Pasenadi ouviu esse relato, mobilizou um exército de quatro divisões e lançou um contraataque na direção de Kāsi contra o rei Ajātasattu. Em seguida, o rei Ajātasattu e o rei Pasenadi travaram batalha na qual o rei Ajātasattu derrotou o rei Pasenadi. O rei Pasenadi, derrotado, retirou-se para sua própria capital, Sāvatthī.

Então, pela manhã, vários monges se vestiram e, tomando suas tigelas e mantos, entraram em Sāvatthī para pedir o alimento. Quando terminaram sua caminhada por alimento em Sāvatthī e retornaram de suas rondas, depois da refeição, aproximaram-se do Bem-Aventurado e relataram o que havia acontecido. [O Bem-Aventurado disse:]

"Monges, o rei Ajātasattu de Magadha tem amigos maus. O rei Pasenadi de Kosala tem bons amigos. No entanto, por causa deste dia, o rei Pasenadi, tendo sido derrotado, dormirá mal esta noite.

"A vitória gera inimizade,
o derrotado dorme mal.
O pacífico dorme à vontade,
tendo abandonado a vitória e a derrota."

[Em uma ocasião posterior, quando Pasenadi derrotou Ajātasattu, o Bem-Aventurado disse:]

"O tolo pensa que a sorte está do seu lado,
Tanto quanto seu mal não amadureça,
mas quando o mal amadurece
o tolo incorre em sofrimento.

"O assassino gera um assassino,
aquele que conquista, um conquistador.
Aquele que maltrata gera maus tratos,
o insultador, aquele que insulta.
Assim, pelo desdobramento do kamma,
o saqueador é saqueado."

(SN 3:14-15, CDB 177-178)

*(3) O monarca que gira a roda*

O Bem-Aventurado disse: "Monges, mesmo um monarca que gira a roda, um rei justo e correto, não governa seu reino sem um corregente".

Um certo monge perguntou: "Mas quem, Bhante, é o corregente do monarca que gira a roda, o rei justo e correto?"

"É o Dhamma, a lei da correção", respondeu o Bem-Aventurado. "O monarca que gira a roda, o rei justo e correto, confiando no Dhamma, honrando o Dhamma, estimando-o e respeitando-o, com o Dhamma como seu padrão, bandeira e soberano, fornece proteção legal, abrigo e segurança para seus próprios dependentes. Ele fornece proteção legal, abrigo e segurança para os khattiyas que o acompanham; para seu exército, para os brāhmaṇas e chefes de família, para os habitantes da cidade e do campo, para os ascetas e brāhmaṇas, para os animais e pássaros. Um monarca que gira a roda, um rei justo e correto, que assim fornece proteção legal, abrigo e segurança para todos, é aquele que governa apenas pelo Dhamma. E essa regra não pode ser derrubada por nenhum ser humano hostil."

(do AN 3:14, NDB 208-209)

### *(4) Como um monarca que gira a roda empreende a conquista*

"Aqui, quando um nobre rei ungido na cabeça banhou sua cabeça no *uposatha* do décimo quinto dia[2] e subiu à câmara do palácio superior para o *uposatha*, apareceu para ele o tesouro divino da roda com seus mil raios, seu aro e centro, completa em todos os aspectos. Ao vê-la, o nobre rei de cabeça ungida pensa assim: 'Ora, eu ouvi que quando um nobre rei de cabeça ungida banhou a cabeça no *uposatha* do décimo quinto dia e subiu à câmara do palácio superior para o *uposatha*, e lhe aparece o tesouro divino da roda com seus mil raios, seu aro e seu centro, completa em todos os aspectos, então esse rei se torna um monarca que gira a roda. Eu sou então um monarca que gira a roda?'

"Então o nobre rei de cabeça ungida levanta-se de seu assento, e tomando um vaso de água em sua mão esquerda, esparge-a sobre o tesouro da roda com a mão direita, dizendo: 'Avante, bom tesouro da roda; triunfe, bom tesouro da roda!' Em seguida, o tesouro da roda segue avante, rolando na direção leste, e o monarca que gira a roda segue-a com seu exército de quatro divisões. Em qualquer região em que o tesouro da roda parar, ali o monarca que gira a roda faz sua morada com seu exército de quatro divisões. E os reis oponentes a leste vêm ao monarca que gira a roda e falam assim: 'Venha, grande rei; seja bem-vindo, grande rei; comande, grande rei; aconselhe, grande rei'. O monarca que gira a roda fala assim: 'Você não deve destruir a vida; não deve tomar o que não foi dado; não deve se envolver em má conduta sexual; não deve falar o falso; não deve beber intoxicantes; deve desfrutar dos prazeres apropriados'. E os reis oponentes a leste submetem-se ao monarca que gira a roda.

"O tesouro da roda mergulha, então, no oceano a oriente e surge mais uma vez. E então ela segue avante, rolando na direção sul [...] E os reis oponentes a sul submetem-se ao monarca que gira a roda. Em seguida, o tesouro da roda mergulha no oceano a sul e surge mais uma vez. E então ela segue avante, rolando na direção oci-

2. O décimo quinto dia da quinzena lunar, o dia de lua cheia, destinada a observâncias religiosas especiais.

dental [...] E os reis oponentes a oeste submetem-se ao monarca que gira a roda. Em seguida, o tesouro da roda mergulha no oceano a oeste e surge novamente. E então ela segue avante, rolando na direção norte. [...] E os reis oponentes a norte submetem-se ao monarca que gira a roda.

"Quando o tesouro da roda triunfou sobre a terra até os extremos do oceano, ele retorna à capital real e permanece como se estivesse fixado em seu eixo no portão do palácio interior do monarca que gira a roda, como um adorno para o portão de seu palácio interior. Tal é o tesouro da roda que aparece para um monarca que gira a roda."

(do MN 129, MLDB 1023-1024; cf. tb. DN 26, LDB 397-398)

### *(5) Os deveres do monarca*

[O Buda relata uma história do passado distante:] "O rei Daḷhanemi mandou chamar seu filho mais velho, o príncipe herdeiro, e disse: 'Meu filho, o tesouro sagrado da roda escorregou de sua posição. E ouvi dizer que quando isso ocorre com um monarca que gira a roda, ele não tem muito mais tempo de vida. Já conheci meu quinhão de prazeres humanos, agora é a hora de buscar os prazeres celestiais. Você, meu filho, assuma o controle desta terra. Rasparei meu cabelo e barba, vestirei mantos laranjas, e partirei da vida no lar para a vida sem lar'. E, tendo instalado seu filho mais velho como rei à maneira correta, o rei Daḷhanemi raspou seu cabelo e barba, vestiu mantos laranjas, e saiu da vida no lar para a vida sem lar. E, sete dias após o sábio real ter partido, o tesouro sagrado da roda desapareceu.

"Então um certo homem veio ter com o novo rei e disse: 'Senhor, você deve saber que o tesouro sagrado da roda desapareceu'. Diante disso, o rei ficou triste e pesaroso. Ele foi ter com seu pai, o sábio real, e contou-lhe a nova. E o sábio real lhe disse: 'Meu filho, você não deve sofrer nem se sentir triste com o desaparecimento do tesouro da roda. O tesouro da roda não é uma herança de seus pais. Mas agora, meu filho, você deve se transformar em um nobre que gira a roda. E então pode acontecer que, se você cumprir os deveres de um nobre monarca que gira a roda, no *uposatha* do décimo quinto dia, quando você tiver lavado sua cabeça e subido à varanda no topo do seu palácio para o dia de *uposatha*, o tesouro sagrado da roda aparecerá para você, com seus mil raios, completa com seu aro e seu centro e todos os acessórios'.

"'Mas qual é, meu pai, o dever de um nobre monarca que gira a roda?'

"'É esse, meu filho: Confiando no Dhamma, honrando o Dhamma, estimando-o e respeitando-o, com o Dhamma como sua insígnia, bandeira e soberania, você deve fornecer proteção legal, abrigo e segurança a seus próprios dependentes. Deve providenciar proteção legal, abrigo e segurança aos khattiyas que o acompanham; a seu exército, aos brāhmaṇas e os chefes de família, aos habitantes da cidade e do campo, aos ascetas e brāhmaṇas, aos animais e pássaros. Que nenhum crime prevaleça em seu reino, e aos necessitados dê riqueza. E dos ascetas e brāhmaṇas em seu reino que renunciaram à vida de paixão sensorial e se dedicam à paciência e à gentileza, cada qual domando a si, cada qual acalmando a si, e cada qual lutando pelo fim do desejo sedento, de tempos em tempos você deverá se aproximar e perguntar: "O que, Bhante, é benéfico e o que é prejudicial, o que é digno de culpa e o que é isento de culpa, o que deve ser seguido e o que não deve ser seguido? Que ação, a longo prazo, levará ao dano e à tristeza, e ao bem-estar e à felicidade?" Tendo-os escutado, você deve evitar o que é prejudicial e fazer o que é benéfico. Isso, meu filho, é o dever de um nobre monarca que gira a roda'.

"'Sim, meu pai', disse ele, e cumpriu os deveres de um nobre monarca que gira a roda. E assim, em sucessão, surgiram seis reis subsequentes que se tornaram monarcas que giram a roda. Então, o sétimo rei que se levantou nesta dinastia não se dirigiu ao sábio real [seu pai, o antigo monarca] e perguntou-lhe sobre os deveres de um monarca que gira a roda. Em vez disso, governou o povo de acordo com suas próprias ideias, e sendo assim governado, o povo não prosperou tão bem como prosperara sob os reis anteriores que haviam cumprido os deveres de um monarca que gira a roda.

"O rei ordenou que todos os seus ministros e conselheiros se reunissem, e consultou-os. E eles explicaram a ele os deveres de um monarca que gira a roda. E, tendo-os escutado, o rei estabeleceu guarda e proteção a seus súditos, mas não deu riqueza aos necessitados, e como resultado, a pobreza tornou-se abundante. Assim, da não doação de riqueza aos necessitados, a pobreza se tornou abundante. Do crescimento da pobreza, o roubo aumentou. Com o aumento do roubo, o uso de armas aumentou; com o aumento do uso de armas, a destruição da vida aumentou, a mentira aumentou, o discurso divisivo aumentou, e a má conduta sexual aumentou – e, por isso, as pessoas passaram a ter vida mais curta e sua beleza diminuiu."

(do DN 26, LDB 396-401, resumido)

### *(6) Cuidar do bem-estar do povo*

O Bem-Aventurado disse ao brāhmaṇa Kūṭadanta: "Brāhmaṇa, era uma vez um rei chamado Mahāvijita. Ele era rico, de grandes riquezas e recursos, com abundância de ouro e prata, de bens e coisas imprescindíveis, de dinheiro e do que vale dinheiro, com um tesouro completo e um celeiro. E enquanto o rei Mahāvijita refletia em particular, o pensamento veio a ele: 'Eu adquiri grande riqueza em termos humanos, eu ocupo uma grande extensão da terra que eu conquistei. Que eu agora faça um grande sacrifício para meu benefício e felicidade por um longo tempo'. E chamando seu sacerdote, a ele disse o que pensava. 'Quero fazer um grande sacrifício. Instrua-me, Bhante, como isso pode trazer o meu benefício duradouro e felicidade'.

"O sacerdote respondeu: 'O país de Sua Majestade é assolado por ladrões. Está devastado: aldeias e cidades estão sendo destruídas; o campo está infestado de bandidos. Se Sua Majestade tributasse esta região, essa seria a coisa errada a fazer. Suponha que Sua Majestade pensasse: "Eu me livrarei dessa praga de ladrões por meio de execuções e prisões, ou por multas, ameaças e banimento"; desse modo, a praga não seria devidamente terminada. Aqueles que sobrevivessem mais tarde prejudicariam o reino de Sua Majestade. No entanto, com este plano, Sua Majestade pode eliminar completamente a praga: àqueles no reino que estejam empenhados em cultivar colheitas e criar gado, que Sua Majestade distribua grãos e forragem; aos que estejam no comércio, dê capital; aos que estejam a serviço do governo, atribua salários adequados para viver. Então essas pessoas, permanecendo dedicadas em suas próprias ocupações, não prejudicarão o reino. As receitas de Sua Majestade serão grandes; a terra estará tranquila e não será assolada por ladrões; e o povo, com alegria em seus corações, brincando com seus filhos, habitará em casas abertas'.

"E dizendo: 'Que assim seja!', o rei aceitou o conselho do capelão. Ele deu grãos e forragem àqueles que se dedicavam ao cultivo e à criação de gado, capital aos comerciantes, salários adequados à vida para aqueles que trabalhavam no governo. Então essas pessoas, permanecendo dedicadas em suas próprias ocupações, não prejudicaram o reino. As receitas do rei se tornaram grandes; a terra ficou tranquila e não foi assolada por ladrões; e o povo, com alegria em seus corações, brincando com seus filhos, habitou em casas abertas".

(do DN 5, LDB 135-136)

# Epílogo

*Hozan Alan Senauke*

Se o Buda Shakyamuni é o Grande Médico, então seus ensinamentos são remédios de que precisamos para que nossas vidas ganhem equilíbrio e harmonia. O remédio não tem utilidade se permanecer no armário. Ensinamentos e textos não trazem benefício algum se permanecerem fechados em uma prateleira. Remédios e ensinamentos devem ser igualmente absorvidos por nosso corpo e mente, onde podem transformar o sofrimento em liberdade.

Quando Bhikkhu Bodhi compartilhou comigo o manuscrito deste livro (sob seu título original, *Promovendo a Harmonia Social*), ficou claro que esta coletânea teria amplo apelo aos budistas na Ásia e no Ocidente que entendem que *dukkha* é pessoal *e* socialmente construído. Nenhum indivíduo vive à parte da influência mútua da comunidade, da sociedade e da nação. A sociedade existe enquanto construção de todos os que vivem dentro dela. Embora a tecnologia acelere o ritmo e o alcance da conexão e divisão humanas, a realidade social da criação coletiva era tão verdadeira no tempo e lugar do Buda quanto no nosso.

Eu estava certo sobre o apelo do livro. Quando mostrei aos amigos uma impressão de *Promovendo a Harmonia Social* eles ficaram invariavelmente ansiosos por obter um exemplar. Com a permissão de Bhikkhu Bodhi, edições birmanesas e inglesas muito limitadas de uma versão anterior foram publicadas dentro de Myanmar em 2014. Consultas para publicação em idiomas locais chegam desde então da Tailândia, de Sri Lanka, da Índia e do Japão. Tudo isso é estimulante, mas a questão permanece: Como podemos usar esses ensinamentos como bom remédio para a promoção da harmonia social?

Trabalhando com alunos nos últimos anos, tenho explorado essa questão. Minhas próprias raízes budistas crescem a partir do solo Mahāyāna do budismo Zen. Desde o ensino médio, sou um ativista social, e isso tem prosseguido de maneiras que se harmonizam com o Dhamma mesmo hoje, quando chego aos meus quase setenta anos. Por quase vinte e cinco anos, estive intimamente envolvido com a Buddhist Peace Fellowship e com a International Network of Engaged Buddhists, duas vozes organizacionais respeitadas do budismo socialmente engajado. Por inclinação pessoal, sempre fui internacionalista, vendo as ligações invertidas entre a riqueza e o privilégio do Ocidente e a pobreza de muitos milhões em todo o mundo. Através dos círculos da BPF e do INEB, entrei em estreito contato com o sofrimento daqueles menos privilegiados do que eu, e com sua grande fé no potencial libertador do Buddhadhamma.

Isto é particularmente verdadeiro na Índia, onde um reavivamento budista deu origem a um poderoso movimento na terra do nascimento do Buda. Esse movimento, inspirado em meados do século XX por um visionário líder social e religioso, B. R. Ambedkar, tem suas raízes nas comunidades mais oprimidas da Índia, aquelas que durante milhares de anos foram classificadas desde o nascimento como intocáveis. Eu trabalho entre esses budistas ambedkaristas, e com eles tenho investigado como usar o conteúdo deste livro como ensinamentos vivos. Neste capítulo compartilharei uma imagem dessas comunidades e como estudamos os ensinamentos sociais do Buda.

Ofereço de partida uma breve introdução, uma vez que esse budismo indiano emergente é pouco conhecido no Ocidente. Dois mil e quinhentos anos atrás, quando o Buda se iluminou, uma comunidade que incluía monges e monjas, um grupo de seguidores laicos e laicas, de todas as castas formou-se ao seu redor. Um sistema hereditário de castas, baseado na ocupação e na cor da pele, já estava em vigor na época do Buda. Desde então, evoluiu para um sistema social complexo e hierárquico de desigualdade graduada. No topo da pirâmide estão os brāhmaṇas ou sacerdotes. O próprio Buda nasceu na casta guerreira, os kshatriyas. Abaixo deles está uma casta comerciante e agriculturalista, os vaishyas. Shudras são trabalhadores e servos. E abaixo deles estavam os Intocáveis, mais recentemente chamados de *Dalits*, ou seja, em hindi e marathi, as pessoas "partidas" ou esmagadas nas rodas da opressão[1]. A visão igualitária do Buda incluía todos eles, mas a posição e a nobreza eram avaliadas com base na ação ética e na compreensão. No Suttanipāta (v. 142), o Buda diz:

> "Não se é um pária por nascimento,
> nem por nascimento alguém é um brāhmaṇa.
> Pela ação, alguém se torna um pária,
> pela ação alguém se torna um brāhmaṇa."

Mas o budismo sofreu com uma reafirmação dos valores brāhmâṇicos a partir do primeiro milênio da era comum. Mais tarde, foi sistematicamente reprimido por invasores muçulmanos do século XII em diante, e assim mais ou menos desapareceu como uma força cultural distinta na Índia. Claro que há pedaços restantes que ficaram tecidos na cultura. A descoberta do século XIX de locais budistas históricos inspirou o revivalista budista do Sri Lanka, Anagarika Dharmapala, a pedir a renascença do budismo na Índia, e para isso ele fundou a Maha Bodhi Society.

No entanto, a casta ainda é um elemento definidor da sociedade indiana. No *The Age of Kali*, William Dalrymple escreve:

---

1. Para mais detalhes sobre os dalits, os antigos "intocáveis", Dr. Ambedkar, o "novo" movimento budista na Índia, e os alunos com quem trabalhei, cf. meu livro *Heirs To Ambedkar: The Rebirth of Engaged Buddhism in India* (Berkeley: Clear View Press, 2013).

> Em grande parte da Índia rural, a casta ainda define não só o que você veste, mas onde você mora, que atividade você realiza, com quem você se casa, até mesmo a cor com que você pinta sua casa. Cada detalhe da vida em um vilarejo indiano tradicional, onde 80% dos indianos ainda vivem, é regulado[2].

Na década de 1920, uma nova figura se fez proeminente, manifestando-se em favor dos direitos humanos, religiosos e econômicos dos Intocáveis ou Dalits, a imensa população indiana de comunidades oprimidas. B. R. Ambedkar foi um poderoso pensador e escritor, oriundo da casta Mahar dos intocáveis, do centro da Índia. Em virtude de seu brilhantismo, Ambedkar ganhou bolsas de estudo para o Elphinstone College em Bombaim (Mumbai) e seguiu alcançando graus avançados na Universidade de Columbia, em Nova York, e na London School of Economics. Ele retornou do Ocidente na década de 1920 como um dos homens mais bem formados da Índia colonial, ainda enfrentando a discriminação que tem sido o destino de todos os Intocáveis.

Em sua carreira de ensino universitário e trabalho jurídico, Ambedkar tornou-se um defensor apaixonado dos Intocáveis. Onde Gandhi seguiu um percurso anticolonial e nacionalista, podemos ver o Dr. Ambedkar como o líder de um movimento pelos direitos civis. Ele trabalhou para a desconstrução da opressão das castas na Índia enquanto o regime colonial persistiu até depois da Segunda Guerra Mundial e o colapso do império britânico e na primeira década da independência da Índia. Apesar dos fortes conflitos com Gandhi, após a independência Ambedkar foi escolhido como primeiro Ministro da Lei da Índia. Ele é geralmente visto como o "pai da constituição indiana", um documento visionário até hoje.

Na década de 1930 Ambedkar concluiu que a religião hindu dominante, com sua discriminação de casta inerente, não era suscetível de responder à reforma política ou religiosa. Na Conferência das Classes Deprimidas de Yeola de 1935, Ambedkar declarou: "Nasci hindu, mas asseguro solenemente que não morrerei hindu". Na década seguinte, ele investigou o Islã, o cristianismo e o Sikhismo – e foi cortejado por cada um desses grupos, que estavam bem conscientes de que a conversão de Ambedkar traria consigo milhões de intocáveis e a promessa de amplo poder político. Mas foi o budismo, nativo da Índia, aberto a todos, e profundamente racional, que ganhou seu coração e mente.

Em 1956, sentindo a sombra da mortalidade, B. R. Ambedkar organizou sua conversão ao budismo. Em 14 de outubro de 1956, no Deekshabhoomi (Campo de Conversão) em Nagpur, ele tomou os Três Refúgios no Buda, no Dhamma e na Sangha, e recebeu os cinco preceitos éticos do monge budista theravada U Chandramani, o sênior de sua escola na Índia. Então, Ambedkar fez uma coisa sem precedentes, particularmente sem precedentes para um laico budista. Voltando-se aos quatrocentos mil seguidores intocáveis presentes, ele ofereceu a eles os refúgios e seus próprios vinte e dois votos, que incluíam os cinco preceitos e a renúncia a artigos específicos da

---

2. William Dalrymple, *The Age of Kali: Indian Travels and Encounters* (New York: Penguin, 1998), 115.

prática e da crença hindu. Esse ato de conversão consciente sinalizou uma renovação monumental do budismo na Índia. Uma série de conversões em massa ocorreram nas semanas que se seguiram, transformando a identidade espiritual de milhões de dalits. Mas no início de dezembro, menos de dois meses depois, o Dr. Ambedkar faleceu, sucumbindo a complicações de diabetes e doença cardíaca.

Quase sessenta anos depois, o budismo ainda está se enraizando entre as comunidades dalit. Viharas na beira das estradas e templos modestos podem ser encontrados em todos os cantos do país. Um relatório de 2012 da Pew Research coloca a população de budistas indianos perto de dez milhões. Budistas não declarados aumentam em muito esse número. Mas a discriminação de castas – com atrocidades diárias e assassinatos contra os mais pobres – continua sendo um fato amargo e violento da vida indiana. O objetivo da harmonia social, tão claramente articulada pelo Buda e pelo Dr. Ambedkar, é ainda um sonho distante.

Nagaloka, em Nagpur, onde ocorreu a primeira cerimônia de conversão, é um campus de uns sessenta mil metros quadrados dedicado à unidade do budismo e da mudança social, de acordo com a visão de Ambedkar. O coração físico desse campus pacífico é um Buda dourado de doze metros, esculpido com sua mão determinadamente levantada na forma do *abhaya mudra*, gerando segurança e dissipando o medo. Em Nagaloka há um programa de treinamento residencial, o Nagarjuna Training Institute, que ensina aos jovens meditação, budismo básico, organização social e o trabalho do Dr. Ambedkar. Desde 2002, mais de oitocentos jovens, mulheres e homens entre dezessete e vinte e cinco anos provenientes de quase todos os estados indianos completaram o programa de nove meses do NTI. Muitos continuam em residência e estudam um segundo ou terceiro ano antes de regressarem à sua região natal ou prosseguirem para o ensino superior.

Tenho trabalhado com esses jovens nos últimos seis anos. Meu esforço contínuo é fornecer apoio econômico aos estudantes do NTI, arrecadando fundos no Ocidente por meio do compartilhamento de minha experiência sobre a vitalidade social e espiritual deste "novo" budismo indiano. Cada vez que visito Nagaloka, ofereço um curso curto, mas intensivo, que explora o território onde a prática budista e a ação social se encontram. Ministramos unidades sobre gênero na história do budismo e na sociedade indiana contemporânea; raça, casta e discriminação – mirando o movimento dos direitos civis dos Estados Unidos e a intocabilidade indiana; a narração de histórias como um método para superar barreiras sociais; e os ensinamentos budistas do Dr. Ambedkar.

Em novembro de 2014 eu usei o presente livro como nosso texto base, selecionando de várias seções-chaves no decorrer de uma semana:

- Entendimento correto
- Comunidade
- Fala Apropriada
- Raiva
- Disputas e Resolução de Disputas

Os ensinamentos nessas seções, e ao longo de *Os Ensinamentos do Buda sobre Harmonia Social e Comunitária*, são bastante claros em linguagem e intenção. Passo a passo, eles dirigem os praticantes para longe do que é prejudicial e na direção do que é benéfico. Mas na sala de aula encontramos um desafio. Como Bhikkhu Bodhi sugeriu uma conversa, descobrimos que o Sutta Piṭaka é insuficiente quanto à ambiguidade – enquanto o mundo em que vivemos não é. Colocando isso de outra maneira: nossas discussões em sala de aula, começando pelo texto canônico inequívoco, rapidamente chegaram a circunstâncias em que escolhas salutares não eram tão fáceis de identificar. Sem a sabedoria semelhante ao corte do diamante de um Buda, muitas vezes nos encontramos na incerteza, conscientes de nossas motivações mistas.

Na verdade, um terreno de ambiguidade está estabelecido no terceiro parágrafo já no primeiro capítulo, "Entendimento Correto", tirado do Majjhima Nikāya:

> O entendimento correto, eu lhes digo, é duplo: há um entendimento correto que é afetado por influxos, que pertence ao mérito e amadurece nas aquisições; e há um entendimento correto que é nobre, livre de influxos, supramundano, um fator do caminho.

"Entendimento correto afetado por influxos" implica que, mesmo quando tentamos ver e agir de acordo com o Dhamma, ainda somos afetados pela ilusão do eu (*self*). "Que pertence ao mérito" significa usar a prática budista para o que percebemos como nosso próprio benefício. "Que amadurece nas aquisições" significa tornar-se ou adquirir um eu. Esses são caminhos mundanos ou pertencentes ao mundo. O entendimento correto como fator do nobre caminho óctuplo é nobre, livre de influxos ou imaculado, e supramundano, para além das armadilhas e tentações deste mundo.

Note que o Buda não diz que o entendimento correto pertencente ao mundo ou mundano é equivalente ao entendimento errôneo, o que seria uma postura absolutista. Sua posição pode ser mais a de que o entendimento correto afetado pelos influxos é um bom começo... O entendimento correto que é livre de influxos e supramundano é a visão da sabedoria e da clareza de manter o Dhamma em mente. Tome isso como um objetivo.

A seção a seguir, também do Majjhima Nikāya, explica como praticar com o que é prejudicial, ou seja, nossas ações enraizadas na avidez, no ódio e na ilusão, ações que colocam uma pessoa contra outra. Ele pergunta: "Qual é a raiz do prejudicial?"

> A destruição da vida é prejudicial; tomar o que não é dado é prejudicial; a má conduta sexual é prejudicial; a fala falsa é prejudicial; a fala divisiva é prejudicial; a fala grosseira é prejudicial; a fala inútil é prejudicial; a cobiça é prejudicial; a má vontade é prejudicial; o entendimento errôneo é prejudicial.

Reconhecemos isso como uma versão dos preceitos budistas básicos, o fundamento moral de nossa prática. A prática do que é benéfico é simplesmente se abster desses atos habituais, o que é mais fácil dizer do que fazer.

É claro que começamos neste mundo, com todas as nossas opiniões incompletas e relacionamentos difíceis. No início, os alunos do NTI acharam isso desencorajador.

Nós, humanos, muitas vezes queremos um conjunto de instruções divinas, sinais que nos mostrem o caminho certo. Em vez disso, nossa discussão em sala de aula nos lançou na complexidade da vida real e rebateu cada um de nós de volta a nosso próprio julgamento, experiência e sabedoria.

Isso ficou claro quando tomamos os ensinamentos do Buda sobre a fala. Essas e outras instruções semelhantes aparecem em vários pontos do corpo dos suttas em pāli.

> Monges, quando o discurso possui cinco fatores, ele é bem falado, não mal falado, e é irretocável e irrepreensível entre os sábios. Quais cinco? Ele é falado no momento oportuno; o que é dito é verdade; é falado gentilmente; o que é dito é benéfico; é falado com uma mente de amorosidade. Quando o discurso possui esses cinco fatores, ele é bem falado, não mal falado, e é irretocável e irrepreensível entre os sábios.
>
> (AN 5:198)

Assim, as condições do Buda para a fala apropriada exigem palavras oportunas, verdadeiras, gentis, benéficas ou úteis, e motivadas pela amorosidade. Os alunos de Nagaloka, que praticam diariamente uma meditação tradicional de amorosidade, concordaram de pronto com essas instruções, mas eu levantei uma série de perguntas.

Como podemos saber o que é "oportuno"? Se eu estiver envolvido em um conflito com um amigo, o que é oportuno para mim pode não ser para meu amigo. O que é "verdadeiro"? Sabemos que a verdade é (quase) sempre uma questão subjetiva. Minha própria experiência como mediador é que duas pessoas muitas vezes têm versões mutuamente contraditórias da "verdade".

"Gentil" e "benéfico" são noções igualmente subjetivas. Como Bhikkhu Bodhi aponta em sua introdução à Parte IV:

> [...] enquanto os discursos salientam a importância de estabelecer uma atitude gentil e compassiva antes de criticar os outros, eles não defendem falar com os outros apenas de maneiras agradáveis. Pelo contrário, eles aconselham que se critique os outros quando a crítica é devida.

Um Buda, com poderes de onisciência, não estaria adivinhando. Mas para a maioria de nós aqui no *saṃsāra* essas quatro condições da fala podem ser fugidias. Se eu conheço bem meu amigo, talvez seja capaz de dar um bom palpite sobre o que ele pode perceber como oportuno, verdadeiro, gentil e útil. E eu poderia adivinhar erradamente. Se minha diferença é com alguém que eu não conheço ou com quem eu já tenho uma história de conflito, é provável que não concordemos com um ou todos desses pontos.

A quinta condição para a fala apropriada é que seja "motivada pela amorosidade". Embora se possa, é claro, estar enganado quanto à motivação, esse é o aspecto da fala que podemos conhecer melhor por nós mesmos. Usando o Dhamma para a investigação, posso determinar se o meu desejo é me conectar com outra pessoa ou separar-me dela. Estou me voltando para os seres sencientes ou me afastando deles?

Isso provocou uma discussão rica em sala de aula a respeito da fala – o que dizemos uns aos outros, quando e porquê. O valor dessa discussão não foi o de que todos os alunos chegassem a um consenso sobre o assunto, mas de que pudéssemos ter uma conversa animada e aproveitá-la. Os alunos perceberam que podiam ter visões diferentes – concordar e discordar – enquanto permaneciam em relação uns com os outros. Esse é o primeiro passo em direção a uma sociedade baseada no pensamento crítico.

Enquanto líamos outras seções de *Promovendo a harmonia social*, questões semelhantes surgiram. Investigar as dez "bases para o ressentimento" – ver **III,4** do presente volume – levou a um debate animado sobre se a raiva é compreensível diante da violência e dos sistemas sociais opressivos, e se essa raiva é alguma vez útil.

O capítulo sobre "a comunidade intencional" contém um trecho do "Livro dos Sete" do Aṅguttara Nikāya – aqui **VII,3(5)** – no qual o Buda prega as sete condições para a harmonia social aos antigos licchavis ou vajjis da Índia do Norte. Lá está incluída uma admoestação de que "desde que os vajjis não sequestrem mulheres e meninas de suas famílias e as forcem a viver com eles, apenas o crescimento é esperado, não o declínio." Esse ponto desencadeou uma discussão apaixonada sobre estupro, tráfico de mulheres, opressão de gênero e medo nas próprias comunidades dos alunos de Nagaloka.

Eu vi esses estudantes indianos usando o ensinamento do Buda não como dogma ou doutrina, mas como um guia para olhar para as complexidades de suas situações na vida real. Eles estavam aprendendo a pensar por si mesmos e a aceitar uma diversidade de pontos de vista usando o próprio Dhamma.

Em um ensaio de 1950, "Buda e o Futuro de Sua Religião", o Dr. Ambedkar considerou a conversão das comunidades dalit da intocabilidade para o budismo. Ele viu ali uma tradição espiritual fundamentada no pensamento crítico:

> [O Buda] disse a Ānanda que sua religião era baseada na razão e na experiência e que seus seguidores não deveriam aceitar seu ensinamento como correto e seguro apenas porque emanava dele. Baseados na razão e na experiência, eles eram livres para modificar ou até mesmo abandonar qualquer um de seus ensinamentos, caso descobrissem que em um determinado momento e em determinadas circunstâncias eles não se aplicassem [...] Ele queria que ele permanecesse sempre novo e útil em todos os momentos [...] Nenhum outro professor religioso mostrou tanta coragem.

A situação dos budistas da Índia é particular às suas circunstâncias culturais. Mas o discurso multifacetado que descrevo, usando *Os Ensinamentos do Buda sobre Harmonia Social e Comunit*ária como um ponto de partida, é inevitável. Tive o mesmo tipo de discussões provocativas na Birmânia e nos Estados Unidos. A realidade não pode ser circunscrita por truísmos. Mesmo pessoas bem-intencionadas podem ter uma diversidade de pontos de vista. No entanto, uma verdadeira visão de harmonia social e tolerância aponta para um mundo mais pacífico.

Em um sentido prático, desenvolver nossa intenção de se conectar é a chave, o que se realiza mediante treinamento e prática desses ensinamentos. Uma e outra vez, o Buda fala sobre o desafio e a necessidade dessa prática. Ele diz:

> Aquele que retribui um homem raivoso com a raiva,
> por essa razão torna as coisas piores para si mesmo.
> Ao não se retribuir um homem raivoso com a raiva,
> ganha-se uma batalha difícil de vencer.
>
> Sua prática se destina ao bem-estar de ambos –
> o seu e o dos outros –
> quando, sabendo que seu inimigo está com raiva,
> ele de maneira vigilante conserva a paz.
>
> Quando ele atinge a cura de ambos –
> A sua e a dos outros –
> as pessoas que o consideram um tolo
> não são habilidosas no Dhamma.

Por meio de nosso esforço diligente podemos aprender a encontrar harmonia mesmo em tempos de conflito. À medida que crescemos na sabedoria podemos refletir que nossa "terra era tranquila e não assolada por ladrões, e o povo, com alegria em seu coração, brincando com seus filhos, habitava em casas abertas".

# BIBLIOGRAFIA

## FONTES PRIMÁRIAS


Bodhi, Bhikkhu (trad). *The Connected Discourses of the Buddha: A Translation of the Saṃyutta Nikāya*. Boston: Wisdom, 2000.

Bodhi, Bhikkhu (trad). *The Numerical Discourses of the Buda: A Translation of the Aṅguttara Nikāya*. Boston: Wisdom, 2012.

Bodhi, Bhikkhu (trad). *The Suttanipāta*.

Buddharakkhita, Acharya (trad.). *The Dhammapada: The Buddha's Path of Wisdom*. Kandy, Sri Lanka: Buddhist Publication Society, 1996, 2ª ed.

Horner, I. B. (trad.). *The Book of Discipline*, vols. 1-6. Londres: Pali Text Society (1969-1975).

Ireland, John D. (trad.). *The Udāna and the Itivuttaka: Inspired Utterances of the Buddha and The Buddha's Sayings*. Kandy, Sri Lanka: Buddhist Publication Society, 1997.

Ñāṇamoli, Bhikkhu, (trad.). *The Path of Purification: Visuddhimagga*. Onalaska: BPS Pariyatti Editions, 1991.

Ñāṇamoli, Bhikkhu (trad.); BODHI, Bhikkhu (ed.). *The Middle Length Discourses of the Buda: A Translation of the Majjhima Nikāya*. Boston: Wisdom, 2005, 3ª ed.

Walshe, Maurice, (trad.). *The Long Discourses of the Buddha: A Translation of the Dhīga Nikāya*. Boston: Wisdom, 1995.


## OUTRAS FONTES


Bodhi, Bhikkhu (org.). *In the Buddha's Words, An Anthology of Discourses from the Pāli Canon*. Boston: Wisdom, 2005.

Ṭhānissaro, Bhikkhu (trad.). *The Buddhist Monastic Code, I and II*. Valley Center: Metta Forest Monastery, 2007, 2ª ed..

# ÍNDICE ANALÍTICO

# ÍNDICE GERAL

**Bhikkhu Bodhi** é um monge budista estadunidense de Nova York, nascido em 1944. Obteve o bacharelado em filosofia pela Brooklyn College e o doutorado em filosofia pela Claremont Graduate School. Depois de completar seus estudos universitários, viajou para o Sri Lanka, onde recebeu ordenação de noviço em 1972 e a ordenação completa em 1973, ambas sob o principal monge erudito do Sri Lanka, Balgoda Ananda Maitreya (1896 a 1998). De 1984 a 2002 ele foi editor da *Buddhist Publication Society* em Kandy, onde viveu por dez anos com o monge alemão sênior Nyanaponika Thera (1901-1994) no Forest Hermitage. Ele voltou aos Estados Unidos em 2002. Atualmente vive e leciona no Mosteiro de Chuang Yen em Carmel, Nova York. Bhikkhu Bodhi recebe crédito em muitas publicações importantes, seja como autor, tradutor ou editor, incluindo as edições definitivas em inglês dos Nikāyas. Em 2008, juntamente com vários de seus alunos, Bhikkhu Bodhi fundou o Buddhist Global Relief, uma organização sem fins lucrativos que apoia o combate à fome, a agricultura sustentável e a educação em países que sofrem de pobreza crônica e desnutrição.